深圳市新闻人才基金会资助项目

黎勇 著

发现独家

新媒体时代的独家新闻采写之道

ALWAYS UNIQUE

REPORTING AND WRITING OF EXCLUSIVE STORIES IN THE NEW MEDIA ERA

南方日报出版社
NANFANG DAILY PRESS
中国·广州

图书在版编目（CIP）数据

发现独家 ：新媒体时代的独家新闻采写之道 / 黎勇著. — 广州 ：南方日报出版社，2016.12
ISBN 978-7-5491-1477-1

Ⅰ. ①发… Ⅱ. ①黎… Ⅲ. ①新闻写作 Ⅳ. ①G212.2

中国版本图书馆 CIP 数据核字(2016)第 255777 号

FAXIAN DUJIA
发现独家——新媒体时代的独家新闻采写之道

著　　者：黎　勇
出版发行：南方日报出版社
地　　址：广州市广州大道中 289 号
经　　销：全国新华书店
印　　刷：广州市尚铭印刷有限公司
开　　本：787mm×1092mm　1/16
印　　张：14.0
字　　数：210 千字
版　　次：2016 年 12 月第 1 版
印　　次：2016 年 12 月第 1 次印刷
定　　价：35.00 元

投稿热线：（020）87373998-8503　读者热线：（020）87373998-8502

网址：http://www.nanfangdaily.com.cn/press　http://www.southcn.com/ebook

目录

Contents

下编　深入的勇气

序一

“抢救”记者

范东升

在2011年出版的《拯救报纸》一书中，我曾预测，“中国报业很可能将更难抵御即将席卷而来的数字化大潮，中国新一代的读者也更容易‘背弃’纸媒，转而接受和使用新兴的网络媒体”，但我没有想到，中国报业的危机到来得竟是如此之快，几乎就是在一瞬之间。2012年中国报业经营出现下行“拐点”，随后每况愈下，特别是市场化程度高的纸媒，仅仅几年时间，迅速从风风火火的市场骄子走上了经营的悬崖。国内媒体的传统经营模式主要依赖广告收入，而在全国主要城市，许多媒体机构的广告收入开始出现令人心悸的“断崖式”下滑。传统媒体经营状况普遍持续恶化，已是无法回避的事实。

“如今当报社的编辑和出版人聚会的时候，那种气氛就好像是在参加丧礼，相互询问的口吻如同是对方久病初愈，或者是被离婚搞得焦头烂额。”当年我引用的《纽约时报》执行主编比尔·凯勒（Bill Keller）描述美国报业危机的这段话，现在用来描述中国媒体界沮丧无望的氛围，简直一个字都不用改，无比传神。

在书中我还援引过资深报人斯蒂文·史密斯（Steven Smith）的一段话：

当一家又一家的编辑部裁减人员时，他们便损失了和过去的重要历史相关的那些资深新闻人。因而报纸几代人积累起来的美国报业的基础受到进一步损害，也许已经无可挽回。

史密斯在文章中借助小说的形式，比喻报业受到谋杀。他怀念过去报业的辉煌日子，珍惜报人的理想、责任感和价值观，但是又不能不面对“出师未捷身先死”的悲壮和无奈。他借小说作者之口，指责报业老板的贪婪和报社主编背弃新闻价值观导致报纸走向衰落。小说的结尾是，一位从事调查性报道的记者在一位电脑奇才的帮助下破了一起谋杀案，而那位电脑奇才将成为这家报社的新老板。这个结局暗示，新媒体与传统专业的结合将成为报业的救主。

亚马逊的创始人贝佐斯（Jeff Bezos）2013年以2.5亿美元收购了因调查“水门事件”而名扬世界的《华盛顿邮报》，可称为这篇小说的现实版。特别值得注意的是，贝佐斯买下这家报纸并非只是为了赚钱做生意。他对报社人员说，做生意也要有社会意义，他强烈相信，只有像传教士那样有使命感的人，才能做出好产品。他说自己就是邮报的“怀旧粉丝”，认为正是这家报纸新闻传统中的 “灵魂”而使之与众不同， 因此这样的精华绝对不该放弃，否则“一定是疯了”。

我完全认同贝佐斯的看法。在传统媒体面临生存挑战的今天，我们没有理由去否定新闻业在推动民主法治建设中所承载的不可替代的历史使命，不应该忘记许多传媒工作者曾筚路蓝缕，呕心沥血甚至前仆后继，为维护社会公正、人民福祉乃至世界和平做出的卓越贡献，更不能抛弃新闻人世代传承恪守的职业“灵魂”和核心价值观。我十分相信，不管社会如何转型， 媒体运营模式如何变革，传媒技能如何演变，记者这个职业都将存在下去，都将继续发挥其不可或缺的守望功能。无论中国还是外国，如果新闻专业人才真的出现断层，社会系统将会严重失衡，公众利益将难以维护，世界的未来也将因此晦暗不明。

而在新媒体时代，传统媒体中的资深新闻人，以及他们所拥有的丰富经验、智慧、技巧、才能，特别是其理想、良知、激情与社会责任感，在今天显得更加弥足珍贵，传统媒体的这种宝贵遗产，值得认真去“抢救”、保存和继承。

有着21年媒体经验的资深记者黎勇，在离开媒体之际，写成《发现独家——新媒体时代的独家新闻采写之道》一书，我认为就是做了一件很有意义的事。

黎勇大学毕业后，先后在晚报、市委机关报和都市报工作，跑过时政、政法、社会、科技、经济、教育等多个条线，担任过夜班把关编辑，也做过深度调查报道记者，带过团队，管过部门，业界经验相当丰富。他把自己认为具有留存价值的实际经验和经历，写在这本书里，奉献给现在和未来的记者，包括新媒体的记者和自媒体记者，颇值得细加品读。

本书上编部分，讲述如何从浩瀚的信息中寻找、发现、提炼和报道一篇与众不同的新闻，作者通过自己的亲身经历，介绍一个个案例背后的采写故事及当时的所思所想，读来趣味横生，给人启发，也让人明白一个道理：一篇好的报道的采访和写作过程，绝非等同于工匠搬砖、砌墙的简单体力劳动，而是具备极高创造性价值的脑力劳动，需要记者的深入思考、研究与调查，它能给作者和读者都带来启迪和乐趣。

本书下编部分收录的是作者的部分调查报道作品，后面附有报道幕后的故事，展现了作者不平常的勇气。我记得，作者在重庆“打黑”时期曾采写过一篇深度报道，对薄、王的一些不妥当做法提出质疑，文章当时未能刊出。薄、王下台后，作者将未刊稿在网络上发出，获得很高的转阅率，我读后印象深刻，曾在微博中对作者的深刻观察力、胆识和勇气给予赞赏。很高兴我在这本书中又看到了作者其他类似的深度报道，了解到更多报道幕后的故事，深觉黎勇敢于担当，无愧于记者职业之荣耀，值得点赞。

是为序。

（作者系汕头大学长江新闻与传播学院院长）

序二

从"抢先发出"到"独此一家"

展江

作为资深调查记者，作品才是硬道理。认识黎勇多年，他的作品在专业上硬度很高，现在要结集出版，我欣然为之作序。

已届不惑之年的黎勇，进入新闻界时正赶上新闻专业主义、调查性报道和法制新闻在中国大发展的世纪之交。个人的良好素养和善于学习的能力，加之生逢其时，造就了他昨天的成功实践和今天的厚重文集。

黎勇这本书定名为《发现独家——新媒体时代的独家新闻采写之道》，名字响亮！在英文中，可以翻译为独家新闻的通常有两个字眼，一个是scoop，一个是exclusive。

发生了一个新闻事件，第一个发出的新闻报道即为scoop，意为"抢先发出的新闻"。这在20世纪大部分时间里是记者成名的途径。随着通信传播技术的发展和记者队伍的壮大，尤其是在互联网时代，抢先新闻越来越难，而且还受到公民记者的挑战，很可能职业记者要败给随手拍的自媒体人。按照黎勇的说法，"私家车泛滥的年代，专职司机还有没有存在的价值？"

黎勇认为，即便在题材与内容上不具备唯一性和独家性，微博和微信发布者通过对既有材料进行高度整合和概括，提炼出关键信息，选取独特的角度，挖掘出材料中蕴含的主题和深意，寻找到契合时代背景的重大价值，或者使用富有感染力的语言表达方式及表现形式，仍有可能使作品（包括微博、微信或报道）具备独家新闻特征，产生巨大的传播效果，带来广泛的影响。

今天传统媒体的珍贵之处或者说"遗产"主要就剩下深度报道了。在深度报道中，倡导独立、独家、独到的胡舒立女士在其主创的《财经》杂志中一马当先。那是互联网刚刚冒头时纸媒最后的黄金时代，一大波都市类报刊杂志纷纷效仿。于是，今天意义上的独家，即“独此一家，别无分号”的exclusive成为黎勇的追求。

其实，任何意义上的深度报道，尤其是调查性报道几乎都是exclusive。消息来源广泛存在，无论是从网上获取，还是传统上依靠线人，调查记者在当下中国不会有无米之炊之虞。问题是在宣传纪律的要求和软性“公关”的夹击下你能不能调查，调查后能不能发表。也就是说，深度调查记者不愁素材，担忧的是作品出版的“合法性”。

当然，社会生活无奇不有，在宣传纪律之外，媒体也不是一点空间都没有。要发现独家，首先靠什么？黎勇说：创造性思维是获得独家新闻的基本路径。黎勇的招数是，从大家都能看到的公开信息，也就是具有“合法性”的题材中写出独家新闻：报纸讣告中发现重要人物的异常离世；公告栏上发现高龄名人的不寻常举动；长篇大特写和专业报纸中发现新线索；在信息的汪洋大海中淘金新闻线索。他举出自己的成功之作并总结道：不停追踪，总有独家猛料。

英国学者卡伦·桑德斯教授将新闻分为两类：一类是“日记式”新闻，包括：（1）可以预先计划和预测的“媒介事件”，如选举、婚庆、通胀指数公布等；（2）不可预测的突发事件，如地震海啸、恐怖袭击、灾难事故和杀人害命等。另一类是“非日记式”新闻，往往是由那些有魄力的记者从各种可能的和不可能的渠道——政府报告、专业图书杂志——挖掘出来的。

在中国，“非日记式”新闻的一个经典见诸钱钢先生1987年发表的报告文学《唐山大地震》。该书首次向大众读者披露了1976年那场大地震中26万人的死亡数字，其实数字来自地震出版社的一本在专业外鲜为人知的专著。

在很多人不想做记者的当下，我却要说，能找到一个基本保障出差经费、有操守和一定选题空间的媒体，对于年轻人来说，仍然是一个有趣的行当，不停地走在路上，不停地与各类人交谈，不断地发现、写作和思考，然后看到自己的名字见诸报端，这还是其他职业难以比拟的。

中国的新闻太多太多，人们对“日记式”和“非日记式”好新闻的需求很强很强。黎勇的书除了告诉我们发现独家新闻的门道，还有内心的成就感。他就是“从各种可能的和不可能的渠道”抓取独家新闻的“有魄力的记者”。

（作者为著名传媒学者，北京外国语大学国际新闻与传播学院教授）

引言

新媒体时代还有独家新闻吗

传统媒体的好日子江河日下。自新媒体蓬勃发展以来，中国的报纸虽然没有像欧美报纸那样哀鸿遍野，但举目四望，这一两年间，无论是曾经一时风头无两的都市报、晚报，还是党委机关报，无不愁云惨雾一片。在新媒体发达的一线城市及沿海城市，多年执报业牛耳的“大佬”，也不得不重新思考自己的未来——或者全面转型、升级，或者被迫改版、减版，有的则目光向外，开始开拓纸媒以外的新战场。传统的报纸广告量呈现断崖式下滑，报纸发行量大幅萎缩，编辑记者收入不断下降，多份报纸被迫宣布停刊，更多的报纸在酝酿合并或关张。

在传统媒体内部，优秀的媒体人一个个绝尘而去。他们有的转战新媒体，有的自行创业，有的跳槽至其他行业。那些尚未离开的，也大多身在曹营心在汉。与之相对应，传统媒体的品质，则大不如从前。每天，报社的印刷厂里虽然仍旧滚动印刷着油墨新鲜的报纸，但那上面刊印的，却既无新信息，也无深分析，只是一堆文字垃圾。成捆成捆的报纸在印出来不久，就被扔进了废纸回收站。

传统媒体和传统媒体人，度日如年。

在这样的大背景下，来奢谈怎么写新闻和怎么写独家新闻，还有任何意义吗？

私家车泛滥的年代，专职司机还有没有存在的价值

就在十几年前，中国内地还很少像今天这样，每个城市拥有如此之多的私家车，以至需要对车辆实行限行、限购。普通居民不要说拥有私家车，就是能

有机会乘坐别人的小汽车出行，那时都是一种奢望。20世纪八九十年代，在机关或企事业单位当司机还是一份好差事，很多人需要托人找关系才能谋得一个这样的职位。那时的专职司机活得十分滋润。

如今，私车已进入寻常百姓家，驾驶汽车几乎成为每一个现代人必备的生活技能。就像人人都会使用电脑一样，司机不再是一个需要门槛、享有优越感、让人羡慕的专门职业。除非是运输行业或高官、富贾，很少再有人需要专职司机。

专职司机减少了，但是，专职司机所具备的那些专业技能，是不是每一个开车的人都具备呢？换句话说，私家车泛滥的年代，专职司机是否还有存在的价值？

回答当然是肯定的。否则，无以解释私家车司机初学开车之时，为何总要向专职教练求教；也无以解释为何私家车司机发生交通事故的概率要远远高于专职司机。现实中，事关较多人安全的客运巴士、载运中小学生的校车、从事长途运输的货车、接送重要客人的车辆，现在仍规定必须由经验丰富的专职司机担任，对他们驾龄和驾驶技术的要求，也比其他司机高，甚至他们的驾照都与其他人的不同。这表明，专职司机的驾驶水平，要远远超出并不以此为业的普通私家车司机。

传统媒体记者就是正在日渐失去昔日辉煌地位的专职司机。在人人都可拥有“私家车”（自媒体）、人人皆是“司机”（记者）的新媒体时代，固然人人都可以“开车”（发言、发布信息），但绝大多数人只能是“私家车司机”，只能开自己的普通“私家车”。有特殊要求的“专车”，仍得由专职司机来驾驶。

私家车普及、开车技能普及可能使“专职司机”（专业记者）人数减少，但并不意味着“专职司机”（专业记者）就此消失，反而使它显得更为重要。专职司机（专业记者）的意义在于，它的专业性无可替代。

人人都可以拥有微博、微信等新媒体工具，但并非人人都掌握媒体运作的规律与方法。一个同样的事件，如果分别由懂得新闻传播规律的专业记者和不懂得新闻传播规律的非专业记者来操作，即便使用的是同样的媒体工具，所产生的传播效果也可能截然不同。这就是专业记者和自媒体人的最大区别。

我坚信，即便传统媒体已经式微，也绝不意味着传统媒体人和他们所拥有的专业技能就再无用武之地。恰恰相反，在新媒体时代，人们更需要学习掌握传统媒体人在多年的实践中积累的采写经验和传播“秘籍”。因为，在今天，运用自媒体进行传播的技能已是一个公民赖以生存与发展的“必杀技”。

传统媒体记者正在日渐减少和流失，而传统媒体记者所具备的新闻发现与采写、传播技能，却越来越像金子一样散发出耀眼的光芒。

专业记者和普通民众发布同样信息，传播效果为何完全不同

普通民众如果掌握一些传播的基本技能，并学会使用和善于使用新媒体，那么新媒体和自媒体就会成为他们生存、求助和发展的工具与帮手。

以维权为例。近年来，一些底层民众和社会弱势群体开始利用新媒体维权、控诉、检举、信访。他们反复不断地通过网络和微博微信等社交媒体发布、倾诉、散播自己的冤屈与苦难，却常年无人问津，或少有人关注。而同样的事实和材料，到了传统媒体记者手中之后，他们通过发掘、提炼、概括与再写作，利用同样的新媒体工具进行发布，却能马上成为舆论热点，引起社会各界的强烈关注。

江西抚州市临川区居民钱明奇，因房屋拆迁赔偿问题十余年来不断上访和寻求司法解决，一直无果。他先后在新浪、腾讯、天涯等网站发布了数百条关于他个人冤屈的帖子，开设了数个微博，发布了无数相关信息，但是，这些帖子、微博，几乎无人关注，转发、评论者寥寥。当然，其诉求也就很难获得解决。在走遍所有鸣冤叫屈的途径都看不到希望后，2011年5月26日，他在抚州市检察院、抚州市临川区行政中心和附近马路上制造了三起爆炸，造成包括他自己在内的4人死亡、9人受伤。他以自己和其他无辜者的伤亡，才吸引来公众的关注，钱明奇付出的代价不可谓不大。

2013年，厦门贫困居民陈水总为了改正户口本上被写错的年龄，以便办理退休，领取社保，找遍有关部门却被一再踢皮球，遂于当年6月6日在腾讯微博上连发12条信息，诉说自己的遭遇。可惜，初小文化的他不懂得传播规律。他在微博上写了很多，却没有一条引起人们的注意，更不要说引起媒体关注。绝望之后，他拎着汽油桶上了一辆公交车，引爆并烧死了包括自己在内的47名乘客，烧伤34人。惨烈的结局，虽然终于唤起了人们的关注，但生命已逝，一切已变得毫无意义。他“报复社会”，拉无辜民众陪葬，也遭到了人们谴责。

与钱明奇、陈水总不同，同样作为社会弱势群体和底层民众的江西宜黄县钟如九姐妹，在家庭遭遇不公的关键时刻，求助了专业的媒体记者，结局迥然不同。

钟如九的家人为阻止政府野蛮拆迁，点燃汽油在自家楼上自焚，造成一死两伤。钟家人以自己的生命和鲜血为代价，在初期吸引几家媒体做了报道，但受关注程度也不高。因为类似的拆迁纠纷和自焚事件在各地常年层出不穷，媒体和公众对此早已“新闻疲劳”。钟家引发人们更大的关注，是在自焚事件发生6天后。2010年9月16日，钟如九姐妹准备赴京到电视台录节目，在南昌机场即将登机时，得知消息的宜黄县委书记带着40多名政府工作人员赶来拦住了她们。钟如九姐妹被迫躲进女厕所，在厕所里将面临的处境用电话和短信告知了北京的两位记者。两位北京记者根据她们的描述，立即开始在微博上现场直播。

“县委书记带队到机场抓人”“弱女子与40余政府工作人员对峙”“躲进女厕所发信息”等关键信息，经过两位专业记者的提炼和概括，被迅速发到了微博上，吸引了无数网友的眼球。随着转发量的迅速增高，这一事件很快成为全国性的网络热点。这一天，在短短3个多小时里，微博上满屏皆“宜黄”，人们都在讨论这件事。愤怒的网友们不但在网上发表评论，还纷纷行动起来，不断地打电话、发短信谴责当地政府官员，闻风而动的多家媒体记者则直接赶赴现场“营救”，数不清的网友开始“人肉搜索”有关官员……在强大的舆论压力下，第三天下午，宜黄县委书记和县长等一众官员被上级立案调查或免职，钟家被烧伤的家人也获得热心人帮助，被送往北京救治，钟家的问题最终获得妥善解决。

同样想到了利用微博发声，钱明奇和陈水总发出的微博，如一粒粒石子，扔在信息的汪洋大海里，没有激起一朵水花；钟如九姐妹求助于专业媒体记者，所发出的信息在几个小时内就成为全国成千上万网友热议的焦点话题，吸引了全社会的关注。效果如此不同，原因何在？

有人说，媒体人朋友多，粉丝量大，又经过了身份认证，容易获得网友的信任，因而转发率高，信息才传播得广。这当然是一个方面，也是人们对其提供的信息产生信任的前提。但微博身份认证并不难，普通网友只要按照微博微信运营商的要求去办，都可以实现。身份认证和粉丝量，绝非转发率高的决定性因素。决定因素是，有过媒体工作经验、受过新闻采编训练的专业记者，对信息的发现、采撷、辨别、归纳、提炼、概括、总结和表达的技能，要远远高过从未受过任何新闻专业训练的普通公民。专业媒体记者比普通民众能更敏锐地从大量事实材料中，找到那些最有传播价值、最有感染力、最受公众关注、最能切中要害的信息，并迅速用最简洁的语言（比如微博的140字）写出来，同时选择最合适的时机，有针对性地将它传达给最有可能引发共鸣的人群，从而引爆社会舆论。简单地说，就是专业媒体记者更懂得新闻传播规律。

在宜黄事件的微博传播中，媒体记者的职业精神、传播技能和组织动员能力，是一般民众所不具备的。面对正在发生的紧急事件，如何从芜杂的信息中选择最有价值的细节，如何将事件进展的每一个步骤迅速地传递给网友，如何及时吸引更广泛的网友关注，如何对事件发展的进程进行准确描述，等等，都能体现出职业记者的训练有素。可以说，专业记者的直接介入和发声，是宜黄事件受到全国民众广泛而强烈关注的关键因素。

有人分析说，如果钱明奇和陈水总也懂得一点新闻传播规律，或者事先与媒体的专业记者取得联系，向他们求助或请教，也许他们发出的微博便不至于少人关注。说不定因为他们的诉求在网上受到关注，随着社会舆论的介入，有关部门可以帮他们把问题解决。那么，这两场惨烈的社会悲剧，便不会发生。可惜，人们明白这个道理时往往为时已晚。

不同媒体人发布同样题材的信息，传播效果也有明显差异

汽车的驾驶方法和技能，并没有因为汽车发展到特斯拉时代而发生根本性改变。同样的，从传统媒体跨入新媒体时代，新闻传播的基本规律并没有完全改变。无论传统媒体时代还是新媒体时代，新闻传播运作的一些基本规律仍然是相通的。

正因为此，我们可以看到，很长一段时间内，在微博、微信等如日中天的新媒体上，最为活跃的一股力量，也是推动新媒体走向强大的一股重要力量，恰恰正是一大批仍然供职或曾经供职于传统媒体的媒体人。在海量的新媒体信息中，这些传统媒体人未必是其中最为勤勉的信息生产者，他们表达的观点也未必最深刻，但他们提供的信息却最新鲜热辣、最原创和一手，他们对时代变化的触觉最敏锐，对事物的认识和判断最精准，对事件表象下纷繁复杂的背景纠葛最能一眼洞穿，对信息披露时机的把握和拿捏最适时到位，因而，他们最能“挑起”热点话题。

但这是不是说明，要想获得最好的传播效果，只能通过专业媒体记者来完成？当然不是。这些只表明，同样条件下专业记者取得好的传播效果的概率比非专业记者更大一些。实际上，一些从未受过新闻传播训练的“草根”“屌丝”或新闻门外汉，在掌握新闻及信息传播规律后，同样可以自如地、创造性地运用新传播工具，获得意想不到的传播效果，甚至成为传播“达人”，取得相当程度的话语权。如果传播者同时还拥有优质、独特的内容资源，那他就更有可能将专业记者“甩出几条街”。

在微博上以犀利幽默的语言讲述医院故事的“急诊科女超人于莺”；引发微博“求虐”之风，以“负分、滚粗”等为口头禅毒舌点评女孩照片的“留几手”；热衷爆料极品故事、靠举办微博“比胸”大赛走红的“Happy张江”；以及不断涌出的各种网红，如最近的“papi酱”等等，之所以能从无数寂寂无名的普通网友中脱颖而出，就是因为掌握了互联网时代的“吸睛大法”——他们知道人们想什么、需要什么，知道怎么去写、去说才能引起人们的关注，知道怎样才会受到喜爱或遭遇“板砖”，懂得并善于运用传播规律。他们并不是依靠名人、明星或其现实的身份获得大量粉丝，而是以独特的个性、独特的语言、独特的行为和独特的态度，通过一条条微博，长期运营才逐渐吸引到越来越多的网友，最终成为网络“大V”，这其中可看出他们对传播规律的娴熟运用，体现了他们的传播能力。

不仅仅“段子手”如此，通过综合、编辑、整理非原创信息，特别是新闻信息而成为非媒体人“大V”的，也有不少。他们把媒体或官方发布的信息拿过来稍加改编、摘选，拎出其中别人没有提及的“要害”，也能引起粉丝的疯狂追捧和转发，这同样也因为，他们是掌握了前述传播“秘籍”的高手。非专业的自媒体人，只要学会并懂得熟练运用信息的传播方法与规律，完全可以超越专业记者。

另一方面，专业的媒体人，也并非每一个人都谙熟新闻传播规律，掌握同样的信息传播技能。不同的媒体人，因为学识、经验、水平等等的不同，专业能力往往千差万别。

同一个事实，由不同的媒体人发布到微博微信上，由于其对价值的判断不同，对材料的选择不同，对事实的提炼与观察角度不同，表达时所使用的语言不同，其受到的关注程度也不同，被转发、评论的次数也就不一样。很可能有的人发出的微博转发量过千，而有的人转发量只有几次或十几次。

我曾以微博作为尝试，观察和体验不同媒体及媒体人对同一事实进行报道、转发时，所选取的角度和所使用的方式不同，所获得的效果有何不同。无数案例表明，对媒体已经做出的报道、对网络上已有的信息，有些草根媒体人对相关内容进行提炼后在微博上转发，可以取得比粉丝量巨大的媒体官微、媒体名人或事件当事人、现场目击者的报道影响更大的传播效果。

2011年7月10日，央视《每周质量报道》以记者暗访的形式，曝光了“达芬奇家居”质量和产地造假，欺诈消费者，引发巨大反响。2011年12月底，财新网刊发长篇调查报道《达芬奇案中案》，揭露央视前述报道造假，并透露包括央视记者在内的数名中间人涉嫌敲诈勒索和诈骗。财新《新世纪》的这篇报道是一篇重磅调查，猛料非常多，本应引起非常大的关注。但是，财新网刊出此报道后，或许因为文章篇幅太长，没有多少人有耐心读下去；或许因为“爆点”未能被充分提炼出来，包括财新网官方微博在内的不少媒体和媒体人微博虽然进行了转发，但最初一段时间内转发量都不大，未能在网上形成应有的热点效应。我在读完报道的基础上，对报道的核心内容进行了提炼，随后用自己的个人微博发了一条信息：

【达芬奇指控央视记者李文学收钱100万元】《新世纪》关于达芬奇的猛料，稿子很长，爆点主要有：通过崔斌付给公关费240万元，给报道此事的央视记者李文学100万元，给投诉人唐英450万元和解金；中间人孙国军收取给权贵见面礼和政府公关费共1210万元，其称部分费用支付给××部门。太猛！查得下去吗？http://t.cn/SJyhaO

这条微博相当于“标题”或“提要”，把报道中最有价值、读者最关心的核心事实集中到一起，很快引起网友注意。这条微博一天之内被转发16,800多次，跟帖评论5000多条，远远超过了财新网官方微博的转发量。这条微博对引发人们关注“央视记者疑在‘达芬奇’报道中收黑钱”事件，使之后来成为网络焦点，显然有较大的促进作用。

同样是媒体已经刊发的文章，《人民日报》刊发于2011年7月7日的一篇评论，官媒和官微都没有怎么关注，网友也没有注意到。我读完这篇评论后，结合当时的社会背景，敏感地注意到其中的部分文字非常有价值，说出了不少网友的心声。我几乎没加入自己的话，只是将《人民日报》的文章摘引了一小部分发上个人微博，获得网友的转发1万多次，跟帖评论近4000条。这其中，体现的是微博发布者对文章价值的判断力与敏感度。

人民日报今日评论版《今天，我们怎样唱红歌》引微博评论："唱红歌是好事，但应该引导广大人民群众自发去唱，不要搞形式主义，更不要大量浪费人力物力，违背了唱红歌初衷。唱红歌，要让人自愿唱，发自内心地唱。不少单位上班时间不办公，说是参加唱红歌去了。这样的歌声，并不动听。"http://t.cn/ap8ncl

2011年12月，广东省汕头市潮阳区海门镇群众因担心当地即将动工的一个发电厂对周边环境造成污染，数万名村民走出家门抗议。微博上当时有一些零星的报道，但影响都不大。我对微博上的信息进行整合后，接连发了多条个人微博，每条微博几乎都被转发数千次，其中转发量最大的一条为6000多次。下面这条，转发也有3000多次。当时微博上正在轰轰烈烈地讨论韩寒的三篇博文，在热点不集中的情况下，能有如此高的转发量，已很难得。之所以如此，可能是因为这条微博能动之以情。

寒潮黑夜里，4名年迈的海门百岁母亲跪地叩拜；凄风冷雨中，千名妇女顶着催泪弹哭求放人；马路上，抗议的年轻人还在挨着警棍无情的殴打。鲜血在地上流淌，腐败无人过问，海门仍如火如荼。网络上，知识精英们却吵成一片，讨论着不着边际的理论，真可笑。乌坎村事发时，你们又有几个人出来说过话？

现在人们都热衷玩微信。就内容的制作来说，微信与微博信息的传播遵循同样的规律。在微信朋友圈里同样转发一篇文章，有的人发出来几乎没人点赞或评论；有的人发出来，却能收获点赞、评论一片，并迅速被其他人点击阅读和转发。出现这种差别，除了朋友圈人数的不同，还在于有的人转发时不加"按语"（或称"评论""导读"），或者虽然也加几句点评，却抓不住要害，提炼不出关键信息，当然也就无法引起人们注意。

人人都是记者的新媒体时代，独家新闻从何而来

掌握新闻传播的一般规律是基础和入门，而发现独家新闻，则是进阶。

从前述分析可知，即便在题材与内容上不具备唯一性和独家性，微博和微信发布者通过对既有材料进行高度整合和概括，提炼出关键信息，选取独特的角度，挖掘出材料中蕴含的主题和深意，寻找到契合时代背景的重大价值，或者使用富有感染力的语言表达方式及表现形式，仍有可能使作品（包括微博、微信或报道）具备独家新闻特征，产生巨大的传播效果，带来广泛的影响。即，独家新闻在新媒体时代产生仍是有可能的。

这是我不同意“新媒体时代就不会再有独家新闻”论断的理由。

进入新媒体时代之后，很多人对“独家新闻”不以为然。包括已经离开或仍坚守在传统媒体的很多媒体人认为，“内容为王”、靠独家新闻取胜的媒体竞争策略已经过时。他们认定，新媒体时代当然需要独家新闻，但是已经不会再有独家新闻。原因是，随着新媒体技术的发展，当一个重大新闻事件出现，相关线索和信息会迅速通过网络、微博、微信、QQ群、短信等新媒体工具传遍世界，为大众或媒体同行所知，一家媒体或一名记者很难再将一条重大新闻“偷偷揣在怀里”，做出独家报道。同时，由于人人都手握麦克风，人人都拥有自媒体，人人都是记者，再没有谁能独家垄断新闻信息源，取得“独家报道权”。无需专业记者的介入，每一个新闻事件的当事人、亲历者、见证者、知情者和旁观者，都可以迅速地将新闻事实图文并茂地传播出去、扩散开来、报道清楚。所以，他们认为新媒体时代只会有独家的平台与渠道，而不会再有独家新闻。

毫无疑问，新媒体时代新闻传播工具和传播技术发生了翻天覆地的巨大变化，这是必须承认的客观事实。但是，不论传播介质怎样变化、传播工具怎样进步，一个基本的东西，即对事实的发现与挖掘、对新闻价值的判断、对主题的升华和提炼，不同思想水平和传播能力的人处理起来仍会有巨大的不同。这就是独家新闻产生的空间。诚如前面所说，即使掌握同样的材料，而不同的角度、不同的思维、不同的发现和不同的表述，都有可能产生独家新闻。

如此看来，在新媒体时代，最为紧缺的，仍然是在大众的喧嚣与躁动中能够不盲从、不流俗，以火眼金睛迅速从信息的汪洋大海中挑拣出那些与众不同的、具有重大报道价值的信息的能力。这种能力，或可称之为独家新闻发现能

力，它本质上是一种对新闻价值的判断能力和辨识能力，它建基于挑拣者的经验、学识与思想水平。其中，思想最为重要，它是记者的核心竞争力，它可以让记者的眼光具备对事实的穿透力。一个有思想的记者，总是能站在别人思想所达不到的高度，看到别人看不到的广度，揭示出别人无法了解到的深度。面对同样的题材，一个记者的思想深度、高度和广度超过他人，便能迅速洞穿问题的本质，触及深层问题的核心，追问和调查到最接近事实的真相，采写出不同于他人的作品。

记者的思想深度还表现为他对新闻价值的准确判断、把握与处置。一个记者的思想水平有多高，决定他的辨识能力、新闻发现能力有多强。一个记者的作品如果总是能达到别人所达不到的深度、高度和广度，便形成了记者个人独特的核心竞争力，他人难以企及。在传统媒体时代，思想是检验一个记者是否优秀的标准；在新媒体时代，思想则是一篇文章能否成功地获得高传播率的关键。

当然，记者的思想要达到一定的深度、高度和广度，非一日之功。这既需要记者平时加强理论素养的修炼，也需要一定的悟性和思考，还需要丰富的阅历与经验。思想深度、高度和广度的不断提升，是每一个有追求的记者理应毕生去努力的功课。

在新媒体时代，人人都可以提供信息，人人都可以报道新闻，人人都可以写作，但并不是人人都有思想，人人都有高超的思想力和洞察力。只有有了思想，认识到新闻的价值，才有发现新闻的可能；没有思想，没有新闻判断能力，掌握再多的信息，写作能力再强，对再大的新闻也只能视而不见，写出来的也只能是一堆没有灵魂的废话；即便他处于新闻事件的旋涡，也只能像石头沉于大海一般保持静默。

一个有思想的记者，总是能发现和采写出别人发现不了、采写不出的独家新闻。传统媒体时代如此，新媒体时代依然如此。从这个意义上说，不管信息传播方式和传播工具怎样变化，一个有自己独到思想的人，总是能创作出独到的作品。这正是具有思想的专业媒体人的价值。

上编

发现的快乐

第一章　开启独家思维

创造性思维是获得独家新闻的基本路径

1997年获得诺贝尔化学奖的丹麦生物化学家詹斯·C. 斯科（Jens C. Skou）在致中国青年的一封信中说："质疑人们已接受的事物，力图拓展知识疆界，得到从未有人获取过的新信息，是对你想象力的挑战。你决不会知道你将取得什么成就，从平凡的到最出人意料以及最重要的成果都有可能。"[①]科学研究如此，新闻发现也是如此。

记者在新闻采访过程中，对所见到的事物、现象和问题始终抱持怀疑的态度，是一种职业本能。记者的目标是追求真相，而真相是最容易被蒙蔽的。创造性思维则是洞穿被蒙蔽真相的一把利刃。一个记者如果在工作中不善于运用创造性思维，不仅很难发现和揭示事物的本质，而且极容易上当受骗，被人利用，成为他人的传声筒，或者陷入流俗。人云亦云的记者是一个没有任何思想内涵的文字匠，这样的记者永远不会有出息。

所谓创造性思维，其基本特征是对已有的、固有的结论不迷信、不盲从，敢于打破旧有的思维定式，善于从新的和多种不同角度去理解、发现及挖掘事物的本质，从而得出新的结论。

"思维定式"是一个心理学概念，即当我们思考某一问题的时候，思维活动常有一种"惯性"，往往向着一个已有的、旧的方向滑行。一个平庸的记

① 王恒，朱幼文．48位诺贝尔科学奖获得者寄语中国[M]．海口：海南出版社，2001：466.

者，往往都是在这种思维定式上滑行，言人之所言，写人之所写，没有自己的立场和思想，没有自己的追求与发现，因而永远写不出有自己独特思想和个性的报道，更谈不上能经常写出独家新闻。而能发现独家新闻的记者，则往往都具备创造性思维。新闻发现的乐趣，也正在于创造性思维之中。

逆向思维：打破定式发现独家

创造性思维包括发散、分合、联想、逆向、直觉、扩展、延伸等多种形式，这里先谈逆向思维。

新华社原总编辑南振中在谈到“新闻发现力”时说，年轻记者新闻发现力弱的原因主要是观察意识淡薄。“在我们观察社会时，存在着一种‘盲点现象’。我们对于发生在自己身边的一些现象往往视而不见。”他认为，“其实，只要自觉地消除‘盲点’，随时随地注意观察和研究，我们就有可能发现一些很有价值的新闻。” 他还说：“观察意识淡薄还有一个表现，就是看得多，想得少，在眼睛和大脑之间缺少一根连接线。”“年轻记者要想有所发现，就必须使自己的眼睛同自己的大脑紧密地联系起来。如果不同大脑联系起来，即使能够看见一些东西，也看不到事物的本质属性。”①

可见，生活中处处有新闻，关键看你会不会发现。

2000年至2001年我在武汉市委机关报《长江日报》担任科技记者期间，常从汉口到东湖新技术开发区（武汉·中国光谷）采访，每次都要经过武汉大学水利电力学院后门的东湖南路。东湖南路当时路面不宽，但左边是烟波浩渺的东湖，右边是树木葱茏的武大校园，路两旁杨柳依依，林荫匝地，风景绝美。每次经过此路时，我都让司机把车窗打开，想呼吸一口新鲜空气。但打开车窗，扑鼻而来的却是一股难闻的恶臭。常走此路的司机告诉我，这是东湖里被污染的臭水散发出来的。

湖水里的臭气，使我想起1998年跑社会新闻时，接触到的一份权威部门调查报告。报告说，东湖周边地区居民的癌症发病率显著高于其他地区，原因主要是这些地区的居民长期饮用受污染的东湖水。这份报告所提及的这些内容当

① 南振中．影响新闻发现力诸要素的分析（下）[J]．新闻战线，2004（8）：13-18.

时不能公开报道。因为在武昌地区，当时约有一半以上居民饮用的是东湖水厂供应的自来水，若报道则“不利于社会稳定”。作为武汉市委的机关报，《长江日报》主要是做好“正面报道”：有关部门通过治理东湖，水质变好了，环境污染改善了，等等。我的不少同事——跑环保、旅游、城管等线的记者，每年都要发表不少这样的报道。我印象最深的“正面报道”是：冬季到了，北鸟南飞，候鸟云集东湖越冬，我们的环保工作又取得了巨大成就，东湖水质变好了。类似的报道几乎是每年武汉各媒体的“例牌菜”。武汉的其他地区，如汉阳、蔡甸等地的湖泊，每年也有成群的冬候鸟归来，媒体的报道也总是推定其为“环境变好、污染消除”所致。

2000年11月底，又是候鸟南飞之时。我乘坐采访车再次经过东湖南路。看着东湖边上成群的的红嘴鸥在湖面上扑腾、飞翔，嗅着东湖污水里散发出来的臭气，我突然感到了困惑：红嘴鸥的到来真的是因为这里污染减轻了吗？

事实上，不少普通读者也和我一样对此心存疑问。我从东湖周边地区不少居民处了解到，附近喝东湖水、吃东湖鱼的东湖村等地村民中，癌症等病症依然高发。而不少一直住在东湖附近的武汉大学、中国科学院水生生物研究所等单位的师生和研究人员则反映，东湖的水近两年不是更清了，而是比原来更臭了。我隐隐感到，污染减轻与候鸟归来之间也许并不存在因果关系。

随着越来越多疑问的出现，我觉得有必要把真相弄清楚。

当然，科技记者的任何质疑，都必须以科学为依据。我深知，必须有确凿的事实做支撑，科学才能变成新闻。

后来，我再次经过东湖南路时，特意下车做了现场踏访和观察，发现东湖水的恶臭其实主要散发自三个地方：一是水果湖排污口，二是东湖水上训练基地附近，三是中科院水生生物所门口。这几个地方是东湖水质污染比较严重的地方。而恰恰这几个地方，正是候鸟（主要是红嘴鸥）成群结队聚集的地方。

12月初，当时的科教部负责人陈光（现任《长江日报》总编辑）派我采访武汉大学胡鸿兴教授赴神农架科考的相关情况。在聊完神农架科考成果之后，临走，我顺便向他提出了这个问题。

没想到，胡鸿兴教授对这个问题早有研究，而且他的回答令我大吃一惊：红嘴鸥的到来，并非因为东湖污染减轻了，而恰恰是因为这些鸟看中了东湖的污染！

胡鸿兴教授介绍，他的家就在东湖边上。作为一位鸟类学家、著名的湿地水禽专家，他的一个重要研究课题就是生态环境对鸟兽物种多样性的影响。东湖上这些来越冬的红嘴鸥，他很早就观察到了，并且深为他们的命运担忧。他也曾多次向媒体澄清红嘴鸥的到来并非因为“湖水变清了”，但没有媒体理睬他。每年看到媒体上一些所谓“候鸟到来是因为湖水变清”的报道，他就为这些媒体的无知愤懑不已。

原来，红嘴鸥又被称作“湖水的清洁工”，它不但吃鱼虾昆虫，而且吃湖水中的各种细菌杂物。东湖受污染多年，鱼虾昆虫很少，倒是富营养化的水中藻类繁殖迅速、菌虫密布，造就了红嘴鸥越冬的大量食物，这才是吸引成千上万只红嘴鸥到这里来越冬的真正原因。

胡鸿兴教授说，一个有力的证据是，红嘴鸥主要集中在三个水质污染最严重的排污口。胡鸿兴教授的论证与笔者此前的观察完全吻合。他还分析了这一现象的严重后果：在吃入受污染的食物之后，红嘴鸥会代谢失调，种群数量将一天天减少，以致灭绝。因此，红嘴鸥在东湖越冬，绝非鸟类的幸事，而很可能是一场生态灾难。

胡鸿兴教授的分析和判断，完全颠覆了过去一些媒体所报道的“污染减轻使冬候鸟又回来了”的结论，是一次振聋发聩的科学澄清。而这，不正是一个重大的科技新闻吗?

我迅速将有关内容写成报道。2000年12月11日，《长江日报》在教科文卫版改版的第一天推出了我的报道《选择东湖越冬　原是看中污染　红嘴鸥可能“断子绝孙”》（案例1），引起了人们注意。中科院水生所专家立即对东湖水质进行了检测，发现东湖水质确实并非过去某些部门所上报的那样“大大好转”，而是趋于恶化。随后，省环保部门也组织专家进行了监测，结论也是水质仍在恶化。问题引起一直以为东湖水质真的已“改善”的有关政府部门负责人的重视，省、市环保部门再次把东湖水质改善提上议事日程，成立了专门的治理机构，同时对越冬的候鸟采取了相应的保护措施。

更大的反响来自新闻界。时任武汉市记协主席杨振兴等多位领导和同行在相关场合给予评论说：

这篇报道用事实说话，用科学和科学家的口说话，对相关部门的批评不著一字，却字字铿锵，句句见血。既戳穿了“东湖治污年年有成效”光鲜“政绩”的虚假，揭示了东湖污染已相当严重，不仅戕害市民身心健康，而且危及红嘴鸥这类生灵的生存，生态恶化后果已不堪设想的真相，也规避了可能触及报道禁区和“雷区”的政治风险，促使有关方面正视现实，真正切实采取有效措施，以保护这一“江城水缸”；报道所揭示的问题，关涉数百万人的生命健康，意义重大。

这篇报道能获得这些肯定，我的总结是，除了我始终保持敏锐的嗅觉，细心观察日常事物，善于从不为人注意的现象中发现不平常，善于经常把自己的困惑，以及普通读者的好奇，“抛”给专家，向专家请教，并从中发现矛盾和问题等良好习惯外，最重要的一点是，在这篇新闻的发现、采访和写作过程中，创造性思维起到了作用。

闻到湖水发臭，都知道是东湖水被污染了，按以往惯例，此事不能报道，一般记者往往不会再去触碰它，形成了思维定式，这是一件事；看到湖上鸥鸟翔集，都“知道”是因为湖里的污染被“清除”了，水质变好了，因而引来候鸟越冬，别的记者往往都会顺着这个思路去继续报道，这是另一件事。大家都没有把这两件事联系起来进行思考，并且发现其中可能存在的冲突。而我做了，并且做了寻根究底的追问，找到了令人意想不到的结论。

如果我也循着其他记者每年报道的惯例，写一篇“候鸟成群结队地回来越冬了，因为东湖的湖水变清了，污染减轻了”的“四季歌”新闻，也可以，而且这样的采访轻松又简单，导向“正面”，不用担心任何风险。但是，这样的“新闻”不是事实。要还原事物的真相，就必须打破原来的思维定式，破除思维常规，去寻找现象背后的本质。可见，创造性思维和逆向思维是多么重要。

《长江日报》原总编辑、武汉市记协副主席叶子健曾写过一篇文章，对这篇报道这样评价①：

闪光的新闻在近一个月的版面上时有出现，改版试刊第一天（2000年12月11日）的第八版新闻《选择东湖越冬　原是看中污染　红嘴鸥可能“断子绝孙”》（下称新闻《红嘴鸥》）就是其中一篇。这则消息的角度很新颖。宣传北鸟飞临南方湖泊越冬的原因时，先前的新闻报道一般都说是湖泊的污染清除了，水质变化了；而新闻《红嘴鸥》的说法则恰恰相反：是看中了污染。所以

---

① 叶子健．关键是思维在起变化[J]．读者评价，2001（1）．

能这样写新闻，显然是因为作者黎勇在采写过程中运用了逆向思维的方法。逆向思维是创造性思维的重要内涵之一，它使这则消息成了独家新闻。可见，在改版试刊期间，长江日报采编人员为拥有独家新闻常有创造性思维的萌动，在这则独家新闻中，还可见到多向思维、立体思维的痕迹。

独家新闻多，报纸的必读性就会加强。我曾在一个会议上介绍过新闻《红嘴鸥》。不少与会者都说，不仅看过，而且很感兴趣。还有人听说此稿，专门把那天的《长江日报》找来看，认为增长了知识。这说明，改版中的《长江日报》正在内容上进一步突破必读性，读者对《长江日报》的关注度和忠诚度，因此也正在加强。

近年冬季，年年见北鸟南飞越冬的新闻，如果今年我们也来这么一条，那就是简单重复。可我们发的是一条不寻常的消息，这就使此类报道深入了一步。我们新闻界常有这样的情况，报道开头容易，报道深入艰难。在改版期间，《长江日报》采编人员由于注重创造性思维的开发，正在某些领域改变这种深入报道困难的沉闷状况。

新闻《红嘴鸥》忠实地反映了实际情况，体现了实事求是的精神。《红嘴鸥》的这一实践证明，运用逆向思维等创造性思维分析判断事物，不仅不会违背实事求是的精神，而且是达到实事求是所必须。长江报人正在这样做。

当然，思维仅仅是一个精神活动的过程，是在事实、概念的基础上进行演绎、归纳、判断、推理的过程。创造性思维是指这个过程是创造性的。我们用新闻来显示这个过程必须采用客观的形式，才能可信。新闻《红嘴鸥》所报道的“在东湖越冬是看中了污染”这个结论如果是由记者来做是没有力量的。消息引用了武汉大学湿地水禽专家胡鸿兴教授对这个结论的分析：东湖多年污染，藻类繁殖、菌虫密布。不择食的红嘴鸥吃入受污染的食物，会出现代谢失调。鸥蛋可能因此受到损害，红嘴鸥种群可能减少，甚至灭绝。这个判断理论上使人信服，但事实究竟是否如此？记者又在东湖踏勘中发现：“污染严重之地正是红嘴鸥密集之处。”事实与判断是吻合的。这一段文字最为难得。一般新闻写到教授如何说就完了，这则消息又让理论知识回到实践中接受检验。这是这则消息的精彩之笔，而更为精彩的是消息的结尾引用了教授面对这种无奈状况发出的感叹：“红嘴鸥，不仅是武汉的湖水清洁工，它应该属于全人类，属于我们这个地球。”真是意味深长。

此文还有一个插曲。2004年底，我给人民日报社主办的《新闻战线》杂志投去一篇此文的采写体会文章[①]，刚好，《人民日报》这时也刊发了一篇该报记者写云南滇池“鸟类多了，污染减轻了”的报道，《人民日报》新闻研究所的编辑便将我的文章（此时尚未发表）张贴在《人民日报》内部的新闻评报栏上，作为依据来对《人民日报》的报道进行批评。这是《新闻战线》杂志编辑周文华后来告诉我的。

这篇报道的采写作为一个案例，还被收入21世纪新闻与传播学专业系列教材《新闻采访》[②]。

案例1：

选择东湖越冬　原是看中污染

红嘴鸥可能“断子绝孙”

本报讯（记者　黎勇）冬候鸟红嘴鸥又临江城，东湖顿时增添了无限的生气。可就在人们为眼前的美景所陶醉时，却不知这里面另有一番隐情。

8日，武汉大学湿地水禽专家胡鸿兴教授充满忧虑地告诉记者，红嘴鸥，正在充当一个拯救东湖而牺牲自身种群的“飞蛾扑火”式的壮烈英雄。

近年来一到冬季，东湖湖面上就铺满了扑腾觅食的银白色水鸟。它们大多长着一个尖利的红嘴，也就是鸟类学家所说的红嘴鸥。红嘴鸥又被称作“湖水的清洁工”，它“食谱”所涉，范围广泛，既可是鱼虾昆虫，也可是人类吃剩倒掉的残羹冷炙，乃至各种细菌杂物。因此，红嘴鸥所到之处，水中的脏乱之物往往被它们尖利的“红嘴”清理个一干二净。

就这个意义而言，红嘴鸥的到来，确实是东湖的一件幸事。可在胡鸿兴看来，这正是最令人担心之处。红嘴鸥在吃入受污染的食物之后，会代谢失调，其下的蛋会因钙质不够而极易破损。如果可孵化的蛋变少，天长日久，红嘴鸥的种群就可能减少，甚至灭绝。

据胡鸿兴分析，东湖受污染多年，水质严重富营养化，藻类大量繁殖，菌虫密布，成千上万只红嘴鸥到这里来越冬，很大程度上是因为这种环境给它们

---

① 黎勇．突破思维定势　探寻事实真相——从一篇获奖新闻看科技记者的日常观察与创造性思维[J]．新闻战线，2005（1）：78-79．获该杂志征文二等奖。

② 罗以澄，吴玉兰．新闻采访[M]．长沙：中南大学出版社，2005：39.

造就了大量的食物。

在东湖边上走一遭后，胡鸿兴的判断得到了进一步的证实。红嘴鸥密集之处，从水上运动站到水生所门口，还有水果湖排污口周围，正是东湖水质受污染最严重的地方。

面对眼前的景象，这位鸟类学家发出了意味深长的感慨：红嘴鸥，不仅仅是武汉的“湖水清洁工”，它应该属于全人类，属于我们这个地球。

（载《长江日报》2000年12月11日第8版，获湖北新闻奖一等奖）

眼见为实：验证式思维出奇招

前例中，为了验证胡鸿兴教授的分析，我曾特意到东湖现场踏勘调查，发现事实与判断吻合。新闻界前辈叶子健认为这段文字“最为难得”，“是这则消息的精彩之笔”。

其实，在采访中一定要“眼见为实”，在条件许可的情况下绝不听二手消息，尽可能找到当事人，到新闻现场去调查了解，乃至亲自对有关说法进行求证、验证，是对记者采访工作的基本要求。只是，近些年来，随着网络的发达，新媒体的兴起，这样做的年轻记者越来越少了，网上文章多是坐在家中臆想，互相抄来抄去。老一辈新闻工作者常说，“脚板底下出新闻”“新闻是用脚丈量出来的”，即强调现场采访的重要性。当别人都放弃了这些优良品格时，若你还坚持，你便能获得独家新闻。

在新闻采访实践中，记者执拗地坚持亲自去体验或验证一些自己不太确信的事实，结果可能有两种：一是发现意想不到的事实，写出别人没有的独家；二是结论早已在意料之中，但体验或验证的过程本身，却有极强的新闻性，它可以加深受众对已有结论的认识，报道出来同样可能成为独家。

总之，体验或验证式思维也是一种创造性思维。它要求记者在采访过程中，依循事件发展的逻辑，尊重事实，直面意外，不预设结果，不加修饰，呈现“赤裸裸的真实”。它既能增强受众的身临其境感，让人信服，又因过程的复杂性而变得有趣，具有一些其他形式的采访所不具有的优点。

1996年上半年，发端于山东烟台的“社会服务承诺制”，被当作先进典型经验向全国推广。“社会服务承诺制”的主要内容是，各地各有关政府部门向社会公开本机构的办事内容和办事标准，承诺办事时限和服务质量，设立监督机构和投诉电话，明确投诉标准。如果违背承诺，按规定进行赔偿，并对有关人员进行处罚。当时，中宣部和国务院纠风办召开了推行烟台社会服务承诺制的经验报告会，中央、省、市各级媒体都连篇累牍地对此展开了报道，全国上下刮起一股“社会服务承诺制”之风，行行业业都在搞“社会服务承诺制”，各地一片赞歌。

1996年8月，湖北省黄石市也召开了一个由多家政府窗口单位联合举行的“社会服务承诺制”新闻发布会。我当时作为当地晚报的记者采访报道了发布会。翻看那些印有“服务承诺”内容的材料时，我产生了一个疑问：这么多宣称实行“社会服务承诺制”的单位，有多少会真正兑现承诺，又有多少只是“跟风”搞搞形式、做做表面文章呢？我突然萌生一个念头：既然有这么多承诺，何不按这些单位宣布的“承诺”内容，以市民的身份去暗访和“测试”一下他们是不是真的这么做的？

我翻遍全国各媒体的有关报道，当时还没见到其他媒体有类似的行动。那时，“新闻策划”作为一个后来被热炒的概念还没有被提出，我当时也没有意识到，这其实就是一种新闻策划。

我把想法向报社领导汇报，领导认为是一个好主意，支持我去测试。我向领导建议，统一安排一个时间，若干同事一起分头采访。因为如果仅靠一个记者，不同时段对不同单位一边测试一边连续报道，会对其他单位产生警告作用，效果不佳。领导同意了，但要求隔一段时间再试。

两个月后，报社统一行动，由多名记者在同一天分头对宣布了社会服务承诺的单位展开体验和暗访。

我被分配测试市公安局的警务服务承诺——这是我平时跑的条线。去监督自己所跑的条线，“戳”自己条线上的“篓子”，这对跑线记者来说，绝非好事。在我的采访建议中，并没有测试公安部门这一内容。因为我知道，要测试公安局的警务服务承诺，必须首先有警情，而记者很难刚好“碰”到警情，除非报假警。但根据公安部门的规定，打“110”报假警，警方可对报假警者处以罚款乃至拘留。公安“110”绝对不可测试。我向领导阐述有关道理，但领导仍坚持要求按原计划进行。无奈，我只好照此执行。

黄石市公安局其实比烟台更早实行社会服务承诺制。据说，因为较早实行这一制度，“黄石110”当时一直是湖北乃至全国公安系统的一块招牌，比后来被中央和省市媒体广为宣传的先进典型“漳州110”成名还要早。公安部此前曾派人暗访过“黄石110”，对“黄石110”评价甚高。以我跑公安线一年多对黄石警方的了解，我觉得“黄石110”兑现服务承诺应该没有太大问题。

尽管对执行这一策划的具体安排有看法，但布置的采访任务必须完成。我开始了“试警”暗访。

黄石市公安局当时公布的《警务社会承诺制度》规定：“有警必出，报警必复。”“‘110’台接到报警、求助电话后，直属警队1分钟出动，其他警力3分钟内出动，以最快速度赶赴现场。”测试承诺就从这两条开始。

1996年11月14日晚，我和一名摄影记者一起来到黄石火车站，找到了一家位于地下室的录像厅，事先由摄影记者带暗访设备进入录像厅，确认了录像厅正在放映三级片这一“警情”。之后，由我在录像厅外拨打“110”报警。20世纪90年代中期，录像厅在闹市区设点公然放映淫秽录像，虽然比较常见，但也可以算作一种“警情”。

我守在录像厅门口，从晚上6点多等到将近8点，除了偶尔有几个十几岁的小青年进入录像厅看录像，没有见到公安人员的影子，录像厅的淫秽录像仍一部接一部地放着。

于是我再次以录像厅附近居民的身份拨通“110”报警台，询问为何刚才报警后未见公安人员来。“110”接警人员很不耐烦地训斥我：“来过了！你怎么知道我们没有人来？这种情况我们可以穿便服的。”但是他又马上问：“是哪个录像厅？在哪个地方？是放的黄色片吗？”后面这些问话，使我确认，“110”对我的第一次报警并没有记录，也没有派人来。

我又想，会不会因为放淫秽录像这种“警情”不在“110”接警后“1分钟”至“3分钟”及时出警之列，所以他们才没马上赶来呢？我和摄影记者商量后，决定冒险报一次虚拟的“大警情”。

晚上9点多，我和摄影记者来到另一处地点，用另一个电话拨打了“110”，假称路口有人斗殴，几个人被打得头破血流，要求迅速出警。我们的预案是，如果警察接到报警及时赶来，我们会向警察说明只是“测试”反应能力，并无真实警情。以当时报社与警方之间的良好关系，我们确信此举一定会获得谅解。

我和摄影记者守在所报“警情”的位置，一直等到晚上11点多。摄影记者之所以始终和我守在一起，没有随测试其他行业的记者去拍摄，是因为在编辑部预先的设想中，警方接到报警后，开着闪烁的警车如神兵天降般来到现场的场面最“好看”、最适合拍成照片。编辑部原本希望，第二天头版需要刊登一张这种“正面”场景的大照片。哪知道，我们这些美好设想落空了——在现场等了两个多小时，我们没有等来警察。

这个结果令我大感意外。因为我平常跑公安线，写稿“吹”得最多的就是“110”，“110”在我的报道中总是神乎其神。没想到，自己亲自测试，结果却是这样。

不但如此，这个测试结果还给我出了一个大难题：如果如实写这个过程，必将损害到警方的形象，而我是跑公安这条线的，做了警方的负面报道，今后还想不想在这条线上“混”？但如果不如实写，编造假故事这种事，作为一个记者，又怎么能做得出来？

写，还是不写？

写真的，还是编假的？

我内心发生了一场天人交战。

当时，参与整个策划的其他5位记者已“试”完了他们各自条线上的5个行业实行承诺制的情况，结论是相关单位都“兑现了承诺”。我不知道他们暗访到的实际情况到底怎样，不过，以我平时对这5个行业的了解，所谓的承诺应该有很大的水分。但因去暗访的记者均是跑线记者，可想而知，只要事先打好招呼，一般都会“兑现承诺”。

了解到我整个采访过程的几个同事和报社的一位部门负责人劝我：编个情节，写警察最后在“承诺制”限定的时间内赶来算了，反正读者也不知情，这样公安部门的形象也正面，也有利于你将来继续跑公安线，你好我好大家好，给报社领导交个差就行了。

说真的，我差点被这些劝说打动。

晚上，我在桌前提起笔又放下，放下笔又提起，想按同事说的，编一个“警察最终还是来了”的故事。然而，编了几个小时，我却没有编出一个字来。——这样的假新闻，我编不下去。

眼看截稿时间马上就要到了。我最终决定，还是如实地把我所做的、所看到的、所听到的和了解到的情况，一五一十地写出来，不做任何修饰。

无论是公安部门还是普通读者，在过去人们的认识中，一般认为公安局和

“110”是不可能被批评的。即便它犯了错，也总会有人想办法帮他们掩饰。一家地方小媒体，根本不可能写它的“负面”。而我决定不循常规，不遵守“潜规则”，尊重事实。这其实也是一种“创造性思维”。

当我下定决心，思维立即不再受任何阻滞，一篇小稿一气呵成。

稿子交到编辑部，编辑在标题上加了一个“们”字（其实是一处败笔），其他一字未改。值班老总面对稿件略显踌躇，思虑再三，最终还是决定签发。这篇描述记者测试警方社会承诺、警方未兑现承诺的报道《“110”，你太让我们失望》（案例2），第二天在头版醒目位置迅速见报。

报社的热线电话被打爆了。可想而知，一个多年来在媒体上一直充斥着“和谐”与赞歌的小城，突然出现了这样一篇竟然敢公开揭露市公安局搞“虚假承诺”的报道，会产生怎样的轰动。就算是放在20年后的今天，一家地方媒体“公然”批评本地公安局“110”指挥中心接警不力、有警不出，对社会搞虚假承诺，这也是“大件事”，需要相当大的勇气，甚至几乎不可能报道出来。

市公安局如同发生了大地震。见报当天是周六，但市公安局的高层和中层领导几乎全部赶来上班。市公安局政治部一位领导上午给我打来电话，称市公安局已成立调查组，正在调查，想向我了解采访情况。

晚上8点多钟，市委政法委书记、市公安局局长赵志飞把我请到了他的办公室。其实我与这位局长熟识，平时他待我也不错（这也是我写稿时一直犹豫的原因之一）。在进局长的办公室之前，我还有点忐忑。不过，见面之后，他一句责备和埋怨的话也没有说，而是如以往一样对我春风般热情，他对我表示“感谢”。他说：经调查，你的报道属实，市公安局党委会刚刚开完会，决定对此事做出三条处理意见。第一，对当晚值班民警、“110”台负责人、市公安局调度科科长立即停职试岗，并责成写出深刻检讨，另调干部接替其工作；第二，迅速将你的报道《“110”：你太让我们失望》以文件形式全文转发市公安局各部门，组织全市各级公安机关干警认真学习，举一反三，以杜绝类似事件再次发生；第三，从即日起实行处警回报单制度（这一条后来被公安部推广到全国公安系统，至今延用），以监督处警及时与否及是否出警。

第二天，我对公安部门就此事的处置情况及时做了报道。其他相关内容，我又陆续追踪采访了半个月，共发表消息、言论、大讨论等稿件十几篇。

如果说，我提出以体验和暗访形式检验“社会服务承诺制”能否兑现，是

“逆向”思维冒出的一个火花，是一次成功的新闻策划；那么，应该说黄石公安部门面对突如其来的“负面报道”，所采取的一系列及时应对措施，也是一次成功的危机处理和危机公关。

20世纪90年代中后期以来，随着媒体竞争的日趋激烈，媒体的触角伸入社会生活各个方面，媒体监督功能得到极大拓展，而媒体与政法等强权部门之间的关系也越来越紧张，警媒之间的“斗争”经常被摆上台面。如1999年前后，武汉市公安局曾开列一个“不受欢迎的记者”黑名单给下属各公安机关，拒绝接受这些记者采访。2002年，兰州市公安局向兰州6家媒体发出公函，“封杀”16名记者。2008年以后，更是发生了辽宁西丰县政法委书记赶到北京《法人》杂志社抓记者，以及太原检察院抓央视女记者等多宗媒体与政法机关剑拔弩张的事件。近年发生的类似媒体与政法机关相冲突的事件就更多了。像黄石当年这位公安局长这样，敢于虚怀若谷，勇于承认错误，并迅速对有关人员做出停职处理，如今确乎越来越少有了。事实上，这位公安局长宽容对待媒体批评，不但没有影响到他的仕途，反而因对危机事件处理及时和应对得当，受到上级赏识，此事发生后不到一年，即升任湖北省公安厅副厅长。这位局长对待媒体的态度，非常值得今天许多政法部门学习。

现在来看，这篇报道当然可能还存在一些有争议或瑕疵的地方，比如，报道中没有写明第二次所报警情是假警。制造假警情和报假案，不但公安部门不允许，在新闻界，也属典型的“策划新闻”（当时尚未提出这一概念），是对事实的虚构。虽然它并没有影响主体事实（警方未兑现承诺）的真实，但毕竟在媒介伦理上尚有可讨论之处。

此次策划，《武汉晚报》曾做过一次报道[①]。几个月后，即1997年8月20日，《羊城晚报》也进行了一次类似的策划。该报到上海采访的4名记者，为测试上海警方的快速反应能力，在事先向当地公安部门打招呼得到“特许”后，由其中一名记者冒充外地来上海出差的旅客，拨打“110”报警电话，谎称在上海西康路被抢去金项链一条。仅2分多钟，就有4辆警车“呼啸而至”。1997年8月25日，《羊城晚报》以《本报记者在上海街头报警》为题，报道了上海警方反应神速的“新闻”。尽管这是一篇褒扬性的报道，但因《羊城晚报》在全国的巨大影响力，该报道引起很大反响，媒体纷纷转载。

① 黎勇，刘君勉．闻过则改，举一反三[N]．武汉晚报，1996-12-11（6）．

《羊城晚报》的这一策划和“体验式采访”随即引起了新闻理论界的注意。人民日报社主办的《新闻战线》杂志、上海《新闻记者》杂志先后刊发多篇文章对记者有没有特权报假警、能否以报假警做新闻等提出质疑，其中后者还就由此引发的“体验式报道”展开了讨论。一些学者认为，这类体验式采访，“虚构身份，谎报案情”，是“对新闻真实性准则的挑战”①；“因整个事件是精心策划的虚假事实而失去了新闻价值”②；“假如再有几位记者照此办理，再有几位领导‘特许’，反正拨电话容易，这个报火警，那个报病危，再来几个报什么车祸、塌方、煤气罐爆炸等等，岂不乱了套？”③

不过，我更倾向于赞成另一种观点④，即，这种体验式采访是一种模拟条件下对特定事件的测试，测试的“是警方的快速反应能力，而不是模拟发生的紧急情况”，并不能由此而认定体验式报道摒弃了新闻价值观。正如有关论者所举的一个例子，为了探讨生命的起源，科学家们必须对亿万年前的真实自然条件进行模拟，以考察当时条件下的生命状态，对这样的科学实验模拟，没有人认为是弄虚作假。“记者对身份和案情进行虚构就是在模拟测试的条件，这一点，记者并没有向读者隐瞒，也没有把虚构的身份和案情当作一个真实的情节来进行报道，而且，在‘报了案’之后，记者并没有参与到警方的行动中去，只是对此进行观察并做出报道。”⑤因此，我认为这种体验或验证式采访，只要不是经常为之，就应该允许，而且这样的体验和验证也是必要的，它有利于了解和澄清真相，完全可以做出好新闻。⑥

时隔16年，2013年，我在台湾驻点采访期间，又采用这种体验和验证式办法，对微博上一个不确定的“传言”进行求证，以亲身到台北的各个公务机关上厕所这个小小的角度切入，写出《台北公务机构里撒一泡尿，好爽！》（案例3），向大陆的读者介绍台湾社会。这篇文章曾在两岸网络上引起很大反响，不仅大陆网友讨论热烈，台湾网友也转发甚多，乃至成为不少台湾公务员

① 周也平．“体验式报道”质疑[J]．新闻记者，1998（2）：7.
② 钱晓文．“体验式报道”不值得提倡[J]．新闻记者，1998（4）：43.
③ 王中义．可以制造特许的假新闻吗？[J]．新闻战线，1998（1）：50.
④ 潘峰．与周也平同志商榷[J]．新闻记者．1998（5）：48.
⑤ 潘峰．与周也平同志商榷[J]．新闻记者．1998（5）：48.
⑥ 应北京《新闻与写作》杂志编辑之邀，我曾撰写业务经验文章《摸了回“老虎屁股”——对黄石“110”的一次成功舆论监督》，载该刊2009年第6期。

茶余饭后的谈资。大陆资深驻台记者、新华社港台部原副主任陈斌华曾将此报道作为优秀驻台报道案例，在国台办举办的第三届驻台记者培训班上做介绍。

台湾中视原知名主播、台湾太平洋SOGO百货董事长黄晴雯在《旺报》的颁奖典礼上这样评价我的这篇文章："深圳《晶报》驻台记者黎勇无疑是所有作者中最勇于实证的，他以最Kuso的行动来核实台湾公务机关对庶民的平等与开放。一篇《台湾一泡尿，激起大陆千层浪》①，让人在笑泪中感受两岸民主的差异。"②

案例2：

编者按：从今年8月底开始，我市喜迎"承诺制"，先后有10多家部门和单位竞相许诺。时间已过去两个多月，结果如何？为此，本报编辑部策划了这次集体采访活动。即在众多承诺单位中，筛选出6家与市民生活更为密切的"窗口"单位，选派6名记者以普通市民的身份体验承诺内容。旨在进一步地让社会承诺付诸实施，以切实端正行业不正之风、促进精神文明建设健康发展，从而真正地取信于民。

"110"：你太让我们失望

本报记者　黎勇

昨晚6时许，在火车站对面的公汽停车场外人行道上，我们检验公安局警务承诺制兑现情况的记者被"梦天园"录像厅的两名说客拉住了："到我们这儿看录像！好看得很，保证让你满意，不满意不要钱。"我们一看广告牌，上面写着："变态狂奸，疯狂色狼"、"香港名模被奸……"、《色降》、《性爱枕边人》……录像厅售票人神秘地告诉我们："好看的"片子牌子上都没写，在中间播，"是三级片，全脱的……"

在证实这里确实放映淫秽录像之后，6时40分，我们选择了这个大多市民正吃晚饭的时刻给"110"报警。

---

① 台湾《旺报》刊发时使用的标题。

② 黄晴雯．千言万语堆砌一句："原来你也在这里"[G]台湾人看大陆 大陆人看台湾：两岸征文选粹（4）．台北：商讯文化事业股份有限公司，2013：14.

我们开始在地下室的录像厅门口等待公安人员的到来。

《黄石市公安局警务社会承诺制（首批）》第二章第五条规定："'110'台接到报警、求助电话后，直属警队1分钟出动，其他警力3分钟内出动，以最快速度赶赴现场。"

10分钟过去了。20分钟过去了。一个小时过去了。我们没有见到一名穿公安制服的人员到来。

7时40分，我们再次以居民身份拨通"110"报警并询问刚才报警后为何未见公安人员来。"110"回答："你怎么知道我们没有人来？这种情况我们可以穿便服的。"但是他马上又问："是哪个录像厅？在哪个地方？是放的黄色片吗？"这令记者感到，"110"对我们的第一次报警并没有记录。

我们想，很可能这种警情不在"110"及时处置之列。于是有了第二次行动。

晚上9时54分，我们由另一位记者拨通了"110"报警：黄石港纺织四路靠湖边路口有人斗殴，打得头破血流，请你们速来处置。

在纺织四路靠湖边路口，我们开始等待。

车子一辆又一辆地从公园路、纺织四路飞驰而过。但大多是"面的"，没有一辆"鄂O"（公安牌照）。

到10时30分，半个多小时过去了，我们没有等来公安人员。说实在的，我们几名在场的记者都希望公安有人能来。毕竟，"110"声誉在广大市民中一直是好的。我们一位摄影记者，放弃了另一项重要的采访，从晚上6时到10时40分，两次行动都背着相机守候在现场，为的就是拍到如我们想象的那样，公安人员在接到报警后迅速赶赴现场，如神兵天降的场面。可惜，这一愿望没有实现。

（载《黄石晚报》1996年11月15日第1版，获湖北省地市州报好新闻奖一等奖）

案例3：

台北公务机构里撒一泡尿，好爽！

本报驻台湾记者　黎勇

微博上一直有一个美丽的传说，在台湾生活，如果你尿急，可以就近进入任何一家政府部门、公权力机关去撒尿，没人会拦你。来台湾10多天了，我一直将信将疑。这些威严的公务机构，真的这么亲民、真的能让人随便进出吗？

某天，我突然来了兴致，决定：每路过一处公务机构，都进去撒一泡尿，看看到底会遇到什么情形，看看这个“传说”到底是不是真的。一泡尿就是一面镜子，一定能照出台湾公务机构的“真面目”。我还给自己设定：每到一处，事先均不暴露我来自大陆、不暴露我的记者身份，尽可能以台湾当地居民身份行事，看看这些公权力机构平常到底怎么对待他们的纳税人。我要以自己的亲身体验，向祖国大陆人民澄清这个“传说”是谣言还是事实。

于是，行动开始了——

警察局和“宪兵总队”撒尿失败

首先“闯”的是西门町附近的台北市警察局。

台北警察局就在中山堂旁边，门前是一个公园，一群年轻人戴着一些奇特的面具，正在音乐的伴奏下排练一出后现代的舞蹈。几个市民或游客，带着孩子在门前广场上悠闲地散步。

台北警察局只有一栋大楼，四周没有围墙，没有荷枪实弹的警卫，也没有凶神恶煞的保安。如果不是因为门前停着一辆警车，我不会注意到它是警察局。奇怪的是大楼门口也没有保安人员，只竖着一个牌子：进出请悬挂标识牌。也就是自觉佩戴证件的意思。我一边拍照，一边径直向大楼内走。走到大门处，一位穿着警察制服的人慢悠悠踱着步走过来，微笑着向我打招呼：“你好！”

我回了一句：“你好！我可以进去参观吗？”他指着门口的牌子，一直微笑着，说：“不可以，你看，需要有证件才可以。”

看着他热情的微笑，我没好意思开口说要“借厕所”。离去时，他又微笑着送我：“请走好！”

首“尿”失败！但是，败得心情舒畅，败得心悦诚服，败在我自己没开口。

又一天，下着小雨，我从台北“英雄馆”大门正对面的“宪兵总队”门前经过，想进去看看。但大门口笔挺地站立着两名荷枪实弹、戴头盔的士兵，我没敢造次。我斗胆问士兵：“请问可以拍照吗？”士兵身体动了一下，僵硬的脸上竟露出了笑容：“这儿不可以，可以到对面拍。”他指了指对面的“英雄馆”。“英雄馆”与“宪兵总队”只是一路之隔，实际上拍得更清楚。我跨过马路，到对面拍了几张照。

“宪兵总队”也没“尿”成。

几天后，我路过忠孝东路与中山北路路口的台湾当局最高行政机关所在地，连院墙的门都没能进去——大门口有保安警察把守，进大院后，大楼门口还有全副武装的卫兵把守。一位来自嘉义市的市民何胜兴，在这个大门口举牌上访了12年，她天天来这里“上班”。她和大门口的保安警察都告诉我，可以到对面的最高监察机关所在地去上厕所；若想参观，可以周五来——每周五这里都向市民开放参观游览。（3月15日周五时，我果真得以进去参观，且解说员为我一个人解说，并送纪念品，这是后话。）

又吃了闭门羹。

最尴尬的一次莫过于路过位于博爱路与凯达格兰大道之间的那座著名的巴洛克式建筑。那里是台湾当局领导人马英九办公的地方。

这是一个星期天。我真的尿急，而附近没有公共厕所。我绕着这座建筑转了一圈，每个入口处都有一名穿制服的卫兵和一名穿便服的卫兵把守。几个穿便服的卫兵和我开玩笑，他们人很热情，也很欢迎我在规定的开放日前来参观，但是都很坚决地告诉我：现在不能进去尿尿。

经过以上几次“勇闯”之后，我初步得出了一个结论：“总统府”、“宪兵队”、警察局，牛×的机关在哪儿都很牛×，无论台湾还是大陆。“所有台湾公务机构”都可随便进去撒尿的传说，绝对是一个美丽的谣言！但是，这些牛×的机关对待纳税人绝对不会横眉以对、冷若冰霜、拒人千里，甚至喝斥、辱骂，而是绝对尊重、绝对热情。拒绝也只是因为少有的几个特殊场所的规定和制度使然。

大部分机构都可以随便尿，很爽！

除了在上述几家特殊机构遭遇挫折，此后，我的“尿尿计划”再也没有遇到过阻碍。每到一处，如入无人之境，均通行无阻，畅快无比！

3月11日，我路过台北市政府，大摇大摆地走了进去撒了一泡尿，无人“理睬”。门口虽站着一个穿制服的保安警察，但他简直无视我“勇闯”市政府，也无视众多人出出进进，毫不害怕有人闯进来闹事，不怕访民去炸政府大楼，也不怕刁民闯到市长办公室。在大楼侧门旁一个广场，专设有一处“请愿专区”，但在请愿专区，我没看到一个人请愿。

一楼大厅里的指示牌将政府各局列得很清楚：除了警察局，近20个局、处、委，挤在12层楼里，其中财政局和教育局有部分办公室在地下一层，而市长和秘书处在这栋楼的11层。大楼的地下二层，除了停车场外，还有“市府生活广场”，日用百货、蔬菜水果、盲人按摩、餐厅咖啡座、福利社……应有尽有，政府的公务人员和市民百姓均可来这里消费。二楼和三楼还设有“亲子剧场”“台北探索馆”，妈妈们可带着孩子来这里看演出和展览。

大厅里的一张告示说明了政府大楼的开放程度：除22时至翌日7时凭政府员工服务登记证进出，市政府大楼全天候开放，市民可任意进出。在大厅里随便走走，可以看到，进出大楼的人就像逛商场一样随意、频繁。

3月12日，我又来到位于忠孝东路与中山南路交叉口的台湾当局最高监察机关。这是一处非常漂亮的古建筑，也是台湾地区目前保存最完整的巴洛克建筑。与行政机关不一样，监察机关大门前没有围墙。74岁的林玉祝老人为抗议司法不公，正在大门前敲着钹，念着佛经和咒语。她告诉我，她每天都要到这里敲钹念经两三个小时，然后再到马英九办公场所前敲钹念经一个小时，风雨无阻，已经整整4年。她和对面行政机关门口常年上访的何胜兴一样，已经是这几个公务机关门前的“上访钉子户”。

监察机关一楼大厅进门有个登记服务台，旁边就是保安警察室。我走进大厅，两名保安警察和登记服务台的志工看了我一眼，没问也没管，我就径直上了洗手间，还顺手在走廊里拍了几张照片。尿完出来，我询问保安警察为何不管我，他们告诉我，大厅和走廊现在可以参观，全部开放则要等到每周五，届时还有人讲解。

这些重要的中枢机关里都可以随便撒尿，到基层的小公务机关里撒尿当然更不在话下了。在中山北路台北交通警察大队的大楼前，我就亲眼见到一位路过的老人来借厕所，门口的警卫手一挥就指点老人进去了，没有半分犹豫和迟疑。

我后来才知道，台湾的派出所不但可以喝水、上厕所、存包、休息，甚至还可以借钱、借宿、冲澡、煮泡面。有网友就发微博介绍说，去台湾派出所上厕所，因厕所有人，警察就给客人倒杯茶水等候；另有网友贴出台湾派出所的告示称，因厕所在维修，无法让民众使用，特此道歉……可惜后来几天，我一直没能找到机会亲自去派出所体验。

厕所给不给人方便是文明指标

在我已经亲自“视察”过的公务机构洗手间中，最有意思的是台湾当局教育行政主管机关的洗手间。该机构不愧为教育主管机关，洗手间里也不忘教育大众。一楼男厕的小便斗上，写的是：“左右两边站，对准再开火。”“神枪手，小便不漏。”

亲自体验了诸多公务机构的洗手间之后，我发现一个特点，即各公务机构的洗手间都不大，一般只有三个小便池和两个蹲位。台湾最高立法机关二楼的洗手间，只有两个小便池，一个蹲位，即使一个人进去，也得侧着身。每每这时，我都恨不得替这些公务机构呼吁：民意代表们啊，审议预算案时多拨一点钱，让他们把洗手间修大一点吧！

这些洗手间虽小，但都非常干净，有不少甚至称得上“典雅”。上面提到的立法机关二楼洗手间，在那么小的空间里，竟然还挂上了一幅非常美的油画。最最重要的是，每一个洗手间里绝对不会没有手纸。——台湾任何一间公共厕所，无论是商场、车站，还是公园、街头，都备有免费的卫生纸。

作为“勇闯台湾”的一个小小的行动，我将“勇闯厕所”的部分情形在微博上直播之后，引起不少网友的转发、评论和关注。这些评论，指出了问题的实质。认证微博“@台北市議員王鴻薇”说：“厕所给不给人方便是文明指标。”媒体人“@陆云红”说：“关心政府机关的门卫与厕所，用每次小便，可以验证平等与开放。”

真可谓：台湾一泡尿，激起大陆千层浪！

（载《晶报》2013年3月22日A18版，台湾《旺报》2013年3月27日、28日C4版，为17篇驻台系列专栏文章中的一篇。获《旺报》第四届两岸征文优秀奖）

质疑名人：没有谁不可以被批评

质疑永远是记者最优秀的品质。发现、寻找和写出大多数人心中的疑问，代替读者质疑，是记者每天应该做的主要工作。不管他面对的是名人、官家、权贵，还是平民、百姓、底层人，都应该如此。

有的记者质疑意识非常强，自己心中有疑问，也知道大多数人心中有疑问，便会马上去问；有的记者虽然也和大多数人一样心中有疑问，却碍于情面或出于各种担心，不敢去问、不好意思去问、怠于提问，因而也就放过了很多发现新闻的机会。

2001年底，著名作家贾平凹与陕西画家邢庆仁在深圳何香凝美术馆联合举办了一个名为“长安男人”的书画展。开幕当天，我应主办单位邀请去采访了书画展。当天前去参观书画展的观众不多，主要是主办方邀请来的嘉宾和有关方面人士。我因当天另有其他活动，匆匆在展厅里转了一圈，粗粗浏览了一下就离开了。回去后，根据美术馆方面提供的材料，写了一篇画展开幕的消息。

过了一个多星期，画展即将闭幕。想到画展开幕当天所看到的画作中，贾平凹的画似乎还有点意思，有的还有情节和故事，与一般画家的画展不大一样，我觉得可能还有新闻价值，便再次来到何香凝美术馆，仔仔细细地把贾平凹的画看了一遍。不看不知道，一看吓一跳——这都是些什么画呀？分明是一个又一个各具特色的性交场景、性交姿势和生殖器官的大展示！画面应该说并不令人恶心，甚至可以说还真有那么一种“美感”，不过，这些泛性化、充满性想象力的画作，与贾平凹《废都》中那些赤裸裸的性描写如出一辙，确实都“儿童不宜”，并不是每个人都可去参观，这是我在写画展开幕消息时没有写到的。而我在现场却看到，有一些家长带着儿童来参观画展。有的家长看到画展的内容，在孩子面前感到很尴尬，很快就带着孩子走了。有一位家长对我说：这画展太“黄”了，本来是带孩子来接受艺术熏陶的，没想到是这样一些内容。我又从售票处了解到，画展开幕以来，前来参观的观众不多，但学生较多；在美术馆历次举办的各种画展中，这是一次比较冷清的画展。

按一些记者一惯的思维，贾平凹这样的大作家、名作家，应该做专访，吹捧还来不及，谁会写批评报道？不过，我认为，越是名人，越应该鸡蛋里挑骨头，媒体越应该对他们严格要求，因为他们在社会上具有榜样和示范作用。如果名人的一些倾向得不到批评和监督，他们就可能做得越来越过，滑得越来越远。贾平凹的画作太“黄”，“儿童不宜”，不适宜一些年龄较小的学生观看，但主办方事先没有提示，这是一个失误，我要写出这部分家长的感受。

回到报社，我写了《贾平凹书画是国画版〈废都〉？深圳展出受冷遇，9天参观者仅600人》（**案例4**），部门领导称好。可是在见报时，夜班编辑怕惹麻烦，把一些尖锐的字眼删除了，并且处理在一个不起眼的边栏位置。

尽管如此，这篇批评报道仍引起了异乎寻常的反响。首先是本报的竞争对手《南方都市报》看到报道后，隔天也跟着发了一篇类似的报道，几乎全是“引用”我的报道，一些提法如“国画版《废都》”，所举国画的例子，均来自我的报道，只是报道的版面位置比本报醒目了许多。紧跟着中新社转发了这篇报道，《新快报》《南方日报》《天津日报》等媒体纷纷转载或评论，此事成为媒体热点。

只有一个人对我叫苦连天。这个人就是邀请我去何香凝美术馆采访的通讯员。她一天之内给我打了无数电话，“控诉”我的罪行，称这篇报道让她挨了领导不少骂，还写了检讨。

不过，他们并不知道，这篇报道其实是帮了贾平凹的忙。据了解，贾平凹、邢庆仁二人的“长安男人”书画展，此前曾在上海、西安、苏州等地举办了几场，但都无声无息，媒体虽有报道，却没什么反响，观众和深圳一样都不多。在深圳的画展结束后，贾邢二人的“长安男人”书画展随后又在北京、河北、山东等地举办，由于这篇报道，贾平凹的国画已因“国画版《废都》”而名声大振，画展每到一地都成为当地媒体的热点，买票前往参观的成人观众大增，贾平凹在这个画展中可谓名利双收。

显然，贾平凹为这篇报道埋怨我是没有道理的。大约10个月后，贾平凹接受《中国文化报》记者采访时，主动向记者提起这件事，话语中分明对记者把他的画称为“国画版《废都》”感到满意或当作一种荣耀。

案例4：

贾平凹书画是国画版《废都》？

深圳展出受冷遇，9天参观者仅600人

本报讯（记者　黎勇）贾平凹书画展昨天在何香凝美术馆闭幕，9天的展出仅600人左右前往参观，备受冷落。而更有观众批评贾平凹书画展是国画版《废都》，属“儿童不宜”。

何香凝美术馆售票处人员告诉记者，来参观贾平凹书画展的，以老人居多，主要是一些有一定艺术修养和知识层次的退休人员。此外，学生约占了20%，其中主要是大学生，也有一些中小学生与父母一起前来。

但参观了展览的不少观众对这次画展颇多微词。宝安的罗先生带着11岁的女儿专程赶到何香凝美术馆看画展，不想却看到生殖器、乳房、光屁股……这样一些题材的画，令他十分失望，也令他在女儿面前很尴尬。“这不是一部国画版的《废都》吗？”罗先生认为，这次书画展其实属“儿童不宜”，事前应该告诉观众。

昨日记者在何香凝美术馆现场看到，贾平凹展出的这些画中，凡有人的画面，大多赤身裸体。如《裸竹》，画的是在一片竹子底下，躺着一个双腿张开的裸体女人，敏感部位清晰可见；《花园》则画的是一个长着狐狸头、光着身子的裸体女人，而狐狸的头又伸到女人的光屁股后面；《羽人》中的“羽人”，穿着三角裤，戴着乳罩，身上长着羽毛，画面题词说这是作者一次在梦中“龙翔凤舞，心乐大作”；《乡间大坑》则描绘了一男一女赤身裸体抱着躺在“乡间大屋”的坑上，狗在一边看的情景。此外，《老屋》《黄昏的林子》《相思》《山鬼图》等均如此，只有《邻院的少妇》等极少几幅画，画中的女人穿了衣服。在楼上展厅里展出的另一位陕西画家邢庆仁的作品，观众感觉亦然。

慕名前来参观展览的何先生看完画展后说，贾平凹和邢庆仁这样作画，自有他们的意图，自有他们的深意，但和《废都》一样，不管怎么说，这样的作品在社会上，特别是面向中小学生展出确实出乎意料。

虽然有这么多“吸引人”的地方，贾平凹书画展却并没有吸引太多的观众。一家文化艺术公司的负责人张先生说，贾平凹是以文学作品著称，他的书画虽然也不错，但毕竟不如他的书出名，因此，他的书画展门庭冷落是意料中的事。

（载《晶报》2002年1月7日）

说出真相：他人沉默我独呐喊

当别人都在说假话的时候，当别人以为你也会像他一样跟着大家一起说假话的时候，你毅然向读者说出你所看到、所知道的真相，这需要一种勇气。这种勇气既是一种逆向思维，也是一种优良品质。在假话连篇、人人“独善其身”而不愿说真话的年代，勇敢地站出来说出真相，揭示事情的本质，特别是在强权与强势人物前毫不畏惧，尤为难能可贵。

有着自己独立思考的记者，应该勇于当那个说真话的小孩。在所有人都沉默时，要勇敢地指出“皇帝”并没有穿衣服，而不能对“皇帝”有丝毫的畏惧。只有这样，我们才能不仅仅写出独家新闻，更能获得良知的安宁，取得正义的胜利，肩负起记者应尽的职责。

1997年，在媒体纷纷把何阳看作一个“神”时，我当了一回那个说真话的小孩，指出他只是一个骗子。

从20世纪90年代走过来的中国知识分子，应该都还记得何阳。这位曾被称作“点子大王”的人物，以售卖所谓“点子”起家。被媒体报道后，立刻成为中国市场经济初期知识分子以知识实现自身价值的典范，红遍了大半个中国。那时候，知识分子弃笔从商、下海“摸鱼”的大潮风起云涌，何阳的出现，就像一剂强心针，让这些想一试身手、想发财却觉得自己除了一肚子雄才与文墨外一无所有的文人，突然间一个个变得兴奋莫名，仿佛自己已经靠智慧成了亿万富翁。

何阳当时是个大名人。所有关于何阳的事情，就是“新闻”，就是“兴奋点”。何阳走到哪里，媒体对何阳的炒作就进行到哪里。

1995年底，何阳要到湖北黄石来。距何阳抵达前一个多月，当地的几家主要媒体就发了预告消息。活动的主办方，则把黄石的几家主要媒体拉进去，做了“协办单位”，并借“协办单位”的版面连续不断地刊发了十多期大幅广告。

这些广告，把何阳吹成了企业的救命主，称他为某某企业出了一个“点子”，就让该企业起死回生；他的“点子”解救了很多濒临倒闭的企业，等等。偏居湖北东南一隅的中等城市黄石，过去曾是湖北省的第二大城市，也是一个重工业城市，当时许多国有企业陷入亏困。很长一段时间内，这些企业找不到出路，数不清的工人生活困难，经济低迷，人们困惑、迷茫。在媒体持续不断的炒作下，人们忽然间看到何阳这样一个企业“救星”出现，一下子振奋起来。加上当时每年到黄石的名人并不多，因此，何阳要来黄石的消息立刻成为全城人关注的焦点和热点。应该说，活动主办方对何阳的前期宣传非常到位，一时间，“何阳欲来风满城”，整个城市都对何阳的到来充满了期待。

但是，这些炒作从一开始就引起了我的疑惑。因为在我的印象中，至少已有《中国青年报》对何阳其人做过揭露[①]。我想，黄石媒体业内人士，如果平时爱读书看报，至少应知道何阳的所作所为是值得怀疑的，本不至于把这个"名人"如此狂热地吹到天上去。我还清楚地记得，何阳当时曾通过媒体称：因为《中国青年报》的"负面"报道，各地原准备请他去做讲座的纷纷取消了约定。但何阳提供给黄石主办者的信息却是：他的讲座已经排到了2010年，因为主办方找了他的朋友，他才好不容易抽了点空，"插队"来这里。

在何阳给黄石人做的第一场报告会上，何阳再次称，他的讲座，即使不吃饭不睡觉，也要十年才能讲完……

同一个人，如此不同的说法，引起了我的极大疑问。因此，在狂轰滥炸的广告宣传和一窝蜂地对何阳的崇拜与吹捧中，我保持了十分的冷静和清醒。

第一场报告是在大学里举行的。会场里，我听到周围年轻的大学生们狂热的掌声，然而大学毕业已半年的我却无法激动。一种怀疑的情绪主导着我，让我无法像其他人那样对何阳产生崇拜和兴奋。我凭直觉感到，何阳吹嘘的成分相当重，只要仔细分析他所讲的案例就会发现，他讲的所谓出点子使企业走出困境的案例，尚没有一家媒体从企业方面获得证实。

但第一场报告，出席和主持会议的是市委常委、宣传部部长，这是不能写"负面"报道的。我基本上是中性地，甚至是略带赞赏地写了一条消息。

报社领导嘱咐我：何阳来黄石，我们报纸是协办单位之一，要做好跟踪报道。于是随后几天，我按照何阳活动表上的日程，跟随其后采访。由于有关方面并未提供门票或采访证，我刚开始还有点担心采访会不会被阻拦。因为如果活动很"俏"，没有证或票，要想进入活动现场采访是很难的。

第二场报告在工人文化宫，我去晚了十多分钟，何阳的报告已经开始了。哪里知道，我原来怕进不了门的担心完全是多余的：大门敞开着，根本就没有人把门。

进到会场一看，场内稀稀拉拉，只有前面十几排座位坐了人，而后面那些座位，都空着。这与有关方面传递给我的信息相差甚远——有关人员告诉我说，何阳做报告的票很难弄，市场上一张票卖200多块钱还买不到，很多人都要找市领导批条子，还不一定买得到。

---

① 王安．没留神涮了道新闻[N]．中国青年报，1994-02-15．王安．新闻可真是经不起涮[N]．中国青年报，1994-04-29．

对这一情况我当天没有做报道。

过了几天，报社突然通知我去参加何阳的新闻发布会。当我急匆匆赶到会场时，发布会已经开始了。主办方非常热情地把我带到会场最前面一排座位坐下。他们可能认为，作为协办媒体单位的记者，我被邀请来，一定是来捧场的。

主办方一位负责人过来悄悄对我耳语：等一下你提个问题啊。我知道，主办方为了怕冷场，往往会在这种发布会上安排几个人提问。有的还事先把问题都准备好了，写在纸条上交给记者，让记者照着念。

幸亏他们没给我递纸条，因为我要问的问题，心里早就有了。

在我前面提问的那些记者，提的问题，都是先把何阳吹捧一通，再把企业吹捧一通，然后让何阳再自我吹捧一通。很显然，这样的问题只会让人厌恶。

轮到我问了。

我问了一个全市人民心中都有，却没有一个记者站出来问的疑问。

我说："我注意到，你在黄石的活动，都是以'北京和洋咨询有限公司'的名义进行的。既然是'公司'，当然都是要获取利润的。你为企业出点子是为了使该企业获得效益，但同时也是为了使你自己和你的公司获得效益。那么，请问你此次到黄石来，你为你个人和你的公司挣得了多少效益？"

我的问题一出，全场掌声雷动。我想，这才是读者最想知道的问题。

在黄石这个老工业城市，当时已经有数十万人下岗，绝大多数国有企业的日子都相当不好过，而少数当时还算不错的企业，如这次邀请何阳来的康赛集团，普通工人的工资也不过才两三百元。对全体黄石市民来说，他们最关心的不是何阳有夸夸其谈的"点子"，而是他的所谓点子到底能给他们解决什么问题，带来什么实惠和好处。

所以，我的问题引起大家的共鸣，一点儿也不让人意外。

这个问题立即使何阳紧张起来。他先辩称，他到这儿来演讲、咨询，主要目的不是为了钱，而是"为了企业的发展，为了黄石人民的幸福"。但被媒体树立为"靠知识赚钱"典范的他，显然也不想掩饰此行的"成果"。他随口说了句："（这次赚的钱）有十几万吧。"台下顿时一阵唏嘘。十几万，在现在来说也许不算什么，但当时在那个小地方，对台下那些人来说绝对是一个天文数字。

新闻发布会结束后，主办方邀请何阳和我们这些记者一起吃饭。据说，何阳平时一向爱说话，但那天似乎不怎么高兴，不怎么说话，只是一个劲儿地唱卡拉OK，还邀请酒店的服务员、主办方的女工作人员和女记者一起唱，完了还和记者们合影，他还很“大度”地主动和我这个“刁难”他的“小记者”合了影。

不过，不管怎样，报道还是要写的。

1996年1月3日，我所在报纸头版头条刊出了我的报道《作了三场报告，出了两个“点子”　何阳六天赚走10多万》（案例5）。

在黄石这个小地方，这篇小稿很快就像一枚重磅炸弹，在读者中激起冲天浪花。很多读者打来热线电话，称赞这篇报道敢于提出质疑，说了真话，说出了他们心中的疑问。其中，很多人提及报道最后一句话“何阳的‘点子’能给我市相关企业带来多少效益，只有天晓得”“够直接”。其实，这句话并不是我写的，而是一位值班总编辑加上去的，在我看来，在消息中使用这种评论性语言并不恰当。

报道收获了很多媒体同行的好评。一位在当地很有威望的电视台资深记者后来告诉我，他以前从不看晚报，自从看了我写的这篇报道后，才成为晚报的读者。

不久，当时的《楚天周末》（后改版为《楚天都市报》）、《市场指南报》（后改版为《楚天金报》）也相继刊登了我的这篇报道。《市场指南报》还在头版头条配发了综述文章，详细介绍了何阳来黄石及晚报对他提出质疑的经过。

在报道获得好评的同时，另一种声音也向我压过来。

由于市委宣传部是此次活动名义上的主办单位之一，并向全市各单位发出了组织听报告的通知，市委常委、宣传部部长又主持了何阳的首场讲座，还参加了何阳的多场演讲，无论宣传部机关还是部长个人，与此次活动多少都有些瓜葛。因此，这篇报道一出来，市委宣传部部长的面子非常挂不住，宣传部的电话打到了报社老总那里，质问：“为什么要发这篇稿子？为什么要这样写？”

我离开黄石数年后，当时主管新闻的市委宣传部一位副部长（后调任黄石日报社社长）才私下告诉我，部长对此报道非常生气，曾指示要求报社处分记者，但被他顶住了。他自己当时觉得，这篇报道确实写得有道理。因此，他一个人扛住了所有压力。

与此同时，组织何阳来黄石的市群艺馆的有关人员，通过黄石日报广告部门的某负责人给我带话：“你这篇报道已经传真到北京去了，何阳要告你，你等着上法庭吧！”

不过，一直到何阳1996年底东窗事发被警方拘留，他因诈骗罪被关进牢房，我也没收到他告我的状子。

后来，我在书店闲逛时偶然看到何阳的书《点遍中国》，发现他竟把这段在黄石的经历，写成了其中的一个章节，并专门做了辩解。他称，我这篇报道“语言苛刻，言辞过激。看来这个记者过分嫉妒了，似乎有些故意激怒我的味道。我们公司的人员看了气愤之极”。他还称，这篇报道也让他进行了反思，决定对以后的演讲进行改进，书中写道：

尽管这对于我有些苛刻，但是作为一个能够讲遍中国的报告人，这样的要求似乎也不过分。后来我返京后认真研究了我过去所有的报告录音和电台直播录音，根据不同对象分别设计出了针对社会各层次的报告，在后来各地区的报告会中收到了良好的效果。许多多次重复听报告的人也感叹“每次都有不同的收获”。看来我要感谢那个虽然目的不怎么“纯”的小记者。从那以后我学会了“从骂声中总结教训，从诽谤中找到不足”。[①]

需要说明的是，何阳在黄石为企业出的两个所谓点子，后来根本就没有也没法实现。何阳既未穿着他的“点子大王”服装在电视剧中宣传，也没有拍摄更没播放所谓的“30集电视连续剧《点子大王》”——他画的这个饼根本就子虚乌有。黄石骄武公司所卖的西服，也没有按何阳所出的“点子”对不同学历的人卖不同价格。这个骄武公司当时已是国有困难企业，何阳的馊点子非但没有让这家困难企业摆脱困境，反而让它更加困难。在这之后不久，骄武公司就因亏损严重而破产倒闭了。

而与何阳签约的另一家公司康赛集团，当时作为一家上市公司本来十分红火，但自从将何阳请来“出点子”后不久，其董事长童施建即因其他问题被抓，公司也从此一蹶不振。

2001年4月，宁夏银川市中级人民法院终审判决何阳诈骗罪成立，判处有期徒刑12年，并处罚金5万元。根据媒体报道，何阳服刑10年后，于2009年出狱。

① 何阳．点遍中国[M]．北京：作家出版社，1998：118-119.

我想，当初怀疑何阳吹牛和有诈骗嫌疑的人应该不止我一个，但是，在当地媒体中只有我一个人做了那个“小孩”，站出来指出皇帝没有穿衣服，戳破了这一事实。

案例5：

作了三场报告，出了两个“点子”

何阳六天赚走10多万

本报讯（记者　黎勇）“点子大王”何阳上月29日下午在新闻发布会上对记者们宣称赚了10多万元后，于当晚离黄。

在这次由康赛集团和何阳的北京和洋咨询公司联合举行的新闻发布会上，这位“当代智多星”继续喋喋不休地向与会者兜售他的“新思维方法论”与用他的点子所带来的非凡效果，但绝口不提他所出点子的成功率。于是本报记者问道：“你为企业出点子是为了使该企业获得效益，但同时也是为了使你自己和你的公司获得效益。那么，请问你此次到黄石来，你为你个人和你的公司挣得了多少效益？”他答道，赚多少钱是次要的，主要是为了产生较好的社会效益，这次能够给众多的黄石人带来效益，已感“欣慰”。谈到赚钱问题，他说：“有十几万吧。”他认为这个结果“总的来说还是很满意的”。他在稍后接受另一位记者的采访时说，成为两家企业的股东，是他此次来黄的重要收获。

这位“繁忙”得仍有时间唱卡拉OK的“大王”，6天来共在黄石作了三场大型报告。他在师院的首场报告赢得了听众的喝彩，为此本报作了报道。但他的第二场报告已使记者感到不新鲜；尾随其后听他的第三场报告，记者觉得这位“大王”似乎“黔驴技穷”，因为面对不同的对象，他弹的不过是老调，包括用词、造句、表情动作都一样。据组织者称，他在文化宫的那场报告，入场券以每张160元的价格卖出200来张，剩下1000余张由市经委作为福利和救济券赠送给了困难企业的干部。尽管如此，记者在现场看到，偌大的场子仍显空荡，尚有几百个座位空着，大门敞开着，听众无须凭票即可自由进出。这似乎表明了黄石老百姓对这位“大腕”的态度。

此次来黄石，何阳为黄石的企业出了两个“点子”：一个是他的公司与骄武公司合作生产“点子大王”西服，“点子大王”西服卖给有大学学历的人

800元一套，不具备大学学历者加收2000元；另一个“点子”是在以他为主角的30集电视连续剧《点子大王》中着骄武“点子大王”西服和康赛服装进行宣传，以及将在中央电视台、各地方卫视台作广告。这两个“点子”算不算“点子”，又能给我市相关企业带来多少效益，只有天晓得。

（载《黄石晚报》1996年1月3日头版头条。后续报道还有《走了何阳跑不了税》等）

第二章　坚持独家观察

任何强权、民意或情面都只能遵从真相

没有媒体，有时候公众会变成盲人。因为媒体是公众的眼睛。前方的“暗礁”，有时候媒体和记者为了某种私利而故意装作没看见，有时候是因为媒体自身的无知而没看见，有时候则是媒体和公众都过于轻信某种势力、某种舆论、某种潮流而看不见。当媒体和公众都成为盲人，社会就会失去前进的方向，迟早触礁。

一个独立的记者，应该既不屈从、屈服于威权和强权，也不屈从、屈服于情绪化的民意及不了解真相的大多数；既不受邀请者和受访者的影响，也不应因碍于同行、朋友和亲人的私人情面而扭曲事实。一切只能遵从真相。必须坚持自己独立的观察，坚持自己独立的判断，坚持在了解事实真相和更多信息的前提下进行报道，才能确保公正和客观。

既不要盲从官意，也不要盲从民意

2009年5月至10月，发生在深圳的一起机场清洁工梁丽被控“盗窃”黄金，而梁丽自称是“捡”黄金的案件，引起全国媒体的广泛关注。这个继“躲猫猫”案、杭州飙车案、罗彩霞案、邓玉娇案等之后，又一引爆网络舆论的公共事件，媒体在其中起到了至关重要的作用。但媒体对梁丽案的报道，有许多

值得反思。特别是，在梁丽案的报道中，媒体往往对汹涌的民意的真伪不加区别和辨别，盲从、屈服于非理性的民意；在为民意所驱动时，为迎合民意而失去理性与客观性；媒体往往忙于表达观点，却忽略了调查基本事实等，十分明显。

梁丽案的案情是：

2008年12月9日上午8点多，东莞一家珠宝公司的员工王腾业在深圳机场19号柜台办理行李托运时，柜台人员告诉他黄金首饰不能托运，让他找10号柜台。于是他到10号柜台找值班主任咨询。他把装有14公斤黄金首饰、价值近300万元的小纸箱放在了19号柜台附近的行李车上就离开了。

这时，深圳机场的清洁工梁丽推着清洁车到了19号柜台附近。她看到这个行李车上有个小纸箱没有人看管，认为是客人遗忘或不要了的物品，便将纸箱放到了自己的清洁车里，并推着清洁车走开了。梁丽将纸箱放到了洗手间里，并且告知了几个同事。有同事撕开了纸箱的胶条，拿走了其中的两包金银首饰，并告知梁丽，她“捡”到的是黄金首饰。另有同事则帮梁丽确认了纸箱里的首饰“与候机厅首饰店里卖的是一样的”。中午1点半，梁丽下班后，用自行车将纸箱载回了家中。

王腾业从10号柜台返回19号柜台，发现行李车上的纸箱不见了之后，即刻报警。晚上6时左右，警察找到梁丽家，要回了装有黄金的纸箱。梁丽随即被警察带走，第二天被拘留，一个月后警方以涉嫌盗窃罪将其逮捕。2009年3月，梁丽案由公安机关首次移送检察机关审查起诉。此后两次被退回补充侦查，三次移送审查起诉。在关押9个月后，梁丽被取保候审。2009年10月，警方撤案。

梁丽案的报道经过了三个阶段。

第一个阶段，是公安机关主动向媒体提供线索和素材。案发后第三天，即2008年12月12日，深圳警方向广州、深圳两地的主要媒体提供了一篇由其内部宣传人员撰写的通稿，口径是：“警方破获一起机场清洁工盗窃旅客黄金大案”。各家媒体均以此口径，添加上各自媒体记者的名字后刊登。这篇报道，刊出后几乎没有什么反响。

第二个阶段，是事隔5个月之后，以2009年5月11日《广州日报》刊登的报道《清洁工“捡”14公斤金饰或被起诉》（副标题：《争议焦点是“捡”还是“盗”，若盗窃罪成立可能被判无期》）为标志。这篇报道见报当天，全国各大门户网站均在首页醒目位置转载，案件迅速成为全国网民关注的焦点。网上吵作一团，网友对梁丽表示深刻同情，对警方结论“梁丽行为是盗窃”提出了强烈质疑。第二天起，广州、深圳乃至全国各地媒体全面跟进，网络和传统媒体热炒20余天，直至当月底宣传主管部门发出通知要求暂停报道。

第三个阶段，被关押9个月的梁丽于2009年9月11日被取保候审，直至检察机关认定梁丽不属盗窃而属侵占，将案件退回警方。全国媒体再次聚焦，针对梁丽身体查出肿瘤、欲申请国家赔偿等最新进展进行报道和评论，至10月中下旬警方撤案后逐渐平息。

这个案件的报道我没有参与，但我对广州、深圳两地的六家纸媒（《南方都市报》《广州日报》《羊城晚报》《晶报》《深圳特区报》《深圳晚报》）的报道进行了观察和研究，曾在“全球视角下的媒介伦理与责任”研讨会①上作为主发言嘉宾对报道中的问题进行反思，并发表了相关论文。②下面是我的几点反思。

一是媒体对来自官方的宣传稿缺乏足够的警惕。

2008年12月12日，梁丽案发后第三天，警方发给广州、深圳各媒体公安线记者一份通稿，主要内容是“警方连续奋战10小时，成功破获一起清洁工盗窃乘客黄金的重大案件，将3名嫌疑人全部抓获，追回全部赃物”，基调是表扬警方神勇，破获大案。对于是“捡”还是“偷”，这篇稿子写得很确切，即“盗窃”。虽然在叙述过程中，通稿用到了“犯罪嫌疑人”这样的称谓，但自始至终没有说是“涉嫌盗窃”，而是很肯定地指是“盗窃”，是“盗窃案”。

这篇报道见报时，各家媒体的署名除了记者名字，后面都署有“通讯员刘××　张×”。其中，刘××是深圳市公安局机场公安分局宣传人员（**这个案子是机场公安分局办的**），张×是深圳市公安局宣传处负责对外宣传的人员。

这篇通稿在刊发前，其实已有人发现了其中的疑点。如对案情经过的叙述，当事人梁某一直称是“捡”到纸箱，而警方一直叙述其为“偷”。对于这

---

① 瑞典驻华大使馆、北京外国语大学国际传播研究中心、ICCD国际传播促进中心联合主办，2009年11月28日在北京外国语大学召开。

② 黎勇．盲从与屈服：被非理性民意驱动的媒体——深圳机场清洁工梁丽案报道检讨[J].新闻记者，2010（3）：32-36．（此文被中国人民大学新闻学院陈力丹教授列为“2010年新闻传播学的九个新鲜话题”论文之一，所研究案例被中国人民大学新闻学院列为教学案例。）

个矛盾之处，接到通稿的绝大多数媒体记者都没有提出异议或质疑，也没有任何一个记者去做独立的调查和采访。在处理稿件时，多数媒体甚至连客观化处理都没有做，连“据警方提供”或“警方称”这样的字眼都没有，警方的叙述直接变成记者的叙述就见报了。

过去，自觉地盲从和屈服于“官意”，是中国媒体的常态。绝大多数媒体的记者和编辑从来就缺乏对官方宣传稿的足够警惕，更缺乏质疑官方的勇气。长期仰赖官方通稿生存的跑线记者，已经养成了这样的习惯：对明显存在疑问的“通稿”，他们觉得并无调查和了解事实真相的“义务”，而把事实真相被扭曲的责任推给了通稿的提供者——具有强势地位的官方。

这篇稿子在各家媒体见报后，当地网站上即有网友提出了质疑，这些质疑声在网上持续酝酿和发酵了一段时间，但没有媒体去做报道。

二是媒体被情绪化的民意驱动时失去理性。

2009年5月，《广州日报》驻深圳的一位记者找到一位名叫司贤利的律师采访其他案件，无意中听说了司贤利代理的梁丽案。广州日报记者根据从司贤利那里获得的材料及对司和梁丽丈夫的采访，写了一篇报道。[①]这就是后来在网络上引爆舆论、被各大门户网站纷纷转载、引起强烈反响的报道《清洁工“捡”14公斤金饰或被起诉》。

这篇报道明显存在一些硬伤。记者只采访了有利于梁丽的一方，即梁丽的律师、认为梁丽行为不属盗窃的专家、梁丽的丈夫以及梁丽的同事，而主要案情介绍来源于梁丽律师司贤利手中的材料。从后来所报道的情况看，案情介绍中所援引的内容，如梁丽是看到两个嗑瓜子的女人不要纸箱了才去捡的等表述，也均采信的是梁丽律师单方的说法。报道中唯一提及的案件的另一方——司法机关，所描述的“深圳市人民检察院办案人员认为以盗窃罪起诉不妥”，“而宝安区检察院的办案人员却倾向于梁丽涉嫌构成盗窃罪”，第二天即被深圳检察院和宝安区检察院公开否认，称检察机关没有接受任何媒体的采访，也不可能对媒体做出这样的表态。[②]

这样，这篇报道基本上是站在梁丽的立场上，为梁丽鸣冤叫屈。

---

① 广州日报记者是如何获知梁丽案这一报道线索的，王鸿谅的报道《深圳机场金饰案：“捡”来的灾祸》（《三联生活周刊》总528期，2009年5月25日出版）中曾提及。

② “盗窃”疑案六大追问[N]. 南方都市报，2009-05-13（SA33）.

由于这篇报道的关键词“清洁工”“捡”和“无期徒刑”，触及了社会弱势群体，触及了“无期”重刑，触及了公众对社会底层人员的普遍同情，触及了人们对司法不公和不信任的高度焦虑，报道刊出后不久，便立即引爆了舆论。

其舆论基础和背景在于，那段时期各种不公正的案件处理令部分民众对官方的，特别是政法机关的处理都高度不信任。如某高官贪污受贿数亿元，但最终却只被判十几年；如某公职人员与不满14周岁的幼女发生性关系，检察机关不是以强奸罪而是以处罚相对较轻的嫖宿幼女罪起诉；如某地国税局长与未成年学生发生性关系，公安机关却仅给予拘留15天处罚等等。在这样的共同社会心理背景下，民意如一块块干柴，经由网络媒体的轻轻撩拨，很快就熊熊大火般迅速燃烧起来，并聚集在一起，引领和驱动着传统媒体与网络媒体的大火肆无忌惮地四处蔓延。

充满情绪化的民意表达已经演变成对愤怒和不平的发泄。于是，几乎是报复般地，各大门户网站所展开的关于梁丽案的网络调查，都一边倒地认为梁丽冤枉，90%以上的人认为梁丽不是盗窃罪，民众众口一词认为梁丽无辜，不该被判刑。

在这种一边倒的民意下，媒体当然是顺应民意，“义无反顾”“理所当然”地站在了民意的一边。各家媒体发表了数不清的评论，均认为梁丽无罪，应该立即释放；各个专家学者也纷纷站出来，在各种场合表态，支持媒体、支持民意。甚至连深圳的律师协会也马上召开了梁丽案研讨会，几乎一致认为梁丽不属盗窃。

中国媒体过去习惯了盲从“官意”。当民意汹涌而媒体又有机会面对和表达民意时，媒体习惯性地也对民意选择了盲从，不管这种民意是理性还是非理性，是被操纵、被利益主导还是出于自发，是真实的民意还是伪民意。这是很悲哀的。中国媒体要么盲从“官意”，要么盲从民意，最不会做的恰恰是坚持自己的价值判断，坚持自己的独立调查，坚持自己的基本原则（**有的媒体根本就没有自己的原则**）。

到这时候，关于梁丽案的基本事实并不清楚，公安机关和检察机关没有向任何媒体介绍任何案情。所有媒体报道的全部案情，都没有超出公安机关简单的“起诉意见书”的内容。但此时，关于梁丽案的报道和评论，已四处蔓延开来。

三是非理性民意驱动下的媒体报道显失客观。

1. 技术处理

梁丽案报道大规模开始后，大多数媒体对这一案件的简称就定为“梁丽捡金案”“深圳机场捡金案”或“拾金案”。在不少媒体的跟踪和后续报道中，梁丽案报道的栏题即是“机场清洁工捡金案追踪”“梁丽拾金案后续”等，从一开始就已认定梁丽是“捡金”“拾金”，而不是“偷金”或“盗金”。甚至包括一些法律界人士在谈及这一案件时，也几乎都用“捡金案”“拾金案”“女许霆案”等来表述。非理性民意驱动下的媒体，在案件尚未提交到法院时，即已先替司法机关做出“判决”和认定，定性梁丽是“捡金”，而不是“盗金”或“偷金”，这是再典型不过的媒介审判。

引爆舆论的《广州日报》第一篇报道《清洁工“捡”14公斤金饰或被起诉》，倾向性十分明显。报道称，这“是一个噩梦的开始”，是“女许霆案”，是“一场由横财引来的横祸”，而且报道借梁丽丈夫刘建华之口指出，“梁丽不是一个贪小便宜的人，而是一个勤俭持家的农村妇女”，并质问：“捡来的不犯法，怎么我们捡了东西就要被判刑？”甚至这篇报道的图片说明写的就是“梁丽就在这个垃圾桶旁捡到了价值300万元的黄金首饰”，“捡”字连引号都没有加，其版面语言明确无误地告诉读者，300万元的黄金首饰就是梁丽捡的，不是偷的。

2. 渲染和煽情

除了指代用词、版面语言等技术上的处理显失客观之外，媒体还极尽煽情之能事。

无论是网络媒体还是纸质媒体，在报道此案时，均纷纷将“清洁工”“捡”“黄金”和“无期徒刑”等关键词在标题上突出出来，刻意显示其非正常性。有的媒体则直接简化为“清洁工捡黄金或面临无期徒刑”，有一家著名的都市报的栏题干脆做成“清洁工或判无期”。通过这些强烈的语词对比，来渲染这是一宗“冤案”。

梁丽作为一名清洁工，从社会地位上看，她确属弱势群体，其人其事有很多值得同情之处。但无论她是“捡”还是“偷”，无论她有没有触犯刑律，一个不容否认的事实是，在明知纸箱内的物品是黄金首饰之后，她没有上交，而是带回了家中，直至民警到她家谈话之后才交出。至少从道德上看，她是有瑕疵的，是应该被谴责的。但是，媒体非但没有对她的这种至少不道德的行为予以谴责，反而对她予以了英雄式的同情。

如有的媒体渲染梁丽家境非常困难，梁丽是个勤俭持家的主妇；有的媒体报道梁丽80岁的老母亲得知消息从河南老家赶到深圳后六神无主；还有的媒体报道梁丽读小学的儿子因想念妈妈，给还在看守所的妈妈写了一封信，并刊出这封信；有的媒体报道梁丽获保释时乌发已变成白发，见到儿子后抱头痛哭，刚出看守所，到医院却检查出患有肿瘤无钱医治；有的媒体报道有一家医院不惜代价免费为梁丽做手术……梁丽俨然成了媒体眼中一个家庭妇女的楷模、一个强权下被凌辱和牺牲的弱势群体的英雄。

如此报道所导致的结果是，整件事结束之后，梁丽非但丝毫没有认识到自己的不道德和不检点之处，非但对险失价值300万元黄金首饰的主人没有丝毫歉意，还觉得自己受到了万般冤屈，别人亏欠她太多。

3. 平衡

如前所述，引起媒体广泛关注的第一篇报道并未采访到公检法机关。事实上，此案引起各界关注之后，关于公检法部门对此案说法的报道也非常少。这固然是因为公检法机关不容易采访、不愿意站出来说话，另一方面，从新闻专业主义角度看，此案的报道也确实存在不够平衡的问题。如数量上，为梁丽说话、倾向于梁丽无辜的报道远远多于中性立场的报道，而为公检法机关说话的报道几乎没有。

更值得深思的是，梁丽案引发公众关注之后，所有媒体均故意“忘却”了那篇由警方提供、广州深圳多家媒体均刊用过的“警方破获一起机场清洁工盗窃旅客黄金大案”的通稿，没有一家媒体再提及那篇报道。

四是盲从民意的媒体忙于表达观点，却忽略了调查基本事实。

在梁丽案中，司法对媒体是一直采取信息封锁姿态的。这导致了梁丽案事实基本信息的缺失。但就是在这样的环境中，被非理性民意驱动的媒体却忙得不亦乐乎，不停地发表着他们的观点，表达着他们的看法，传播着他们的倾向。唯一最需要他们花大力气、尽最大努力去做的事情——调查事实真相，却被他们有意无意地忽略了。

面对民众对事实真相的询问，媒体似乎并不着急，他们热衷于在不知道案件细节的基础上高谈阔论，却无力也无心去调查了解事实。据我不完全统计，5月12日至26日，相对于评论的数量，广州、深圳5家都市类报纸上发表的揭示事实的新闻报道数量仅是其三分之一，大部分评论都建立在基本事实还没有了解清楚的基础上。

梁丽案不是国家机密，不涉及个人隐私，从侦查破案到移送起诉各个环节，本应是完全公开透明的。遗憾的是，公安机关也好，检察机关也好，自梁丽案成为公众事件之后，对媒体“捂盖子”就一直被他们贯彻始终。

梁丽到底是捡还是偷，对于争议中的若干问题，其实最简单的办法是查看案发现场的监控视频。警方唯一的一次新闻发布会称，认定梁丽是“盗取”黄金首饰的最重要证据就是现场的监控视频。但警方从案发到10月份撤案，始终没有公布监控视频。令人困惑的是，自始至终，媒体竟然也没有去追究、追问和调查此事。

媒体似乎也没有能力去寻找当时事发现场的目击者。翻遍几乎所有媒体的报道，没有一家媒体去采访事发现场的目击者。媒体集中报道时，虽然距离案发已过去近半年，但通过查找机场当时办理登机的记录，目击者还是能找到的。就在检方第二次退回补充侦查后，公安机关就找到了这样的目击者。以过往的经验，媒体的“侦查能力”向来不逊于警方，只是此次他们没有去做这方面的努力。

另一个为人所诟病的事实是，在对梁丽案的报道中，媒体还缺乏多维度、多视角的观察。

例如，在农民工进入城市并逐步融入城市的过程中，梁丽的性格所导致的个人命运非常具有代表性。不仅梁丽在机场做清洁工时会有如此“贪小便宜”的行为，在很多进城务工做保姆、到工厂打工的农民工中，从农村带来的这些坏习惯、小毛病所导致的大问题又何止于此？梁丽进入公众视野后，对于如何帮助这些农民工去除掉身上所带有的这些小农经济的恶习，逐渐适应城市文明，融入城市的正常秩序和规则中去，这理应是媒体应该深入地去探讨一下的。但也没有媒体去做这方面的思考。

在梁丽案的报道中，媒体一味迎合民众，随民意而动，媒体与民意的“合谋”与“互动”似乎取得了胜利，但司法的公正、媒体对自身立场的坚守却做出了妥协和付出了代价。

任何事件中，记者始终应是独立的个体，既不应受官意的蒙蔽，也不应为民意所动。特别是当民意变得非理性、情绪化，伪民意也混迹其中时，更应保持警惕。唯一应遵从的，是自己独立调查和观察所得出的结论。

不是被人请来就一定要写他好

采访对象主动联系和邀请记者前去采访，这是记者在工作中经常会遇到的一种情形。特别是跑条线的记者，这种情况几乎就是他们工作中的常态。但是，被人邀请去采访，是不是就一定得说采访对象的“好话”呢？在很多记者看来，这几乎是不容置疑的。因为条线记者一般都需要处理好与线上采访对象的关系，如果处理不好，轻则条线联系人不再配合你，重则有重大新闻不通知你，故意让你漏稿，乃至与你及你所在媒体交恶，或到上级主管部门告御状，让你吃不了兜着走，跑线就很难持续。

如果在跑条线过程中，发现了条线上的一些问题，掌握了一些可能涉及条线负面的重大新闻线索，是不是也要处处维护被采访对象的声誉，不去戳破它，甚至违心地写一些让对方高兴的报道，或者根据对方的要求去故意篡改或扭曲事实呢？

当然不是。在我看来，这是一种非常错误的观念和做法。

报道真相是记者的第一要务。采访对象诚意邀请你去采访，这是记者获取消息来源的一种重要途径，不是不可以接受。但必须对这种邀请保持高度的警惕，即使是与你建立了长期良好关系的线上采访对象。记者是为公众服务，而不是为请你去采访的人服务、为你跑的条线服务，更不是为一些图谋不轨、试图利用记者来达到某种目的的人服务。有的记者为了一个小红包或者一个小小的纪念品，或者一些其他的好处，就心甘情愿地把白的写成黑的，把红的写成绿的，这是记者的奇耻大辱。这样的记者，不要说缺乏起码的职业伦理，而且也为所在媒体及这个行业的规章制度所不容。对于自己所跑线上的事情，如果总是唱赞歌，我是不能接受的。

2001年4月22日，武汉市知识产权局的媒体联络人员请我去参加他们组织的一个活动：为迎接即将到来的世界知识产权日（4月26日）而举行的知识产权宣传咨询活动。知识产权局当时属于我的跑线范围，平时该局的有关活动，都会请我参加。显然，与他们搞好关系，对今后搞好知识产权方面的报道是必要的，我当然也不愿意轻易得罪他们。但是，这并不意味着我凡事都要为他们说好话、处处维护他们。

4月22日的活动是在一家商场门口举行的。主办方通知记者上午9点到，我们急急按时赶来，活动却并没有开始。等了两个小时，也没见到什么实质性的活动，无非就是摆了几个摊点，一些人坐在那里，等着人来“咨询”。可是，到商场来的人都是来买东西的，谁到你这里来咨询“知识产权”啊？而且这种老套的形式，普通市民早就不感兴趣。看着主办方派来的“咨询”人员坐在那里聊天，川流不息的人群经过那里却懒得理他们，我们这些记者都为他们着急。一同来采访的电视台记者发牢骚说，这镜头没法拍。

不过，这倒让我一下子来了兴趣：看看整个过程到底有没有人来“咨询”。我紧盯着他们的摊点整整两个小时，直到他们收摊，也没见一个人主动上前来“咨询”。

回到报社，我在心里说：对不起啊，知识产权局的兄弟，我只能如实写了，这种形式主义的活动必须批评，我不能昧着良心说你们办的活动好。于是，我写下《“世界知识产权日”前夕尴尬一幕：知识产权咨询创下零纪录》（案例6）一稿。编辑看了说：就是要说实话，这样的稿子太少了。

事实上，我能不能按“常规”写一篇“正面报道”呢？当然是可以的，这种稿子的题目就是：知识产权局举办知识产权咨询宣传活动。可是，这样的稿子，究竟有多大价值呢？——纯属浪费报社的纸张与版面，只有主办方知识产权局看了或许会有一点欣慰，他们会偷偷在心里说：这些记者很听话啊！

当天与我一起去采访的其他媒体的记者，确实就是这样写的。他们只写了知识产权局举办了这个活动，没有写究竟有谁去咨询过。

而我却如实地写了这个活动中没有一个人去咨询。我这篇报道刊出后，据说市知识产权局局长大为光火，当天即给与他关系很好的记者朋友——我所在的部门主任打电话告状。不过，再怎么告状，我报道的事实没有错误，他们无法否认。虽然很不爽，在主任的劝说下，他们还是虚心地接受了报道的批评。接下来，在4月26日世界知识产权日当天举办的活动，市知识产权局把场地搬到了科技人员密集的东湖新技术开发区，取消了“咨询”，搞了一些实实在在的为科技人员服务的活动。

市知识产权局并没有因为我批评了他们而拒我于千里之外。第二次举办的活动，他们对我反而万分客气，不仅车接车送，局长书记还亲自前来和我见面、打招呼。

由此可见，只要把报道的事实搞准，即使是朋友，只要本着善意提出批评意见，也是可以让人理解和接受的。说真话不是错。当然，有些批评报道，如果事前就与被批评对象沟通好，取得对方的谅解，则是更好的处理办法。这也是我事后的反思之一。

案例6：

“世界知识产权日”前夕尴尬一幕

知识产权咨询创下零纪录

本报讯（记者　黎勇）第一个“世界知识产权日”即将来临，10多个知识产权管理单位准备接受市民关于知识产权的咨询，苦等数小时，终于创下武汉“咨询活动史”上一个纪录：无一人前来咨询。

4月26日是第一个世界知识产权日。为迎接此项活动，有关方面昨日组织市专利管理局、市版权局、市商标事务所、市工商局、市专利事务所、市中级人民法院知识产权审判庭等知识产权有关单位，在徐东平价广场门前举行知识产权咨询。

上午9时多，组织者在徐东平价大门前摆出10多个摊位，打出了“知识产权咨询”的横幅，但走近者无几。10时，正是商场最热闹的时候，请来助兴的乐队在咨询摊位后突然间鼓乐齐鸣，果然不一会儿就让咨询摊前围了不少人。但这些人大都只盯着乐队看，这让10多个咨询人员十分尴尬，只好互相坐着聊天、抽烟，有的则干脆起身离座做别的事去了。

10多分钟后，商场另一个大门前一家企业举行的促销活动开场。几个帅哥靓女在台上又蹦又跳，一下子就让知识产权咨询摊前看热闹的人走得光光。知识产权咨询摊前来来往往的人倒是不少，但就是没人“咨询”，等在一旁的电视台记者只有干着急，好不容易逮着来拿宣传资料的人抢拍了几个镜头。与此形成鲜明对比的是，一家医药企业也在商场门前搞“咨询”，摊前却排起了长龙。

11时多，“咨询”活动草草收场。早就想离开的某单位咨询人员一边收摊，一边埋怨：武汉市民对知识产权也太不关心了！另一位咨询人员则对记者说：这种“咨询”太过于形式主义，宣传知识产权这样的活动，应在科技人员集中的地方，而不是商场这种太大众化的地方举行。

（载《长江日报》2001年4月23日）

戳穿“潜规则”制造的“伪真相”

灵活的用人和激励机制，在都市类媒体进入市场的初期，曾是吸引人才的一大法宝，也是其制胜的重要手段。后期，随着市场化媒体之间的竞争越来越激烈，媒体间的竞争压力逐步转化到媒体内部，各媒体对采编人员的考核和评价也越来越严厉甚至“严酷”。在市场化媒体采编人员素质参差不齐的背景下，媒体工作只是很多记者谋生的手段。当没有了理想，如何在这种严厉的考核机制下生存并赚取更多的稿酬，便成为“新闻民工”们的第一追求。

同一个城市里，媒体单位之间互为竞争对手，跑同一条线的记者私底下却是朋友，至少他们在不被追究漏稿、获取更多稿酬上拥有共同的利益。他们常常联合起来，互通有无，不仅互相告知线索、共同采访，有时还互相“供稿”——把自己的稿件给同行使用。这就导致了一个恶果：相互竞争的各媒体，每天刊发的新闻从题材到内容到报道角度几乎都相同。

媒体大量新闻的同质化，使得不同媒体对同一件事的报道只能呈现相同的面貌，受众只能看到事物的同一面，只能听到同一种声音，而不再有多元化和多角度，也无从显现现实生活的丰富性和复杂性。

尤为严重的是，在这种考核机制之下，某一个记者的报道失真或造假，同行之间因为惺惺相惜，很少有人站出来戳穿，这就使得一种“潜规则”和“假新闻共同体”得以形成。比如，在新闻采访第一线掌握了第一手事实的记者们，对于同时去采访的这件事，这个记者这样写，那个记者那样写，有时不同媒体报道出来的新闻距离事实相去甚远，知道真相的同行往往也都睁一只眼闭一只眼，装作没看见。除非损害到自己的利益，大家都心照不宣地保持沉默。由于失真的、假的新闻没有人揭露，最了解情况的记者没有站出来，假新闻也就变成了“真新闻”，事实的真相也就永远不为人知。

有些媒体记者之间，或记者与新闻事件当事人之间，某种情况下还会“合谋”制造假新闻。当被报道者同意甚至希望报道者改变、扭曲、夸大事实，除报道者和被报道者之外的其他人（包括其他媒体同行、了解真相的其他当事人）不会去揭穿事实真相或根本不知情时，往往记者写什么，什么就是“事实”，新闻的“真实”与否事实上已完全被个别记者掌控。

当然，也不一定完全如此。有的记者也会揭示真相，追求独家新闻。有不少媒体也都有奖励独家新闻的制度。但是，疲于为不漏稿而奔命的多数记者，很少去做独家报道。因为如果有人要写“独家”，势必会得罪跑同一条线的其他记者，导致其他记者“漏稿”，以后这个爱写独家的记者就会被其他记者“孤立”，其他记者以后有了线索也不会再通知他，这将使他漏掉更多的新闻。而一旦其他多家媒体都发了新闻而他没有发，他就会被自己所在媒体追究漏稿。所以，很多记者不敢轻易去搞所谓独家而得罪同行。

这是中国媒体不正常的考评机制逼出来的不正常现象。某种程度上说，正是这种状况导致了失真新闻和假新闻越来越多，而不是其他原因。近年来官方采取各种方式治理假新闻，包括从职业道德和思想源头上进行治理，但收效甚微，就是因为没有找到症结。我曾写过一篇近万字的长文①，分析和阐释上述状况，呼吁有关方面改革考核机制②，不过似乎很难唤醒那些当时沉浸于每天大把钞票入账、躺在印钞机上昏昏欲睡的媒体决策者。

下例是我打破“潜规则”、戳穿同行谎言和媒体制造“伪真相”的一次努力。

2000年前后，湖北省和武汉市政府提出，要把当地的东湖开发区建设成“武汉·中国光谷”。当时提出建设“光谷”的，还有广州、深圳、长春、上海等地。几个城市之间暗暗较劲，都想率先拿下“光谷”这一称号。“光谷”之争遂成为各地媒体炒作的热点。谁能成为“光谷”，媒体相当关注，而武汉东湖开发区志在必得。

2001年3月，武汉东湖开发区召开“2001年中国高新技术产业化与资本市场国际论坛”筹备会，我作为跑东湖开发区的长江日报记者，和湖北日报跑线记者应邀参加会议。会上，一位副市长在讲话中透露，国家科技部已于近日批准武汉建设国家火炬计划武汉光电信息产业化基地。我们几个跑线记者都知道，在此之前，类似这样给东湖开发区的批复，还有信息产业部批复的“武汉光电基地”，国家计委已通过论证的“光电子与生物技术产业基地”等。此次国家科技部对“光电信息产业化基地”做出批复，当然也可以算一条新闻，但也并不是什么大事。我和湖北日报记者找开发区负责宣传的通讯员要来了有关批复材料和文件，准备写一条小稿。

---

① 黎勇．“真实”掌握在记者手中？（1）——市场化媒体内部考评机制如何导致新闻失真”[J]．青年记者，2005（1）：47-51．

② 黎勇．考评机制应该“屏蔽”假新闻[N]．中华新闻报，2005-07-13（1）．

开发区负责宣传的通讯员见我们对这件事这么有兴趣，以为是一个可以正面宣传开发区的大好新闻，便于会后将批复件等材料也传真给了没有来参加会议的《武汉晚报》《楚天都市报》《武汉晨报》《今日快报》等都市类媒体的跑线记者。

根据材料，我和湖北日报记者第二天以“科技部批复武汉建光电信息产业基地”等为题，在各自报纸的相应位置做了报道。然而，没有来采访会议的4家都市类报纸，除了《武汉晚报》的报道也是“科技部批复武汉建光电信息产业基地”外，《楚天都市报》《武汉晨报》《今日快报》3家报纸都不是这样报道的，而是醒目的大标题：《“光谷”之争尘埃落定，武汉梦圆“中国光谷”》《“中国光谷”落户武汉》《“中国光谷”建在武汉》，全部登在当天的头版头条。

在这三家都市报记者的笔下，这则新闻变成了这样一个事实：武汉在与长春、深圳、广州、上海等地的竞争中，唯有武汉获得国家科技部的批准，成为“中国光谷”，武汉获胜了。

这三家媒体的突出报道，一时间使很多人误以为国家真的批准“中国光谷”建在武汉了。那几天，不明就里的几位市领导也在大大小小的会上扬眉吐气，自豪地宣称：武汉已获得国家批准成为全国唯一的光谷了。某报随后的一篇跟踪报道更邪乎：“中国光谷”即将挂牌。更有一家都市报，在首篇消息见报后，立即组织一批人马赶写了几个整版的“深度报道”，以解释为什么“中国光谷”会落户武汉而不是落在其他的地方，准备马上刊登。

三家媒体的报道，蒙住了一些媒体同行的眼睛。没有参加会议但接到了传真材料的武汉晚报记者，因忠实于材料如实地写“科技部批复武汉建基地”而没有写“光谷落户武汉”，受到领导严厉批评，报社总编辑亲自写了评报，挂在报社大厅评报栏。总编辑批评称，这么重要的报道，记者没有抓住，此稿被评为最差稿，记零分，稿酬为零。记者还被要求向领导写出书面说明，做出检讨。

作为当天受邀参加会议并采访的记者，我对所报道的这一事实非常清楚：事实上，国家科技部从未批武汉为“光谷”，批文中从未出现过“光谷”二字；“国家火炬计划光电信息技术产业化基地”，也并非只批给武汉一家，还批给了其他城市。科技部的原则是“只要申报，符合条件就批准”。

本来，按照媒体业内的“潜规则”，同在一个城市、同跑一条线的这几家媒体的记者，大家都互相认识，我本可对这些报道一笑了之，睁一只眼闭一只眼算了。过去，很多报道、很多媒体记者就是这样做的。

尤其是，“武汉·中国光谷”的提出，是武汉乃至湖北省的一件大事。“武汉·中国光谷”是当时湖北省委和武汉市委主要领导亲自抓的重要工作，是政绩工程。如果真如这几家媒体的报道所言，“武汉·中国光谷”被国家批准只建在武汉，这种“正面宣传”，是值得省市领导高兴的事，作为武汉市委机关报的《长江日报》，按说也应该随声附和、添油加醋才是。但是，作为整件事的知情者，作为一个不愿意说假话的记者，我那几天一直如鲠在喉，心里颇不畅快。为什么真相要被众多人的谎言掩盖？难道真的众口铄金，谎言可以成为事实？

鉴于三家都市报的报道显然已经对包括一些市领导和报社老总在内的广大市民造成了严重误导，我觉得，作为知道真相的人，我必须站出来澄清事实。于是，在已了解有关事实的基础上，我又打电话采访了具体负责“光电信息产业基地”事宜的国家科技部高新技术发展与产业化司有关负责人，以及武汉东湖新技术开发区负责人，随后写了两篇报道：《“光谷”之争尘埃落定？国家科技部人士澄清有关报道》（案例7）、《美誉只能来自社会公认，“光谷”不存在“批”的问题》（附相关新闻），马上被人民网、新华网等媒体转载。

一时间，舆论大哗，人们这才了解真相。最有趣的是，据《武汉晚报》那位写稿记者后来告诉我，批评他没采写好此稿的老总，看到我的这两篇报道后，收回了对他的批评，取消了该稿被记的零分，不仅让他避免了经济损失，还帮他“恢复了名誉”。

我与三家都市报写此稿的有关记者事后交流得知，他们当初拿到传真材料后，断定科技部批复的“武汉光电信息产业基地”即是武汉一直在盼望的“光谷”，于是根据材料做了一番“提炼”和“升华”，作为猛料给发了上去。果然被发到头版头条，本以为可拿到高稿酬，哪知道我发的一篇澄清报道，让他们“美梦破灭”。

案例7：

“光谷”之争尘埃落定？

国家科技部有关人士澄清有关报道

本报讯（记者　黎勇）昨日，国家科技部有关人士“负责任”地告诉记者：国家科技部从来没有批哪个地方为“光谷”。

上月28日，国家科技部正式批复，同意建立国家火炬计划武汉光电信息技术产业化基地。

4日，一些媒体头版显著位置报道称：《“光谷”之争尘埃落定，武汉梦圆“中国光谷”》《“中国光谷”落户武汉》《“中国光谷”建在武汉》。

昨日，记者电话采访了科技部高新技术发展与产业化司负责此事的杨咸武处长。他说，“光谷”不是谁批不批的问题，它是社会公认自然形成的。至于“国家火炬计划光电信息技术产业化基地”，也并非只批给武汉一家。国家火炬计划长春光电信息技术产业化基地已于2月6日通过了专家论证，并可能在本周内获得科技部的同意批复。

杨咸武透露，建立国家火炬计划光电信息技术产业化基地，意在体现国家对有关地区光电信息技术优势的肯定，也寄予了国家对这些地区光电信息技术产业发展的希望。但对这一基地，目前国家暂无优惠政策。

杨咸武说，“武汉·中国光谷”是湖北和武汉人民希望通过集中发展光电信息技术产业，形成一个光电信息人才、政策、技术和产业的洼地而提出的发展目标和建设品牌，这个愿望会随着武汉光电信息技术产业的迅猛发展，渐为人公认而逐步自然实现。

目前，全国仅有武汉和长春两地申报此基地。科技部对此的原则是：“谁有积极性，谁申报，就对谁进行论证评审，符合条件就批准。”

（载《长江日报》2001年3月7日）

相关新闻：

实力来自社会的公认

“光谷”不存在“争”的问题

本报讯（记者　黎勇）“中国光谷”作为一种美称，是社会对一个地区光电信息技术产业实力的公认，它是自然形成的，而不是向哪一个国家部委“争”着“批”来的。昨日，国家科技部和东湖开发区有关负责人表示，大家对此均有共识。

科技部有关负责人说，“光谷”由美国“硅谷”这一名称衍生而来，是人们对某一光电信息产业与技术、人才等优势集中之地的形象称呼，就好比人们称北京的中关村为“中国硅谷”，但国家并未命名中关村为“中国硅谷”。

上月底，国内光电子方面的权威专家在接受凤凰卫视对各地争相建光谷现象的采访时认为，光电子产业是一种具有广阔发展前景的新兴产业，就像当年的纺织、化工等产业一样，已成为一种行业，它不可能完全集中在某一地。至于“光谷”之称，谁发展得快，谁的实力最强，“光谷”之称就该归属于谁。

据媒体报道，目前，至少已有长春、上海、武汉、广州、西安、福州、合肥、深圳等十余个城市提出要大力发展光电子产业。这些地区都有可能成为“光谷”。

东湖开发区工委副书记、副主任郑永新也认为，不论是科技部，还是信息产业部、国家计委等国家其他部委，其批复在武汉建光电子基地，都不能说成就是国家批复“中国光谷”“落户武汉”。

（载《长江日报》2001年3月7日）

第三章　搜寻独家线索

大家都能看到的公开信息，为何只有我写出新闻

报纸的广告客户很多年前就精明地发现，在报纸上整版整版地刊登广告，其效果有时远远抵不上在报屁股登一个小新闻。

这是为什么呢？一方面，从传播心理学的角度来说，读者对新闻的信任度远远超过商业广告；另一方面，每一条新闻的出笼，几乎都经过了记者、编辑、主任、值班总编及版面设计等多个环节专业人士对新闻价值的提炼，按照新闻传播学规律进行了精心编排，往往一行标题就能“抓住人”，吸引读者读下去或让读者记住。而商业广告却多站在广告主和营销的角度，商业气息过浓，普通读者并不喜欢，往往瞄都不瞄一眼就直接翻过去了。因此，很多重要信息，虽然信息发布者登了广告、公告、通告，却往往很难使读者注意到。

广告、公告、通告、公示、告示、通报、公报、喜报、讣告，乃至寻人启事、拾物招领等个人、企业或有关机构及组织向社会公开发布的文告类信息，事实上是重要的新闻源。长期以来，这类信息不被记者们重视。他们认为，这类信息已经公开了，为大家所共享，受众也应该知道了，再去报道好像没有什么意义。其实，这些文告类共享信息内有时蕴含着非常有价值的新闻，仍然需要挖掘。

留意并从文告类共享信息中发现新闻，乃至发现重要的独家新闻，是一名记者发现新闻的重要能力，也是体现一名记者新闻嗅觉和灵敏度的重要标志。

报纸讣告中发现重要人物的异常离世

2001年1月5日，我习惯性地把当天的《长江日报》翻了一遍。当翻到最后几页时，一则登在报屁股下的不大“讣告”引起了我的注意。上面说，中国科学院水生生物研究所研究员崔奕波不幸逝世，享年38岁，将于7日举行遗体告别仪式。

一个中科院研究员，仅38岁去世，显然不是正常事件。当时我在《长江日报》刚开始跑科技线，中科院水生所是我跑线范围内的一个单位，该单位因科研力量雄厚，经常爆出重大科技新闻，因此我特别留意该单位的信息。但由于我跑科技线时间不长，此时还不认识、不太了解崔奕波这个人。看到这则讣告，我心生好奇：为什么才38岁就去世了？车祸？自杀？生病？还是其他原因？我一边叹息去世得年轻，一边准备打电话给水生所我认识的通讯员问一问。在打电话之前，我把这件事告诉了以前曾长期跑科技线的科教部负责人陈光。没想到，他惊叫了一声：崔奕波去世了？真的吗？原来，他曾采访过崔奕波，十分了解他：他25岁就获得英国威尔士大学哲学博士学位，33岁就已是博士生导师，是国际鱼类生态研究领域的著名学者，还是国家自然科学基金委的学科组评委和国家杰出青年科学基金资助对象，10多年来已在国内外核心期刊上发表了80多篇论文，其中被SCI引用170多次，可以说是中国科学院系统一位非常年轻的科学明星，他本来极有希望在当年成为最年轻的中科院院士候选人。

这样一位重要的甚至可以说是天才的青年学者竟然不幸辞世，不仅是学界，而且是国家和社会的一大损失，显然具有极重大的报道价值。我当即赶往水生所采访。水生所还沉浸在一片悲痛之中，来自世界各地的唁函和唁电源源不断地发来。崔奕波的助手解绶启副研究员抽空向我简要介绍了崔奕波因长期拼命工作最后累垮身体的情况。这时我才了解到，崔奕波是因晚期肝癌去世，而他的岳父竟是我早已采访过的武汉大学教授胡鸿兴，这使我得以对崔奕波有了更深的了解。

考虑到崔奕波逝世已有五六天，马上报道此事缺乏新闻由头，虽然当天掌握了很多材料，但第二天我没有做报道。

1月7日，崔奕波遗体告别仪式上，400多位教授和研究员及10多位院士前来为崔奕波送行，场面悲伤而令人痛惜。我又在现场进行了采访。第二天，

《长江日报》教科文卫版头条刊发了我采写的独家新闻《武汉学术界昨现令人痛惜的一幕　白发院士送别青年英才》（案例8）。武汉各家报纸看到我的报道，纷纷开始跟进，有的还就青年知识分子的健康问题展开持续讨论。

其实，我采写的这条独家新闻的新闻源并非独家，讣告早就在报纸上登了3天，其他各报的记者其实也可以从报纸刊登的讣告中获得这一线索，为什么只有我从这则讣告中写出了独家新闻？我想，无非是大家以往太不注重这样的文告类新闻源了，而我的嗅觉稍灵敏些，比别人更多地注意到了报纸角落里的广告信息，比别人多了一点好奇心，多了一点追根溯源问个究竟的习惯而已。

缺乏良好的新闻嗅觉、缺乏强烈的好奇心，是新闻工作者的大忌。这样的人是不适宜当记者的。不要说自己主动去从公开信息中寻找新闻线索，就算是已经发现了好的线索，通报给他，可能也不会引起他的重视。

同样是讣告，我还亲身经历过这样一件事。

2004年9月的一天，我在总编室值班时，监控到《深圳特区报》广告栏中有一则不起眼的讣告，讣告说，深圳市公安局××分局刑警大队副大队长丁××在前往惠州出差时，因天雨路滑发生翻车事故，因公牺牲，将于×月×日举行遗体告别仪式。我当时认为这条讣告里蕴含着非常丰富的信息：首先，去世的是一位刑警大队副队长，身份不寻常；其次，是“因公牺牲”。因什么公事牺牲？背后有没有什么故事？即使是一位普通警察“因公牺牲”，也值得报道，更何况一位刑警大队的副大队长“因公牺牲”。我在当天的新闻监控中特意将这条讣告做了重点关注标示，希望引起采访部门注意。

采前会上，我提出，不管这个警察死亡的原因是什么，都应该派记者去调查了解和采访，进行报道。但遗憾的是，我的提议遭到了否决。理由是：一个交通事故有什么值得报的？不就是死了一个人吗？深圳每天交通事故都要死好多人！

一个星期之后，公安局的通讯员给深圳各媒体发了一条数千字的详细新闻通稿，写的正是这位“因公牺牲”的丁××。细读这篇通稿，大家才知道，这位“因公牺牲”的刑警大队副大队长生前是深圳唯一获公安部“全国特级优秀人民警察”称号的优秀警察，是深圳市公安局“十佳刑警”和“广东省优秀人民警察”，在他14年的从警生涯里，经手破获了2000余宗刑事案件，其中不乏在社会上有广泛影响、多宗被媒体报道过的重大案件。他的拿手好戏是驾车与犯罪嫌疑人周旋，而他此次却正是死在交通事故上。这里面聚集了太多新闻要素，本可采写出重磅独家新闻。可惜，等到公安局通讯员发来稿件，为时已晚，这时所有媒体都已有了这个“料”，再去深挖属于自己的独家内容已经来不及了。

就这样，这条讣告中本可以深挖出独家新闻的线索，后来只能成为各家媒体都有的“大路货”，写出的都是“好人好事”宣传稿，真正的新闻被湮没。

案例8：

武汉学术界昨现令人痛惜的一幕

白发院士送别青年英才

本报讯（记者　黎勇）昨日，武昌殡仪馆悼念大厅里，哀乐低回。400多位德高望重的院士、教授和研究员，为一位38岁的年轻人送行。

静静地躺在玻璃棺里的，是中科院水生生物研究所的研究员崔奕波。这位著名的青年鱼类生态学家，1982年从武汉大学生物系毕业时才20岁，25岁即获得英国威尔士大学哲学博士学位，31岁晋升研究员，33岁获博士生导师资格。

崔奕波的学生和同行们哽咽了：作为我国鱼类生物能量学研究领域的开拓者，他以年轻之躯，就在世界鱼类生态研究领域享有很高的声誉。他的去世，是中国乃至国际鱼类生态学界的重大损失。

崔奕波的助手解绶启副研究员说，正是因为长期拼命工作，累垮了他的身体。去年10月23日，当检查发现他已到肝癌晚期时，崔奕波仍然隐瞒病情，坚持参与主持了第3届世界渔业大会。未及住院，11月6日，他又赶赴广州参加他所主持的国家攻关项目的验收。当病重提前赶回武汉后，他住在医院里，仍在与学生讨论论文设计，直到12月30日他生命的最后一刻。

前来送别的水生所80多岁的刘建康、沈韫芬两位老院士，对这位年轻人的离去更是深感婉惜：在短短10多年的学术生涯里，崔奕波就在国内外核心期刊上发表了80多篇高质量的研究论文，其中被SCI论文引用的就达170多次，他的前途本来无可限量。

崔奕波是国家自然科学基金委第六届学科组评委、中科院湿地中心副主任、水生所淡水生态研究室主任、国家“百千万人才工程”一二层次人选、国家杰出青年科学基金资助对象。

崔奕波的主要贡献：

崔奕波是我国鱼类生物能量学领域的开拓者。而在鱼类营养能量学方面，他的研究居世界领先水平。

他在世界上首先系统阐明了鱼类生长差异的能量学机制，这对于促进水产饲料行业的发展，降低养鱼成本，提高渔业收入具有重要作用。

他的最新成就是提出了我国淡水湖泊低公害渔业的新模式，这对于协调渔业与环境之间的矛盾，提高鱼产量，保护水环境，具有重大经济效益和社会效益。

崔奕波的未竟事业：

崔奕波正在做而尚未完成的工作主要有：营养能量学怎样与饲料结合起来，运用到湖泊渔业管理中；淡水湖泊低公害渔业新模式对生态有无其他影响和负面效应等。

（载《长江日报》2001年1月8日）

公告栏上发现高龄名人的不寻常政治举动

除了媒体上刊登的各类广告、公告等外，一个单位或组织小范围内的公示或公告，往往也具有大范围的新闻价值。很多初入行的记者到一些单位采访时，不太注意采访对象内部张贴的一些文告，这些单位、组织、行业内的公示、公告、批文、喜报等文告，也许在其内部人员看来，没什么价值，或早已众人皆知，但放在一个大的范围来看，却是一个大新闻。

1996年6月，我路经湖北师范学院党委组织部，偶然发现在组织部门外的墙上公告栏内贴着一张大红喜报："政治系离休老教授吴澄华被光荣吸收为中共预备党员"。这位教授，我以前约略知道是一位90多岁的知名人士，而且是一位民主党派人士。据了解，当时这件事在学院内部已不是新闻，因为老教授写入党申请书的时候，消息就在学院传开了，大家私底下都把这事当作一件八卦，没把它当作一回事。

但在一个记者看来，一位90多岁的老教授在中共建党纪念日"七一"到来之前要求加入中国共产党，这可绝对不应该只是一份普通的喜报。

公告栏上有吴澄华教授的简介：早年留美，获华盛顿大学经济学博士学位，先后在国内10余所大学执教，出版有《经济学说史纲》等重要著作，连续三届任市政协副主席。这样一位老人，已届耄耋之年，他为什么要这样做？他入党的动机是什么？这些都足以勾起无数读者的好奇。

我马上找到了学院党委组织部部长，部长介绍了老教授在离休后曾三次给学院党组织写信，以及党组织按程序对他进行考察的情况，还把老教授的入党申请书帮我找了出来。申请书上详细地讲述了老教授的亲身经历：他20世纪20年代和30年代曾两次加入过国民党，后自动脱党；40年代又加入了农工党；1995年，作为农工党成员，他以个人身份申请加入共产党。他在申请书中说，经过几十年的风风雨雨，现在加入共产党是他有生的最大愿望。

我马上意识到，这件事，不但老教授的人生经历十分有趣，他在暮年产生这种想法值得人们思考，普通读者也一定对这样的故事感兴趣。在“七一”到来之际报道此事，对报纸而言最少也应该算是一篇“应景”新闻。

由于吴澄华老教授住在外地儿子家，不方便采访，组织部部长便把老教授在得知自己被批准为预备党员后给学院领导写来的信拿给我看：他决定以94岁高龄之躯，在“七一”前夕回来参加入党宣誓。不过，考虑到他的身体，组织部门将入党宣誓仪式安排到了他的家中举行。

我采写的这篇独家新闻《94岁老教授吴澄华申请加入中国共产党》见诸报端后，《湖北日报》根据我的报道也在头版做了报道，获得当年度新闻奖。

随着信息公开制度的建立，现在政府及有关部门在进行重要人事任免、出台涉及群众切身利益的相关规定和法律法规，对人和作品进行奖励等之前，常常先在网络、媒体和相关单位的公告栏内进行公告、公示、征求意见或举行听证会。留意这些公告、通告、公示信息，从中寻找出人们所关切的重大变化，往往也能写出独家。

如2003年8月，《深圳特区报》刊登了广东省委组织部发布的《省管干部任前公示通告》，并刊登了几位省管干部的简历。这是正常的人事公示，通告位置并不醒目，如果不留意，看报的人也许翻过去了也不会看到。按理说，这样的人事公示经常有，值不值得每次都做报道？对媒体来说，如果只是对公示的程序进行报道，并没有任何意义。不过《南方都市报》的记者从公示中有重大发现：通告中有一位领导当时正处于舆论的风口浪尖，该领导因妻子投资拍电影、女儿当主演、电影拍成后由官方组织学生观影，正遭受舆论的普遍质疑。《南方都市报》敏锐地意识到当前舆论的普遍质疑未能影响到该领导的升迁，因而次日以《深圳市领导层发生变动　×××拟升任市委副书记》为题，将通告改写成一条重要新闻，被国内外媒体广泛转载。这种对通告的改写既未违反有关规定，又符合新闻的原则，使报道成为该报当天的独家新闻看点。

又如，2006年5月1日全国劳模表彰大会举行之前，有关方面对被评为全国劳模的人员在报纸和网上进行公示。这些名单中有不少名人，包括一些娱乐和体育明星。有一家媒体根据公示名单中著名篮球运动员姚明的名字，做出了《姚明是否够格当劳模？全国劳模候选引争议》的独家报道，在全国引起热议。

2008年5月，深圳政府在线网站挂出了《〈深圳市近期改革纲要（征求意见稿）〉公众咨询公告》，这份长达数千字的纲要性文件，涉及面非常广。其中提到的深圳要实行区长差额选举、允许市区党委领导在一定范围内开展竞选等内容，是前所未有的重大改革举措，虽然只是一个征求意见稿，但里面透露出许多爆炸性的政治体制改革新动向。该咨询公告在网上挂出数日，深圳、广州等地十余家媒体没有人注意其中的内容。南方日报记者却在仔细研读该纲要时发现了这些新内容，以《政治改革尝试重大突破，民主法制再树特区样板　深圳拟推区长差额选举》①为题进行了报道，成为该报的独家新闻，被国内外媒体纷纷转载。

前面说过，公告和公示等一般不过是“例行公事”，对相关单位和当事人来说只是走形式和过场，因而公布在报纸上、网上、公告栏上时不太容易引起人们注意。但对记者来说却是正式的权威消息源，记者根据这些发布，选择读者感兴趣的新闻点进行报道，对信息会起到放大的作用，仍有可能成为独家报道和公众关注焦点。

长篇大特写和专业报纸里发现新线索

新闻发现史上曾有一个著名的案例：

20世纪60年代，《北京晚报》刊发了新华社的一条简讯，这篇简讯只有几百个字，是一篇“表扬稿”，表扬的是北京某药品门市部，春节期间为抢救

---

① 载《南方日报》2008年5月23日SC01版。

一群食物中毒的民工，想方设法通过空军派飞机空投药品一事，报道侧重点是“药店春节期间放弃休息为农民送药”。但这则简单的消息却引起了中国青年报记者王石的注意，他与其他同事通过讨论，认为这里面有很多故事性因素，而且为了农民而动用军用飞机从北京到山西山区空投药品，事件本身反映了“制度的优越性”和“人民的崇高思想境界”，绝不是一个一般的事件，应该予以大力颂扬。于是，中国青年报派出3名记者重新采访该事件，写出了著名的长篇通讯《为了六十一个阶级兄弟》。这篇通讯在中国青年报发表后，第二天被人民日报全文转载，随后又被编成戏剧、拍成电影、收入书籍、列入高中语文教材，成为中国新闻史上的一篇辉煌之作（**当然，随着一些内幕解密，这一事件后来也引起较大争议，此处暂且不论**）。

从其他记者和其他媒体已经发表的新闻报道中发现新的新闻线索，进而进行重新挖掘和采访，从新的角度写出与已见报新闻完全不同的报道，这就是对新闻线索和新闻价值的二次发现。新闻的二次发现也是写出独家新闻的一条重要渠道。现在，这已成为新闻同质化时代不少有追求的记者和媒体的制胜之道。

新闻的二次发现，必须有高人一筹的新闻角度，有对新闻价值高超的辨识和判断能力。否则，是很难在别人已经报道的事实中发现新的新闻的。

我曾在一篇整版刊发的长篇大特写中，发现了一句话里蕴含的重要新闻线索，通过重新挖掘和采访，写出了一篇产生较大影响的消息稿。

1999年11月的一天，我从武汉到黄石办事，随手拿起当天的一份当地晚报翻看，发现有一篇文章用整版篇幅写大学生如何过暑假。文章举了不少案例，讲学生们假期生活丰富，有的做家教，有的学英语，有的考研。报道枯燥乏味，了无新意。我快速地扫了一遍后，准备把报纸扔掉。但突然文章角落里一句非常不起眼的话引起了我的注意。这句话大意是说，湖北师院外语系一位叫杨修平的新生，暑假接了很多家教在做，为的是还债，因为他家里很困难，至今他的大学录取通知书因为没交完高中学费，还押在原毕业的高中。

这句话让我浑身为之一震。缺乏对新闻的敏感的人是很难体会到这种振奋的。这篇数千字的文章，真正有新闻价值的也就是这十几个字，但是这篇文章却没有去挖掘这件事，把这个重要信息湮没在一堆废话中。我觉得，这句话里有故事，应该去深入采访一下。

当天下午，我来到湖北师范学院，找到了杨修平。这是一个非常内向的学生，他说一口让人难以听懂的湖北竹溪方言，经过一个多小时的耐心沟通，我才弄清了事情的来龙去脉。

原来，这个学生已经到大学上学数月，却仅仅因为还不起欠原毕业的高中学校600元钱，大学录取通知书至今还押在原毕业学校，他在大学里还没有取得学籍。

回到武汉，我写完稿，没想到我所在的部门主任却不大愿意发此稿。理由是这不是武汉市的事儿，我供职的《长江日报》是武汉市委机关报，它不管武汉市以外的事，尤其是它还是一篇带批评性质的报道。

我向主任反复解释：高校贫困生很多，能帮一个就帮一个吧，何况这样的报道可以引起社会对高校贫困生问题的关注。在我的努力下，主任勉强答应"先发上去试试"。

为了把事实搞得更准确，让主任放心，我写完稿后，又辗转打了十几个电话，总算找到了杨修平原毕业学校湖北竹溪县一中负责此事的总务处主任。这位主任一听说是省城的记者来采访这件事，立刻慌了手脚，表示马上就向学校领导请示。过了10多分钟，主任打电话过来说，学校领导已经有了处理意见：杨修平欠的学费全免，录取通知书马上给他寄过去。

这不是皆大欢喜吗？我没想到问题如此快就得到解决。我马上打通杨修平宿舍的电话把这个好消息告诉了他。

报道《因欠母校600元学费　大学录取通知被扣》（案例9）在《长江日报》下午版刊发后，新浪、搜狐等门户网站均将此稿挂到首页醒目位置。据当时不完全搜索，至少有《华商报》《华西都市报》《江南时报》等十几家报纸第二天转载了此稿。中央电视台《晚间新闻》节目记者则给我打来电话，询问杨修平有关情况及联系方式，并随后前往黄石采访，于当年12月2日播出了有关此事的报道。

央视《晚间新闻》的报道，又影响了另一个人。这就是报告文学作家何建明。有关杨修平的报道改变了何建明的写作计划，使他增写了后来引起巨大反响的报告文学《中国高考报告》的第六章《百姓问天：穷人还能上大学？》。他写道：

本来这部分内容并不打算写，因为我的那部《落泪是金》已经把有关贫苦家庭的孩子上不起大学的事写得够让人落泪的了。但是，就在我准备放弃这部分内容时，一日，中央电视台的《晚间新闻》节目勾起了我落泪的回忆：一位叫杨修平的湖北籍孩子，1999年高考后被湖北师范学院录取，但由于他家穷，在原中学上学时欠下不少钱，中学就把他的大学录取通知书扣住了，一直扣到电视新闻播出的12月2日还在校方手里。

现在的社会存在穷人与富人的客观事实是不容掩饰的。富人为了上大学愁的不是钱，愁的是孩子不争气考不出好成绩。穷人的家长除了富人愁的孩子考不出好成绩外，更有一愁的是，没有钱供孩子上大学。……[①]

从一篇长篇大特写的一句话中可以找出新闻，从一篇几百字的小稿中，也能找到写出长篇大稿的报道线索。从大众报纸中能发现新闻线索，从小众的、专业的报纸中，同样能发现重要线索。

2001年底，《深圳青少年报》刊登了一篇文章，介绍该报评出的“深圳十佳青年学生”、深圳梅山中学初三学生常广思的事迹。文中有句话，提到这个学生放学后经常和妈妈到街头卖馒头、在垃圾桶里捡垃圾。在深圳这个“富得流油”的城市，竟然还有这样的学生？这句话深深地触动了我，使我产生了采访这个学生的冲动。

《深圳青少年报》主要在深圳本地的中小学生中发行，阅读人群有限，而且报道并未刻意突出主人公家境贫困的细节，而是主要报道主人公各方面表现优秀，显然，这样的简单介绍很难打动人。

我找到这个学生，听完她老师的介绍，在出租屋里听着她妈妈的讲述时，我很多次听着听着，就差点流下泪来。我在学校、常广思和她妈妈的出租屋等地前后采访五六次，挖掘出这个贫困学生虽穷而不矢志的若干励志细节，写成报道《一位“十佳学生”背后的生活》（案例10）。主编丁为民编完稿说，他编稿时几次感动得泪流满面。为此，他专门撰写了评论《战胜苦难》。随我一起采访的摄影记者贾玉川说，相比之下，他女儿太幸福了，他要把报道拿回去给他女儿看。

稿件见报后，从当天上午起，就不停地有读者打电话来说，他们太感动了，他们看哭了。很多人把常广思的故事拿来教育自己的孩子。有一群热心读者则争相资助，要求以各种各样的方式帮助这个孩子和她的妈妈。后来甚至出

① 何建明．中国高考报告[M]．北京：华夏出版社，2000：231．

现了有资助者为获得“独家赞助”而产生“争端”的有趣故事。最后，常广思的妈妈选择了一位楼盘风水大师资助她女儿从当时起至大学毕业的所有学费。

报道刊发13年之后，2014年6月的一天，常广思的妈妈突然找到了我，她告诉我，女儿已研究生毕业，现在北京金融证券行业工作，生活幸福，她专程从河南老家来到深圳，就是要来感谢包括我在内的那些曾经帮助过她们的好心人。因为她身体不太好，她害怕有生之年再也完成不了感恩的夙愿，因此在医院刚做完一场大手术就赶来了。她还通过我找到了那位已与她们失去联系的风水大师，当着我的面将“借”的钱还给大师。

而前述那位录取通知书被扣的贫困生，如今已是某高校的副教授。

从报纸堆里发现的几个小小线索，经过重新采访报道之后，能产生如此大的影响，甚至影响一个人的一生，可谓善哉。

案例9：

因欠母校600元学费　大学录取通知被扣

竹溪一特困生至今未获学籍

本报讯（记者　黎勇）竹溪一特困生因欠母校600元学费，大学录取通知书被学校扣留，该生只好拿着录取通知书的复印件到大学报到。

到昨日，该生入学已两个月零5天，仍未取得大学学籍。

14日下午，记者来到黄石市，在湖北师范学院外语系9901班的寝室里找到了这位学生杨修平。穿着一件印有“竹溪一中”字样校服的他告诉记者，这是他唯一一件外套，已经穿了3年。

据了解，杨修平家住竹溪县蒋家堰镇蔓菁沟村，是村里第一个大学生。杨家有父母和姐姐共4口人，父亲常年患病，不能下地劳动，母亲和姐姐种着几亩玉米和小麦，仅能维持全家人的生活。今年高考，杨修平考了547分的高分，过了第一批录取分数线，由于家庭困难，他填报了学杂费较低的湖北师范学院。8月25日，他得知自己被录取后，到母校竹溪一中领录取通知书，学校领导告诉他，他还欠学校1600元学杂费，按学校“考上了免1000元，没考上都要交”的规定，他还要交600元学费才能拿到通知书。杨修平拿不出钱来，只好去复印了一份通知书带回家。

眼看到了入学时间，杨修平欠的学费还没有筹够。杨修平从当地有钱人家以每100元本金6元月息的高利息借了500元钱，赶到学校，希望先交400元钱拿到录取通知书，学校没有答应。想到大学入学还要交3255元学杂费，而自己一无钱交学费，二未拿到录取通知书，杨修平失望了，他决心为家人分担困难，在家务农。

就在9月10日开学前几天，镇财政所得知消息，急忙给杨修平拨下来1000元专用扶贫款，乡亲们又给他凑了1000多元，热心的村委会给他开了家庭情况证明，杨修平这才拿着录取通知书的复印件到湖北师范学院报到。学院让他先交1455元杂费，另1800元学费暂缓交纳。杨修平的辅导员李程告诉记者：由于复印的录取通知书无效，杨修平的入学手续现在不能办理，因此，杨修平现在还不能取得学籍。

昨日下午，记者打电话与经手此事的竹溪一中总务处周主任联系，周说，他们曾经与杨修平联系过，没有联系上，不知道他已经到学校去了。但他随后马上向学校领导作了请示，并对记者表示：他今天就给杨修平把录取通知书寄去，至于欠的学费，学校决定全免。

（载《长江日报》1999年11月16日）

案例10：

和母亲住铁皮房、捡垃圾、卖馒头，英语只考16分的初中女孩，通过自己的努力，成了“深圳市十佳青年学生”。

一位“十佳学生”背后的生活

本报记者　黎勇

14岁的梅山中学初三（8）班女生常广思，乐观、开朗、热情，爱帮助同学；是班上社会活动的积极分子，经常组织和参加校内各种活动，主持会议、给同学们分工，为校广播站撰稿、播音；她爱好舞蹈、歌唱、朗诵、书法……在作文、外语、数理化等竞赛中频频获奖。她还是班长、团支部书记、校学生会副主席。近日，她被团市委、市教育局、市学联、深圳青少年报评为“深圳市十佳青年学生”。

这位来自河南、没有深圳户口的普通女孩，刚来深圳时英语只考了16分。

一年多后，英语成绩就跃升到91分。

但谁也不知道，常广思的背后竟有那么多令人唏嘘的故事——

和妈妈一起卖馒头捡垃圾

常广思8岁时父母离异，1999年8月小学毕业后随母亲来到深圳。到深圳后不久，妈妈带的钱又不慎丢了。妈妈因为小儿麻痹，手脚有轻微残疾，年龄也大了，找不到工作。她们在下梅林附近找到一间农民房，睡在地铺上。

常广思的一篇日记记载了那段艰难的生活：

……妈妈经人介绍在批发市场卖馒头。每天早上5点半钟开始卖，因为没有钱租摊位，就双手拎着卖，一只手拎50个馒头，跑上跑下的。每到周末，我就和妈妈一起去卖馒头。一天早上，天还没亮，我和妈妈出门了，到了批发市场，我们装好馒头便上了二楼，妈妈在菜摊前一个挨一个问："老伯，你要馒头吗？""师傅，这是北方馒头，是热的，你要吗？"……有的人很温和地回答："我们不要。"有的人却不耐烦地说："告诉你了，我不要，你怎么天天来问，烦不烦？"妈妈能说些什么呢？为了不放过卖掉一个馒头的机会，妈妈只能继续往前走。8点钟时，二楼跑遍了，我和妈妈就分头行动，我上三楼，妈妈去一楼。我和妈妈就是这样一天到晚在这三层楼中转来转去。

在最穷困的时候，广思曾和妈妈在梅林家乐福到上梅林的那条路上，一人走右街，一人走左街，沿途逐一翻开路边的垃圾桶，从臭烘烘的垃圾箱里寻找可以变卖的废品。每次找到一个可以卖个高价的废品，母女俩都要高兴好半天。

5元钱过到大年初三

2000年2月5日，是大年初一。妈妈手中只剩下10元钱了，家里又没有煤气，广思和妈妈直到下午4点都还没有吃上饭。一位老乡得知她们的困境后，送了60元钱来让她们买煤气。可是因为过年了，煤气店也关门了。送煤气的师傅要100元才给送，后来说了半天好话，才只收了65元。就这样，母女俩用仅剩的5元钱，一直过到大年初三外公从老家寄来300元钱为止。

物质上的贫乏尚可承受，而精神上的歧视，则令小广思从小饱尝人世的冷漠。也是在这一年，农历除夕夜，广思和妈妈来到深圳已半年多了，却没看过一眼电视，妈妈带广思跑了三户人家，想去看当天晚上的春节晚会电视直播。

结果，最后有一位阿姨勉强同意让广思和妈妈在她家看电视。但那个阿姨一直不高兴。妈妈很尴尬，只好和广思一起回家，听广思学英语用的小收音机。就这样，母女俩听着深圳电台转播的“2000年春节联欢晚会”，度过了一个除夕。

今年2月，因为欠房租太多，广思和妈妈从农民房里搬出来了。铁皮房也没有住的了，广思和妈妈无家可归，到处找地方睡觉。后来，一位好心人知道了，就让她们搬进他因打官司关了门的公司，睡在沙发上。没有热水，只好找别人借炉子烧点水；没有电，广思点着蜡烛学习。广思当时在梅林中学的同学来玩，看见广思连蜡烛都买不起，就每人给她买了很多蜡烛。广思和妈妈每天吃馒头、方便面，喝南瓜汤，两三个月才能吃上一次肉……

废作业本写“广告”

今年3月，广思和妈妈在梅山苑附近找到了一间房子，房租要每月600元。广思妈妈和几位河南老乡一起，准备开一家“赵嫂清洁公司”，专门帮助刚装修完新房子的人家做室内清洁，“公司”就设在家里。

妈妈没有钱买纸，就在女儿写废了的作业本背面写“广告”。妈妈写呀写，广思也帮着写。然后，妈妈一个一个住宅区跑，往人家的新房里偷偷地塞“广告”。后来，终于有一个客户给妈妈打来了传呼机，客户告诉她，他是看了她用作业本写的“广告”后，觉得她一定是最需要这份工作的人，才叫她来的。就这样，“赵嫂清洁公司”有了第一份“单”，妈妈和老乡们干得特别卖力。有了点钱，妈妈就去印了宣传名片，站在路边给人发名片，这样，活越来越多，有时，干一天的活可以拿到200元。到4月份，“公司”还装上了电话。家里有了一些钱，广思书桌上的书多起来。妈妈在广思身上最舍得花钱了，一有钱就给广思买书，每次和广思去书城，都要买几十块钱的书。广思来深圳前没有学过英语，妈妈帮广思买来了各种教材和辅导书，还打电话到北京，找出版社邮购来英语资料。广思就是靠妈妈买的这些书，坚持自学补习完了别人小学学了几年的英语课。

优秀学生闹出“学费风波”

过了几个月，和妈妈一起干活的老乡们家里或者有事，或者农活忙起来，陆续回老家了，“公司”的生意也清淡起来。因为欠费，“公司”的电话拆了，“办公桌”也卖了，原来赚的一点钱都花在了广思的学习和房租上，家里的生活又拮据起来。

因为妈妈病得厉害，又是发烧、腰疼，又是蹲下就站不起来，妈妈没法出去工作，没有了生活来源，广思的学费成了问题。

开学以后，梅林中学的初中班学生全部转学到梅山中学。虽然老师在班上告诉同学们，家里有困难，民政局和居委会开证明后，学校可以减免这些同学的学费，但广思和妈妈没有这样做。妈妈不想让她在班上和其他同学有何不一样。广思依旧像往常一样，每天面带微笑，乐观得像一只小鸟。开学不久，广思还去参加了校学生会主席的竞选。她在台上落落大方，非常自信地畅谈自己的才能，还表演了舞蹈。

说好了寄钱来的爸爸，开学已经两个月了，可是却一直没有将钱寄来。终于有一次，广思哭着进了教室。那一次，广思因为交不起学费，准备离开学校了。直到这时，老师们才知道，学校还有这样一个贫困的学生。

现在的广思和妈妈依然还很穷。她们住的房子已经3个月没有交房租了。妈妈和广思想搬出去，但因签了合同，交了押金，如果不住，就没有押金了，她们只好非常“奢侈”地暂时住在这里。

“不去奋斗就没有饭吃”

在广思和妈妈租住的简陋房间里，放着一张床、一个书桌和一张破沙发。沙发是妈妈在外面捡垃圾时捡来的。房内最值钱的东西放在书桌上，全是广思的：一排厚厚的英语书及各科学习资料，一盏台灯和一个英语复读机。书桌上方的墙上贴着小主人的励志口号：“浪费时间，成功就没有保证”，“闲谈不得超过30秒”。

穷人的孩子早当家。生活的艰难，使广思过早地明白了人生的很多哲理。在一篇日记中，常广思写道：“妈妈的辛苦，使我真正体会到了挣钱有多难。可她为了我，为了我能吃上饭，只好忍耐着他人的训斥，艰难地熬着。因为她明白，命运不会同情弱者，不去奋斗就会没有饭吃。”

环境越艰苦，广思越明白，自己要更加努力。她知道，如果自己学习不努力，那就对不起妈妈，对不起自己，艰难的生活也就永远不会有出头之日。

清晨5点，四周还是一片静谧，广思就悄悄地起床了。她打开英语课本，开始背英语、练听力。妈妈四处帮她找回来的深港版6册小学英语课本和磁带，她一遍遍地读，一遍遍地听，直到读熟了、弄明白了、会翻译了，又一遍遍地抄写单词、抄句子、做练习。中午，别人在午休，她却做了一个半小时的《走向清华北大同步导读》练习题。晚上，她做着做着作业，就伏在作业本上睡着了。

临时搭建在顶层的铁皮房，里面密不透风，闷热得汗水直往下淌，蚊虫不断地叮咬着她，满墙的蚂蚁和不时蹿出来的老鼠让她胆战心惊。没有桌子，她趴在地上看书、做作业，一趴就是几个小时。没有电，就点蜡烛，蜡烛用完了，把蜡烛头加热，用灯绳串起来，捻成一根长蜡烛再用……

"有这样的妈妈我今生无憾"

谈起广思，广思的妈妈一点也不谦虚："说真的，孩子也吃了苦，但与我这做妈妈的也还真分不开。"

广思妈妈没有钱请家庭教师，就自己亲自给广思当老师。广思妈妈打电话给北京的出版社，邮购回《走向清华北大同步导读》一整套系列复习资料。妈妈让广思一册一册地看例题、做练习。全部练习做完后，广思妈妈又趁自己空闲时和晚上广思做作业时，将几十本书上的例题一题题抄在白纸上，留出空白，像考试题一样，让广思做。妈妈说，这些例题在书上都有答案，如果不再做一遍没有印象。

语文、英语、数学、物理、化学5门课，初一至初三共几十本书，广思妈妈白天抄了晚上抄，光白纸就抄了几百张。白纸上的题目和书上的题目，广思做过了，妈妈都要一题题地用红笔批改。全做对了，广思妈妈也打"100分"，批上"好！"或"GOOD"，做得不对，妈妈则会打上"×"，用红笔批出来。广思妈妈只上过高中，现在广思上初三了，妈妈说："现在不行了，我快跟不上她了。"

广思妈妈喜欢看报，广思也学妈妈，爱上了看报。每天晚上，广思在一边学习，妈妈就在一边看报纸或看书；有时，她们还像朋友一样互相讨论，争执一些书报上的问题。"9·11"美国大爆炸，《晶报》和本地另一家媒体同时刊登了同一张照片，但是图片的说明不一样，广思和妈妈争论谁对谁错，一直没有争出一个胜负，记者去采访，广思和妈妈还把这个问题拿出来，让记者给当个裁判。

语文课上，老师讲今年高考得满分的作文《赤兔之死》，同学们都说没听说过。可广思早就在报纸上看过这道作文题，也看过报纸上对这道作文题的争论了。《走向清华北大》这套书中，广思妈妈唯一没有抄的，是政治科目。但广思的政治成绩，每次总在班上前几名，她说，她的政治知识都是平时看报纸积累的。

广思不但爱看报，还给报纸投稿。她写妈妈的文章《有这样的妈妈我今生无憾》和写外公的文章《永远报答不完的爱》等，就曾先后在《深圳青少年报》和《深圳特区报》发表。

“穷人的孩子要穷得有志气”

生活条件虽然艰苦，可是，妈妈对广思品质上的教育却从不敢放松。

广思妈妈对记者说：“有时候，我也觉得这样活着没什么意思，我也曾想自杀。但想想，我要是没了，女儿不是更可怜吗？我还得要给女儿作个伴啊。在最艰难的时候，我常想喝醉酒了什么都不想算了，但酒醒了，这日子不还得过吗？”这些消极的想法，妈妈没有给广思讲过。但她对广思的要求却非常严格。

今年4月的一天，妈妈出门时带广思出去。出门前，妈妈问广思：“作业都做完了没有？”广思其实还有数学和日记没有写。但她很想跟妈妈出去，就说：“只有日记还没有写。”这样，妈妈就带她出去了。回来以后，广思做作业做得很晚。妈妈知道了真相，非常生气，当场打了她。这是妈妈第一次打广思，广思哭了一整夜。第二天，妈妈又到学校找到校长，要广思当着校长的面，保证今后不再撒谎。广思妈妈后来对记者说：“广思从来都没有说过谎，这次如果让她撒过去，就会有第二次、第三次。”

广思家里虽然穷，但她在学校里，却从来没有让老师和同学们觉得她穷。学校里捐款捐物，她不但参加，而且不比别人捐得少。只要是自己有的东西，她都愿意拿出来与同学们共享。

学校辅导员柏汉玲老师以前不知道广思家里困难。“学费风波”以后，柏老师每次组织活动，留学生干部在学校办事时，柏老师就故意拿出10元钱，说是让广思去帮老师买盒饭，实际上等买回两份盒饭后，柏老师就自己吃一份，把另一份给广思。后来广思知道了老师的用意，柏老师再让她去买两份盒饭时，她就只要一份盒饭的钱，买一份。她说：“妈妈给我吃中餐的钱了，你看！你看！”她就把钱拿出来给老师看。每到这时，柏老师也不好再说什么。

柏老师说：“广思这孩子，家里很穷，可是她的精神世界很快乐。”

但柏老师仍然很担心。昨日她对记者说："广思现在读初中，我们可以帮帮她，可是，她以后读高中、读大学，谁来帮她呢？"

（载《晶报》2001年12月10日）

在信息的汪洋大海中淘取新闻线索之金

进入网络时代，各种信息泛滥成一片汪洋，记者获取信息的渠道更多了，内容更丰富了，手段更容易了，但是，有价值的线索也湮没其中。如果没有有心人去将信息大海中最珍贵的那些金子打捞和淘洗出来，让它凸显在人们的视野中，那么它仍然只是一粒沙子，即便它可以被人们随意获取，也并不是所有的都能引起人们注意。

网络和新媒体时代，记者一个非常重要的工作，就是去发现、打捞和淘洗信息大海中的新闻线索之金，并通过重新采访，补充完整信息，再推向大众，让它成为社会热点话题，去影响和推动时代进步，产生应有的社会效应。

2009年，我曾采写过两篇报道，引起广泛的社会反响，它们最初的线索，就来自本地的网络，并且此前已在网络上存在多时，只是在我报道之前一直是"沉默的金子"。

深圳新闻网的深圳论坛"我说深圳事"是深圳地区讨论本地社会和生活问题人气最旺的一个网络社区，论坛上的帖子经常成为本地媒体采写新闻的线索。不过并不是所有帖子都会引起媒体注意。

一次，一位网友将一幅两个小女孩在一起看书的照片发在"我说深圳事"的分论坛"关爱论坛"，照片说明只有一句话，大意是附近一所小学的学生，放学后和一个街头流浪女的孩子在一起读书。这个帖子发在论坛上已有十多天，但几乎没有人跟帖，点击率也很少。我分析，这个帖子很少有人注意的原因是，帖子发在分论坛而不是主论坛，分论坛本身人气不足，浏览量很小，另一方面，可能更关键的因素，是发帖人的标题为"路灯下读书"，缺乏吸引人的新闻要素，语焉不详，因而难以吸引网友点击。

不过，如果这件事是真的，那它就是一个非常有价值的线索。我相信照片上显示的那种温暖场景，一定足以打动很多人。我通过站内私信联系发帖人，请他提供联系方式，想问他照片拍自什么地方，是否还能找到这两个女孩。

直到几天以后，我才收到发帖网友的回复。打通电话，他告诉我，流浪女孩就在他上班的附近街道上，而且现在仍在那里。我立即驱车前往，在发帖网友的指点下，果然见到了流浪女童和她的妈妈。第二天，又见到了经常和流浪女童一起读书的上学小学生。不过，正在上学的小学女生对生人很警惕，拒绝告诉我任何信息。后来，我又连续几天到附近几所小学调查，希望能找到她的信息，但未如愿。

深圳是一个非常富有爱心的城市。报道《12岁女生路灯下教流浪女童读书》（案例11）刊出后，当天就有读者到流浪女童李惠玲所在的公交站附近找到她，给她和她母亲捐款数千元，还有读者则要求为她的母亲李凤提供工作机会，愿意送孩子去上学。李凤家乡的广西桂林灵川县委、县政府从网上看到报道后，专程派人来到深圳，要接李惠玲母女回家（因李凤性格及家庭原因，未回）。

这是一篇从网络上发现线索，经报纸报道后，又回到网络、在网上走红的报道。这篇报道先后被数百家网站转载，其中搜狐、新浪、网易、腾讯等门户网站的点击率均超过40万次，连续多天居各大门户网站新闻点击率排行首位，每家网站跟帖超过2万条。央视新闻频道、辽宁卫视等电视台口播、点评，全国至少50家纸媒转载。报道成为山东等地中学语文考试的作文题素材。这个故事还被媒体评为2009年最感动人的瞬间之一。

让我感动的其实是在后续采访中了解到的信息。我后来见到教李惠玲读书的女生陈玉梅的父亲，他告诉我，他们家并不是深圳的有钱人，而是来自四川绵阳地震灾区的外来务工者，他和妻子都在深圳一家制衣厂当流水线工人，没有深圳户籍，女儿是需要交借读费的非深户学生，此前在一家民办学校上学。他也是看了报纸向女儿了解才知道，女儿经常到他上班的地方拿的盒饭，原来是给了那位流浪女童，女儿还曾多次专门回家拿水果给她吃。

从这个意义上说，两个小女孩在一起读书，实际上是弱势群体之间的惺惺相惜，并不存在地位悬殊或贫富差距下的同情与怜悯。可惜，这些信息我因刚开始未采访到，未能写在第一篇报道中。否则，这篇报道的内涵可能更丰富。

同一时期我采写的另一篇报道《9岁童生命垂危　后母替儿找亲妈》（案例12），线索也来自深圳新闻网“我说深圳事”论坛，而且是人气极旺的主论坛。我看到时，帖子已有一定的点击率，也有不少跟帖。但是，帖子在这个当地媒体经常来寻找新闻线索的论坛上发出来多天，却没有任何媒体报道。

其他媒体为何没有报道这件事？我认为可能是因为其他记者阅读不细致，没有发现帖文的特殊性，没有找到报道的价值所在。这个帖子当时的标题是《寻找肖金红》，从当事人的角度，这确实是最直接的一种表达方式，发帖人希望孩子的生母肖金红本人或认识她的人，一眼看见标题就能立即点击进去阅读。但实际上，肖金红本人或她的熟人如果不是主动寻找，偶然看见这个帖子的概率很小。而在论坛上，绝大多数人看到一个陌生的、与自己无关的名字，多数时候可能连点击的兴趣都没有。要想被肖金红或她的熟人看到，发帖人必须想办法提高点击率，尽可能扩散和传播帖文内容，包括在标题上强调帖文的故事性和戏剧性。

发帖人其实也想了办法，在帖内以第一人称的形式，为孩子代写了一封给妈妈的信，文字也很打动人。但总体来说，帖子有可能打动普通网友，却不一定能打动媒体的记者。因为帖子本质上仍是一篇寻人帖：孩子病重，想找到在深圳打工的亲生母亲。类似的事情，媒体记者是见得比较多的，他们每天都会接到很多求助，不可能每一例都去报道。而且帖文叙述冗长繁复，描述孩子病情严重的内容很多，而这些并不是吸引人的关键因素。一般来说，这样的帖文，媒体记者很可能没兴趣读完。

我粗略地看了一下，发现了这个帖子有不寻常之处：发帖人是孩子的后母，是孩子现在的监护人之一，后母希望帮助孩子找到他的亲生母亲。我打通帖文留的后母电话，她正在孩子的病床边，声音悲伤而疲惫。我又打通孩子父亲的电话，父亲说孩子现在的妈妈对孩子很好，生病一年多来一直是她在照顾，陪在孩子身边。

我看到了这个故事的价值：后母（严格意义上说是养母，因为孩子爸爸没有与孩子生母正式结过婚）非但从未嫌弃养子，而且一直对孩子照顾有加，在孩子重病弥留之际，还帮助孩子寻找他的亲生母亲，以实现他最后的愿望。这是一个多么富于人性、悲伤而温情的故事！

从这个角度，我做出了独家报道。其他媒体随后也开始跟进。《新京报》《南方都市报》等都做了多次报道，凤凰卫视、江西卫视和深圳电视台等电视台拍摄了专题片。

不过，故事最终的结局却很悲凉。孩子终未能抵抗住病魔而离世。去世前，也就是本报报道一个多月后，孩子的生母被找到，身形消瘦的她飞到北京陪伴了孩子三天，与孩子哭成一团。此时，孩子的父亲才知道，孩子生母也已身患癌症到了晚期，且生活艰难。

尽管如此，我们仍应为这个故事被报道出来而感到欣慰。毕竟，这些埋藏在网络论坛水帖里数不清的人生的悲欢离合，如果不是因为我们慧眼识珠发现了它，并做出采访报道，如今世人又知道多少呢？

案例11：

蛇口兴华路上动人一幕：

12岁女生路灯下教流浪女童读书

本报记者　黎勇

一名随母亲来深的10岁女童李惠玲，因妈妈没找到工作而在街头流浪，失学了的她渴望读书。蛇口潜龙湾附近一所小学的女生陈玉梅偶然认识她后，每天放了学，便在昏暗的路灯下拿着自己的课本教李惠玲读书、画画。这动人的一幕，近日成为蛇口兴华路上的一景。

10岁女童和妈妈流落街头

22日，记者在蛇口金銮富众酒店对面的兴华路潜龙湾公交站见到了李惠玲的妈妈李凤。李凤带着3个装有衣服的包裹，坐在公交站台的遮阳篷下，正用颜料笔在一个本子上帮女儿涂着图画。

李凤告诉记者，她是广西桂林灵川县大圩镇人，10多年前被人卖到广东揭西县与人结了婚，生有两个小孩。几年前与丈夫离婚后，带着女儿李惠玲回到娘家。因娘家经济条件也很困难，生活无着，几个月前带着女儿来到深圳，准备投奔一位熟人找工作。哪知熟人和工作都没找到，钱也没有了，只有流落街头。

路经此处的几位市民向记者证实，李凤和女儿在兴华路潜龙湾附近流浪已有半个多月，每天的生活靠附近几位好心人接济。

女童渴望进校读书

李凤说，她女儿李惠玲读完小学二年级后，随她来到深圳，现因无固定居所而无法读书，她很痛心，可实在没办法。李凤表示，女儿非常想读书，每天都缠着她，让妈妈给她当老师，教她读书。如果有书读，女儿现在也该读三年级了。

李凤指着随身带的一个包裹说，这里装着的厚厚一摞练习簿和图画本，都是女儿的。女儿特别喜欢画画，图画本上画满了女儿的画，有几次，有好心人给女儿一点钱，让女儿去买吃的，女儿拿到商店里都买了图画本。每天到了上学和放学时间，女儿看到和她同龄的孩子们背着书包去上学，她都会羡慕地盯着他们看很久。

爱读书的李惠玲，正是因为这样认识了每天经过这里的小学四年级学生陈玉梅。一天，陈玉梅捧着一本图画书，在路上一边走一边看，李惠玲见陈玉梅的图画书很好看，也凑在她身边看，跟着她走。陈玉梅便把图画书借给李惠玲看。就这样，两人成了好朋友。

小学女生给流浪童当老师

附近居民告诉记者，每天下午放学后，陈玉梅便背着书包，来到李惠玲和妈妈待的地方，念自己的课本给李惠玲听，带自己的图画书给李惠玲看，给李惠玲补习功课。每到这个时候，李惠玲都非常开心。两个小女孩坐在地上，紧紧地挨在一起，她们讨论着书上的内容，一边看图画书，一边各自讲在学校和街上的见闻，她们俩常常乐得哈哈大笑。陈玉梅常从家里带好吃的给李惠玲吃，而李惠玲则画画给陈玉梅看，两个好朋友无话不谈。

一天晚上7点多，在南海意库创意产业工业园一家服装广告公司担任摄影师的詹书章看到李惠玲和陈玉梅在昏黄的路灯下一起学习的场景，深受感动，将这一幕拍了下来。他说，一个是12岁的在校学生，一个是10岁的失学女童；一个穿着漂亮的校服，一个衣衫褴褛；一个有着温暖的家，一个却住在大街上，但她们之间丝毫没有隔阂，那种亲密劲，令人动容。

22日下午5点半左右，正当记者在采访李惠玲的妈妈时，放学的陈玉梅背着书包来了。她拿出语文课本，准备读给李惠玲听，但是得知有记者来采访，立刻躲得远远的。记者翻看她的语文课本，看到了上面写着的她的班级“四（五）班”和姓名“陈玉梅”。但记者反复询问，陈玉梅始终不肯透露自己学校的名字。几天来，记者先后与附近的海湾小学、育才一小、育才二小联系，仍未能查到陈玉梅到底是哪所学校的学生。

与流浪童交朋友令人感动

距离潜龙湾公交站最近的学校是蛇口海湾小学。昨日，海湾小学校长吴彦从记者口中得知此事后，虽然在学校学生名册中未能找到陈玉梅的名字，但他表示，现在很多人对街头流浪孩子避之唯恐不及，这个年仅12岁的小女孩却能这样有爱心，着实令人感动。特别是，陈玉梅还与流浪女童交上朋友，对她没有一点歧视，和她一起学习，这种纯洁的童心和关爱之心非常值得提倡。

（载《晶报》2009年4月28日）

案例12：

9岁童生命垂危　后母替儿找亲妈

孩子声声寻唤亲生母亲，渴求最后一个拥抱

本报记者　黎勇

已多年未见过亲生母亲的9岁儿童朱占涛，躺在北京水利医院的病床上，已处于生命弥留之际。他离开人世之前的最后一个愿望，是在自己亲妈妈的怀抱中享受哪怕片刻的温馨。朱占涛的后母罗女士，几年来悉心照料着这个孩子，近几天，她一边照顾孩子，一边托人在深圳新闻网等网站发帖，希望找到在深圳生活的孩子的生母，帮孩子满足这个最后的心愿。

生母离开后再没回来

朱占涛的爸爸朱钦河昨日向记者介绍，他和孩子的亲生母亲肖金红都是江西南康市人。1999年，他与同样刚刚中专毕业的肖金红谈起了恋爱，但遭到肖金红家人的反对。2000年11月22日，肖金红生下儿子朱占涛，其时，朱钦河与肖金红并未结婚。两个月后的2001年大年初三，正在朱钦河家过年的肖金红，被肖金红的哥哥强行带走，从此再没回来。朱钦河曾无数次到肖家找肖金红，均被拒之门外。无奈，朱钦河于2003年与另一女子小罗结了婚。

7岁时被发现肚里长肿瘤

2007年4月，朱占涛7岁时，肚子开始疼痛并肿大，奶奶给他洗澡时发现后，立刻把他送去医院检查，发现他肚子里长了一个大肿瘤。第二天，朱钦河将孩子带到广州，找了多家大医院，但这些医院都拒绝为孩子治病，原因是孩子肚子里的肿瘤太大，而且是晚期。朱钦河茫然无措，在大街上大哭起来。一位好心的出租车司机问明情况，把他们送到了中山大学附属第一医院，这次，中山一院小儿外科终于接收了孩子。

经诊断，朱占涛患的是肾母细胞瘤。医生介绍，这种病是孩子在母体胚胎里带来的，肿瘤随孩子的成长而长大，且一经发现就已是晚期，治疗难度很大。

9岁时癌细胞扩散至全身

朱钦河告诉记者，2007年4月至2008年4月，经过一年的治疗，孩子在中山一院切除了一个重达1.7斤的肿瘤，并切除了右肾。接受完化疗后，孩子出院回到江西上学。今年1月，孩子左腿走路开始一瘸一拐。朱钦河和罗女士又带着孩子去广州的几家大医院检查，没有查出原因。春节过后，朱钦河和罗女士将孩子送到北京儿童医院检查，确诊儿子为肾母细胞瘤骨转移。3月，经化疗，孩子的疼痛缓解。4月初，孩子的腿又开始疼痛。4月19日，朱钦河和罗女士再次将孩子带到北京，得知孩子的癌细胞已扩散到了全身。医生建议给孩子截肢，但这也只能延缓孩子的生命……

后母待他如同亲生

朱占涛的后母罗女士，自孩子生病以来，每天守在孩子身边，为孩子端屎喂饭，从无半句怨言。孩子在广州治病的一年多时间里，丈夫朱钦河为孩子的医药费在外奔波，想办法筹钱，罗女士则与孩子的奶奶在病房里陪伴着孩子。今年春节过后，为了给朱占涛治病，罗女士与丈夫亲生的女儿却在幼儿园无人照顾，她只得把女儿接出来，带到北京。

看着孩子疼痛时在床上打滚挣扎，舌头都被牙齿咬烂了好几次，罗女士心痛不已，常常为孩子的病痛泪流满面。

孩子生母可能在深圳生活

朱钦河告诉记者，孩子妈妈被她哥哥强行带走后，他一直没有肖金红的任何音讯，她家里人只说她在深圳。2007年，儿子被确诊为肾母细胞瘤后，朱钦河再次到肖家打听消息，肖家人才告诉他，肖金红已成家且生了孩子。为了不打扰她现在的家庭和生活，朱钦河最终没有再找。

4月22日，孩子经北京专家确诊癌细胞扩散后，朱钦河知道孩子时日不多，再次电话联系到肖金红的叔叔，说明了孩子目前的病情，希望与肖金红联系上，但肖家仍称不知道肖金红的联系方式。无奈，朱钦河与妻子罗女士决定在网上发帖寻找。

昨日，记者打通了肖金红叔叔的电话，得到的答复还是一样，称肖金红全家的事他都不知道。

渴望生母一个温暖的拥抱

朱钦河说，找孩子的生母，并不是想要她一分钱，而是希望让孩子在生命结束前，能亲眼看一看自己的亲妈妈，享受到亲妈妈的一个拥抱，满足孩子的一个心愿，同时，这也可最大程度地减轻孩子的痛苦。

孩子在给亲生妈妈的信中写道："妈妈，在我的成长路上，虽然没有您的陪伴和呵护，更没有丝毫您的音讯，甚至在我的记忆中，连您的模样也不知道，但是，在我最危难的时候，我希望您能回到我的身边看看我，帮我揉揉小腿……也让我看看亲生妈妈您的模样，这样，我才能更有勇气面对接下来即将发生的一切！"

"妈妈，你听到我微弱的声音了吗？您快点来吧！"

（载《晶报》2009年4月29日）

不停追踪，总有独家猛料

社会转型时期的中国，有很多神奇的故事。这是一个不缺新闻的时代，缺的只是关注的热情和持久的耐心。所以，当你找不到新闻线索的时候，就一直追踪你曾经报道过的某件事，你会发现，每隔一段时间，这些事件总会有新进展和新发现，而且足以成为你再次采访报道的独家猛料。

一件事情经过报道之后，就已成为公开的信息，进入各家媒体的视野。只有那些持久关注、不断追踪的记者，才能从这些公开的线索中仍报道出独家新闻。

2000年2月22日上午，我正准备外出采访，在报社门口碰到一位黄陂农民，他要找报社记者。我问他有什么事，他用浓重的黄陂话给我提供了7条“线索”，这7条“线索”告的都是武汉市黄陂区祁家湾街建设村村委会的“状”。其中有一条提到，该村只要给村委会交钱，死人就可以不火葬，而由家属自行棺葬。我问这个村民是否有证据，他称，哪些人是死了交钱棺葬的，他可以列出名单来。我想，此事有一点价值，便与他约定过两天到黄陂采访。

24日，我驱车直奔黄陂祁家湾建设村。进村后，我先在路边随意找了几户人家了解情况，得到事情大致真实的肯定答复。随后，见到报料人，报料人将我带到村里的一个水利工地上，工地上的农民说起村里的事，都很义愤，但涉及具体事情又都不愿多谈。中午12点多钟，我等到农民们收工，尾随一位似有很多话要说的农民，到了他的家中。由于没有其他人，这位农民把村里的一些问题全倒了出来，并与报料人一起回忆，给我提供了交钱棺葬者的名单和时间。

基本情况摸清后，我找到村主任家，不料扑空。我想到棺葬者亲属交钱给村委会，肯定要经过村会计之手，便要报料人带路去找村委会会计明平桥。路上，报料人碰到一个熟人。此人介绍，去年村里一位医生的母亲去世后，是他亲手抬着棺材土葬的。——这一充分的证据，为棺葬事实增添了说服力。

找到会计明平桥后，在我的追问下，明承认有一户人家去年一老人去世后私自棺葬，村里发现后，“罚了款”，钱交给了村里兼任出纳的村妇女主任赵春英。他还强调，“棺葬在先，交钱在后”。除了这件事，再问其他，他均顾左右而言他，后来干脆说他要去给在外读书的女儿送被子，起身关门走了。

我于是又找到村妇女主任赵春英。可能妇女比较软弱和经验不足。开始，赵春英只承认有一户人家交钱棺葬。我于是照着手上的名单，把时间、人名、村湾详详细细念给她听，每念一个，就问她一句：这个是不是交钱棺葬的？赵春英的防线很快崩溃，无可奈何地点头承认了。而且她还确认，钱都是通过她的手交到村委会的。她还表示，镇民政办察觉此事，已向村里追究了责任。

至此，全部采访完毕。我回报社后，报社调度会确定将此稿作为本报新开设栏目《今日出击》的开篇之作推出。第二天，《黄陂建设村有怪事　一千元可买棺葬》（案例13）重磅刊发。

报道见报后，新浪、人民日报网络版等媒体转载，黄陂区民政局当天即前往调查。市民政局则于第二天前往调查，并拿出6条具体处理意见，要求月底前将棺葬尸体挖出火化。2月28日，在市、区民政局监督下，祁家湾街组织50余人的应急分队，将5具棺葬尸体挖出就地火化（这种处理本身存在极大的伦理争议）。3月1日至2日，街联合调查组又到村里，对调查出的两具棺木进行了销毁。3月4日，祁家湾街党委、纪委研究决定：给予建设村党支部书记魏长林，党支部副书记、村委会主任李安林党内严重警告处分，给予村委会副主任、会计明平桥，村妇女主任、出纳赵春英党内警告处分，对每人罚款500元，并通报全街。村委会擅自违法收款5000元（每丧户1000元）给予没收。

上述情况，我做了追踪报道。按说，报道到这儿，应该告一段落了。可是事情并未结束。

交一点钱，火葬改为棺葬，这件事本质上是一种权力交易。如果说过去有权阶层的权力交换是一种暗中交易、黑市交易的话，那么，这个中国社会最底层的组织——建设村村委会的权力交换则是一种“柜台交易”，是赤裸裸有“规则”保障的“明码标价”。正因为此，一些村官和农民尝到了它的甜头，这种模式在底层产生了顽强的生命力。于是，“野火烧不尽，春风吹又生”，这样的故事便会有许多“创新”。

此事过了大约半年之后，突然有一天，我所在部门的一位副主任告诉我，这篇报道的直接效应已产生在他身上了：他老家在黄陂，他的一位已去世多年棺葬的长辈的尸骨，竟被当地有关部门给挖出来，浇上油在现场火化了。他半开玩笑半带愠怒地表示，今后凡我写的关于黄陂区的批评报道，在他值班时都将通不过。果然，他说到做到，当天就枪毙了我一篇舆论监督稿的后续报道。

正当我准备去调查了解黄陂区棺葬事件为何还在发酵时，突然接到一位读者的电话。他说，他是一个黄陂在武汉的打工仔，前不久他回黄陂土庙镇的家里，发现村里棺葬在地下的尸体成了村干部敲诈钱财的死“人质”，而这一切，都缘于我3月份的那次报道。

“现在，要解救‘地底’下的那些农民的‘人质’，解铃还须系铃人，只有靠你了。”他对我说。我听了哭笑不得。

第二天，我赶到报料人所说的土庙镇采访。原来，最近在这个镇，村民们埋葬了的尸体成了当地村官们用来讹钱的宝贝：已经交钱棺葬了的尸体，需要再交钱，如不交，则挖出火化；如交钱，则可暂不挖。棺葬者的尸骨成了一些干部敲诈活人钱财的“人质”，而且打着处理棺葬尸体的正当理由。我不由得大大佩服村官们利用政策赚钱和生造名目的创造力，以及活学活用的实践精神。

我随即写了报道《不交钱挖出火化，交钱可以暂缓 黄陂红高村棺葬尸体被“绑架”》（案例14）。不过，这篇报道没有公开见报，而是发在《长江日报新闻热线直通车》，作为文件报送给分管农村工作的武汉市委副书记韩忠学。这篇报道的“发行量”只有两份，除韩忠学外，还有一份送市委宣传部新闻出版处存档。

一个星期后，韩忠学对报道做出批示。市民政局在接到批示的当天给韩忠学做了“汇报”：

关于黄陂区土庙镇红高村交钱买棺葬问题初步处理情况的汇报

9月22日收到市委韩忠学副书记在《长江日报新闻热线直通车》上的批示后，我局十分重视，局长李杰矩责成分管领导和有关处室抓紧按韩书记批示办，要严肃认真处理。当天下午，我局派人到黄陂区委、区民政局传达韩书记的批示，并商量对该问题的处理意见。

黄陂区委副书记吴方法看到《长江日报新闻热线直通车》反映的土庙镇红高村问题的报道和韩书记的批示后，当即提出要求，要组成专人进行调查处理，并举一反三防止类似事情发生。为尽快解决这一问题，黄陂区初步打算采取以下措施。

一、立即组成专班。区民政局长郑绪华、区政府办负责人带队到土庙镇进行调查，进一步搞清情况，查清楚近年来以罚款代替行政执法的情况。

二、对直接责任人给予处分。

三、做好群众工作，依据《殡葬管理条例》《武汉市殡葬管理办法》对土庙镇红高村出现的交钱买棺葬的问题作出实事求是的处理，给老百姓一个明白，还政府一个清白。

四、召开全区会议通报土庙镇红高村的情况，举一反三，加大殡葬改革的宣传力度和执法力度，杜绝类似问题的出现以推进黄陂区的殡葬改革。

我局将跟踪督办，并将处理结果及时报告书记和长江日报。

武汉市民政局

二〇〇〇年九月二十二日

舆论监督进行到最后，一般有两种效果：一是被监督方承认失误，改正错误，朝正确的方向走；一是被监督方死不认账，坚决抵制，或对监督不予理睬，依然在错误的道路上我行我素。这次监督，出现从未出现过的第三种效果：先改正，改正的同时犯另外的错误。这就使得我的新闻线索总是“取之不竭”。仅仅追踪这些事件的后续进展，就足够我写个不停了。

不停追踪事件进展，也不失为寻找独家新闻线索的一个好方法。

案例13：

黄陂建设村有怪事

一千元可买棺葬

本报讯（记者　黎勇）向村委会交1000元钱，死者就可免于火化，实行棺葬。这是黄陂区祁家湾镇建设村偷偷实行的一项“土政策”。

昨日，记者接到举报来到该村调查，得知这一“土政策”已实行多年。村民们说，自推行火葬以来，村里就有这个不成文的“规矩”，这叫“折财免烧”。全村几乎每个湾都有人交钱买棺葬。

明大湾一位青年村民对记者说，去年割秋谷时，湾里一位医生的母亲去世，就是他去帮着抬棺材土葬的，死者的家属当时给村里交了1000块钱。在建设村郁家湾，村民们指着路边一座硕大的新坟说，埋在这里的陈姓死者，也是去年交钱棺葬的。

据村民们反映，仅去年10—11月份，就有四五位村民死后没有火化，直接棺葬了，这些死者的家属大都向村里交了1000—1500元钱后就没事了。

在记者的追问下，兼任出纳的村妇女主任赵春英承认，本村一组村民明某的母亲魏太婆、三组李某的母亲、七组郁某的妻子陈某、十组明某的母亲等4名死者是棺葬的，其亲属在她那儿各交了1000元钱。“去年是第一次破例做这个事，以前没有过。再有就是四五年前有这种情况了，那时候也收，只收几百元……”

赵春英对记者说，这种做法是不可取的，村支书已狠狠批评了她，并带她到镇民政办认了错，希望记者同志不要再把这件事作为典型了。

据赵说，村支书对此事“完全不知情”，是村委会主任李安林、会计明平桥和她“合计了一下”定的，去年年终清账时，书记发现多出几千元来，就追问钱的来源，这才知道“收了钱”不火葬一事。

至于收的这些钱到哪去了，赵春英说，“我们绝没有几个人私分”，“村委会没有一分钱收入，平时生活啊，招待啊，什么事哪有不花钱的呢？”

在村里“土政策”的鼓动下，建设村棺葬之风日盛。记者昨日采访时，至少看见三户农民家中有棺材。

（载《长江日报》2000年2月25日第2版，获湖北新闻奖二等奖）

案例14：

编前：武汉是法定火化区，这篇报道所提到的黄陂红高村的6例棺葬都违反了国家殡葬管理条例，理当处理。应该肯定，土庙镇有关部门对违法棺葬者有整改之心和整改的行动。问题是，整改岂能让老百姓感觉像在敲诈？整改又岂能以罚款为目的？

不交钱挖出火化，交钱可以暂缓

黄陂红高村棺葬尸体被“绑架”

本报记者　黎勇

本报今年2月底3月初曾连续报道黄陂祁家湾建设村的“怪事”：交一千元钱可买棺葬。近日，在距这桩“怪事”发生地不远的土庙镇，又发生了更怪的事：已经交钱棺葬了的尸体，需再交钱，如不交，则挖出火化，如交钱，则可暂不挖。

昨日，土庙镇红高村几位棺葬者家属向记者诉苦：他们棺葬的亲人尸骨像被“绑架”了一样，成了一些干部敲诈钱财的“人质”。

红高村郭家田湾村民李贵鹏向记者介绍，他92岁的老母去年12月去世，当时向村委会要求不火化，村里干部要他交500元钱算了。他交钱后将老母棺葬。今年7月27日，村书记带领镇里和管理区的一些干部来到李家，要其交出7000元钱罚款，否则就要挖棺火化。经说情，干部们过了3天又来，要他家交2300元算了。李的爱人说没钱，干部们就将李母亲的坟挖开，架上柴油焚烧了。

同是红高村的李顺清、李堪辉、张家发、张绍国、张家桥、李玉钦等6户棺葬户亲属的尸骨，却因为及时交钱而得以“幸免”。郭家田湾82岁的李顺清说，他老伴去年8月去世，交了550元钱后棺葬，此次镇村干部来到他家，开口要他家交1150元，否则要挖棺火化。8月7日，他家交了800元“棺葬罚款”后，再没人提要挖棺了。李堪辉、张家发、张绍国、李玉钦等人则分别交了500元、700元、1150元、1500元后免遭挖坟。

昨日，记者从李顺清手中拿到了盖有“土庙镇民政事务所”公章、名目为“棺葬处罚”的收据和给张绍国的1150元收据复印件。在张家发家中，记者还看到了开给张家发的盖有“土庙镇同兴管理区”公章、名目为“棺葬”的700元款项收据。

（载《长江日报新闻热线直通车》2000年9月14日2000·22号）

第四章　利用独家资源

在“内幕”的边缘，向新闻源靠近、靠近，再靠近

记者采访有领导参加的各种考察、视察、现场办公、会见、会谈、会议、典礼、仪式等政务活动，在实践中是非常多的，特别是党委机关报的记者，更几乎是每天工作的常态。很多有个性、有追求、有独立思想的记者，往往不屑于参加这种采访，因为有关领导活动的报道，大多内容空洞，语言乏味，读者不感兴趣，记者写得没劲，编辑编得厌烦，对媒体来说，大多数时候属于浪费财力物力；有一些记者则热衷于参加此类采访，因为它可以让一些有所图的记者，通过这种采访报道活络与领导的关系，从而为个人谋取“好处”和私利做好铺垫，或享受到某种“特殊待遇”；也有的记者，则基本属于“很傻很天真”一类，满足于采访一次、写一篇稿、完成一个任务，安排什么、有什么就写什么，对这种采访参加或不参加都无所谓，因为他们还处在“新闻的第一重境界”，即新闻采访的最初级层次。

领导政务活动的采访，对于有心的记者来说，其实是占有独家材料、发现独家新闻的良机。领导的政务活动，利用得好，就是重要的独家新闻资源，因为活动常常会有意无意地透露许多非常重要的独家新闻信息；有时候，只有领导在场的特殊场合，有关方面才会讲出一些实情，披露一些平时难以为人所知的独家内容。因此，这样的活动，一定要尽可能地到现场去，靠近、靠近，再靠近，抓住一切机会，敞开一切“接受器”去观察、倾听和了解。能否抓出独家新闻，就看记者有没有用心去发现，有没有新闻敏感度和发现能力，以及事

前是否充分熟悉和了解相关问题并积累相关的知识，事后有无迅速地再去做调查采访……

可以说，只要记者有心，善于发现，领导政务活动绝对是一个独家新闻的“富矿”。

从一次没发稿的采访中获得多个“机密”信息

一些领导政务活动，由于种种原因当时不能发稿，或事前领导就明确告知不会发稿，但仍要求你跟随采访。对这种情况，很多记者往往心不在焉，不认真采访，或者干脆找机会开溜。其实，这时候，作为一个记者，你的职责仍然是观察、记录、思考、发现。因为这是你的独特资源和机会，也许某一天时机来临，你就会写出其他任何人都不可能写出的独家新闻。比如，1992年邓小平视察深圳时，唯一的一个记者深圳特区报副总编陈锡添被派往随行采访，当时有关方面根据邓小平的要求已明确表示不报道，但陈锡添仍步步跟随，眼看手记，每天整理录音，做了详细的采访和记录。两个月后，时机成熟，经过努力争取，有关方面默许公开报道，陈锡添将采访记录写成长篇通讯《东方风来满眼春》，一经刊出，名动海内外，不仅写入新闻史，而且改变了当时时局的走向。这样的采访，可谓可遇不可求，如果按照上级领导的要求不采访不记录，那么即使给了他这样的采访机会，事后他也不可能将邓小平南方谈话准确地报道出来。

2000年底，时任中国科学院副院长的江绵恒来到武汉，考察设在武汉的中科院水生生物研究所。我接到通知前往采访。当天，江绵恒的日程安排非常紧，先后出面接待他的有湖北省委书记、省长，武汉市委书记、市长，还有省市政协、人大等其他领导班子的主要成员，而且分成几拨分批会见、座谈、宴请，接待规格非常之高。按以往惯例，有主要省市领导人参加的高规格政务活动，作为市委机关报是要隆重报道的。但当天的活动是否报道，参加采访的记者心中都没底。

尽管如此，我还是扎扎实实地一直紧跟在江绵恒及省市领导身边，一句话一句话地认真记录，紧跟着他们一个点一个点仔细地察看。晚上回到报社，果然接到通知：此次活动不报道。

虽然有些许遗憾，不过，我却在采访中掌握了几个当时几乎可以用“机密”来形容的独家新闻线索。这些消息只要一做出报道便是一个“炸弹”，足以震动相当大范围内的人群。

这是些什么消息呢?

所址设在武汉大学旁的中国科学院水生生物研究所，是国内乃至国际水生生物研究领域都较为著名的一个研究机构，该所科学家领衔主持了一大批包括重大科技专项、973、863等在内的国家级科研项目，许多国内顶尖的科研工作都是在这里完成的。比如，当时还属于“秘密”级别的神舟飞船发射，其生命科学实验的前期研究工作，就是在这里由水生所副所长、“神舟二号”生命科学实验首席科学家刘永定主持进行的。但是，当时所有有关神舟飞船的消息都是保密的，不像“神舟三号”及以后的历次飞船发射，媒体可以提前预告发射时间，充分报道从发射到回收的几乎所有相关内容。“神舟一号”是在外界毫不知情的情况下发射上天之后，才突然对外公布消息的，“神舟二号”的发射及相关研究也一直是静悄悄地进行，保密级别非常之高。我和大多数跑科技线的记者一样，对水生所虽然较为熟悉，也看到过研究所三楼和四楼走廊里摆着的那些实验用的瓶瓶罐罐，但绝对没有想到它和这项世人瞩目的重大工程有关。

江绵恒当时是中国科学院分管高技术的副院长，到水生所考察，当然要了解相关研究情况。平常，对于这些保密级别高的重大科研项目，水生所肯定是不会向外透露半点风声的。但此次他们面对的是自己的直接分管领导，他们当然不会把他当作外人。刘永定研究员对前期实验进展的情况汇报得非常详尽，他还拿起正在实验中的藻类，向江绵恒一一介绍了相关用途。他们的对话，尽入我耳中。谁能想得到，世人瞩目的高科技项目神舟飞船的生命科学实验前期研究，竟是在我身边悄悄进行的呢？这个信息被我掌握，我心中暗暗一阵激动。

这时，除了江绵恒、刘永定和其他相关领导，只有我一个媒体记者，亲耳听到了该实验首席科学家亲口讲述的与这项重大工程相关的“秘密”内容。

其实，此时来这里采访的并不只有我一个记者。除了作为市委机关报记者的我外，还有省委机关报、本市晚报、省电视台、市电视台、电台等多家媒体的多名记者。但是，当江绵恒询问、刘永定讲述这些“秘密”时，其他记者可能觉得当天不会发稿，或觉得领导考察活动已程式化，不会写到这些具体内容，或觉得领导与专家讨论的科研工作过于专业，没什么意思，所以他们根本就没有凑到领导和科学家的身边来听，而是坐在实验室外面的会议室里聊天。只有我一个人怀着无比的好奇心，自始至终一直跟在他们身边。

我确信，当时只有我一个记者独家掌握了这个“秘密”的新闻信息。我知道，虽然这些内容暂时还不能报道，但掌握这些信息，比什么都重要，今后一定会有机会。

“神舟一号”自1999年11月20日发射成功之后，什么时候发射“神舟二号”，外界并不知道。由于“神舟二号”无人飞船的有关内容仍处在保密阶段，有关方面后来听说我要采访水生所科学家关于这方面的研究工作，曾恫吓我：你要是报道，就是泄露国家机密！

当然，我绝对不会在官方发布正式消息之前擅自报道此事。

几个月后，2001年1月10日，新华社发出快讯，我国首艘正样无人飞船“神舟二号”发射升空。在此之前几天，我已经通过有关渠道得知了飞船可能近期升空。一看到新华社电稿，我立即将电话打给飞船生命科学实验总负责人、正在酒泉卫星发射中心的科学家刘永定。当时，连刘永定水生所的同事都不知道他在酒泉的电话，只有我知道——这是因为，自从那次我在江绵恒来水生所考察获得这个“绝密”信息之后，就一直在默默地做着“功课”，通过多次与刘永定沟通，取得了刘永定和他的博士的信任，拿到了他在发射中心的电话。

刘永定显然还沉浸在发射成功后的兴奋中，他热情地向我介绍了此次搭载上天的生命科学实验的生物样品种类，甚至有些生物学名词如“石刁柏”“葛仙米”“鞭枝藻”“微鞘藻”等不常见词，他还一一耐心地告诉我是哪几个字，该怎么写。

第二天，《长江日报》刊发了我采写的报道《“神舟二号”生命科学实验状态良好》（案例15），这不仅是武汉媒体，也是全国媒体中的独家新闻——关于其中生命科学实验的内容此前无任何人报道。报道标题后来被网站改为《“神舟二号”所载生物样品首次公开》，新浪、搜狐、雅虎等当时几乎全国所有的门户网站都在首页醒目位置转载了这则消息，转载的国内外纸媒则更是无以计数。新华社当晚发出的电稿中，关于“神舟二号”所搭载生物样品的相关内容，也几乎全部来自我的报道。

由于网上有不少关于“神舟二号”所搭载生物样品的不实传闻，第三天，我根据刘永定的意见，又采写了跟踪报道《“神舟二号”进行做爱试验？刘永定指斥一些媒体胡说八道》（相关采写体会见第六章，案例22），引发了更广泛的转载。

除了上述信息，在江绵恒来水生所考察的同一场合，我还获得了水生所利用藻类繁殖治理沙漠研究取得重大突破的信息。利用藻类治理沙漠的研究与神舟飞船生命科学实验的前期研究有相关性，也是由刘永定主持。这个研究并非“秘密”，所以，江绵恒考察采访结束后，我就多次前往水生所，希望报道此事。刘永定指定他的学生、相关研究课题组成员陈兰洲博士接受了我的采访。

《武汉科学家找到治沙“魔法”》（案例16）作为《长江日报》教科文卫版重点栏目《地球村主页》的第一篇报道推出后，《人民日报》、新华社及各大网站第二天做了转载。《科技日报》《科学时报》《中国环境报》等媒体随后也派出记者前来武汉采访报道。而内蒙古自治区党委和政府还专门派出一个考察团前来考察，与水生所签订了联合治沙协议。

可见，领导考察等政务活动，是一个丰富的信息源，其中隐藏着许多重大新闻。如果记者有心去寻找、发现、挖掘，将它利用好，一样可以抓出很多重大独家新闻；如果只是把它当作一般的采访，便会变成一根鸡肋。

案例15：

载人飞船能否保障生命存在？武汉科学家从发射基地传回消息——

“神舟二号”生命科学实验状态良好

本报讯（记者　黎勇）昨日凌晨，我国第一艘正样无人飞船“神舟二号”成功发射升空。在与发射地酒泉远隔千里的武汉，各个研究机构的科学家们也激动不已，因为“神舟二号”有武汉科学家的心血。

昨日，正在酒泉卫星发射中心的中国科学院水生生物研究所副所长刘永定在电话中告诉记者：由中科院水生所负责的飞船生命科学实验，目前状态良好！“神舟二号”飞船进入预定轨道几秒钟后，飞船传回的信息显示，飞船所搭载的生物样品测试启动并进入正常运转。

刘永定研究员说，这是我国飞船第一次搭载生物样品，也是我国第一次用宇航飞船做生物学试验。此次搭载升空的有25种不同生命形态的19种生物样品，包括动物、植物、微生物、水生生物和重要的生命现象与生命过程等5组。其中有果蝇的卵、蛹、成虫和幼虫，石刁柏、圆红萝卜，湖北特产葛仙米，螺旋藻、小球藻、鞭枝藻、微鞘藻，澳洲水泡螺，灵芝，转基因食品，乌龟的心脏细胞，大白鼠腿的脊髓神经组织等。

刘永定介绍说，飞船搭载的湖北特产“葛仙米”，曾被晋朝葛洪用来炼长生不老的丹药，采自鄂西山区，是一种藻类，具有丰富的营养价值，可以为宇航员提供氧气和食品，也可作为地面人员的保健品。

据了解，此次生物样品搭载实验，主要在于探索生物材料加工和载人航天飞船的生命保障系统。刘永定举例说，用小球藻和澳洲水泡螺，可以组成一个二元的封闭生态系统，其中藻是生产者，螺是消费者。藻产生氧气，通过光合作用生长，为螺提供食物，螺以藻为食，同时从藻里得到氧气；另一方面螺在以藻为食和得到氧气时，又产生二氧化碳，其排泄物成为藻类的营养。这个实验，对于将来宇航员在太空中生活具有重要意义。

刘永定说，此次生物空间实验，凝聚着武汉、北京和上海等地8个研究所众多科研人员和生物学家多年的心血，作为一个生物工作者，他为我国的载人航天技术而自豪。

（载《长江日报》2001年1月11日）

案例16：

奇特荒漠藻，让沙漠变绿洲

武汉科学家找到治沙“魔法”

本报讯（记者　黎勇）大雨过后，荒凉的沙漠上突然一夜之间长出一层绿色的薄被。武汉科学家通过几十年孜孜不倦的研究，从这一不为人所注意的自然现象中，找到了治理荒漠的新途径。

昨日，中科院水生生物研究所的研究人员告诉记者，关于荒漠藻生长机理的研究现已完成，沙漠大面积变成绿洲成为可能。

雨后长出的那层绿色薄被就是荒漠藻，它能在严重干旱缺水、营养贫瘠的环境中非常迅速生长繁殖，并在荒漠表面形成一层结皮。

半个世纪前，中科院水生所即着手这方面研究。近年来，研究小组在宁夏中卫县沙坡头的沙漠里进行实验，目前已分离出在沙漠上生长的40多种藻类，并基本弄清了荒漠藻的分布，藻细胞外层的组成，以及藻类、苔藓等选择沙漠生息繁衍的原因。

据主持这项研究的刘永定研究员的博士生、研究小组成员陈兰洲介绍，在沙漠上种植高级植物并不能让沙子变成土壤，但种植低等植物藻类，可以通过产生多糖，使藻丝与沙子缠结，形成结皮。这种结皮能够抵抗10级以上的大风，在防风固沙方面扮演着重要角色；而藻类又为其他微生物提供营养，使其他植物生长。在这种原始的演递中，流沙被固定下来，而沙子也变成了土壤。

当今土地荒漠化已成为全球性严重生态问题，在世界范围内，每分钟就有1公顷的土地荒漠化。目前我国荒漠化土地已达262万平方公里，占国土面积的27.3%，并且以每年2460平方公里的速度扩展。

中科院水生所的这一研究，将对治理荒漠化产生积极影响。世界权威生态学杂志*Hydrobiolologia*日前致函水生所：这是一个重大发现，必将引起国际同行的巨大兴趣。

（载《长江日报》2001年2月6日）

事先独家获知却没能报道的两个大新闻

领导考察等政务活动，除了像上述江绵恒到水生所考察，因为领导在场，下级向领导汇报时会透露许多平时轻易不会透露的“重要机密”之外，记者跟随领导考察过程中，因记者（特别是党报记者）与领导、领导周围的其他官员和秘书有较多接触机会，往往也能及时获得许多意想不到的内幕信息。这些信息也是一个重要的独家新闻来源。

2000年上半年，湖北省发生了一件极不寻常的事。5月，湖北省委书记贾志杰到湖北省监利县棋盘乡，住在农民家中调研考察，了解农民困难，研究农村问题。6月初，省委书记贾志杰和省长蒋祝平又率领省委、省政府有关部门数十位主要负责人，到监利县棋盘乡调研并召开现场办公会议，决定派一名省委副书记任驻乡工作队长，在棋盘乡蹲点处理农村、农民和农业问题。短短十几天时间内，省委机关报《湖北日报》头版头条配社论对省委、省政府主要领导在农业、农村和农民问题上的动作做了大篇幅报道和评论。

湖北农村到底发生了什么事情？为什么省领导如此重视？省委书记为何住在农民家中调研？这些都是非常罕见的举动。一时间，省内不了解情况的各地市负责人纷纷通过各种途径打听。武汉市虽然是省会驻地，与省委、省政府同处一城，但相关情况并未传达下来，连武汉市分管农业的市委副书记和副市长也不了解情况。6月16日，湖北省分管农业的副省长贾天增到武汉市考察农业工作。下乡考察时，副市长、副省长秘书、市委副书记秘书和副市长秘书与我都坐在同一辆车上。路上，副市长向省领导秘书问起此事，省领导秘书告知：原来，监利县棋盘乡的党委书记李昌平向朱镕基总理写了一封信《一个乡党委书记的心理话》，哭诉“现在农民真苦、农村真穷、农业真危险”，这封后来被称为“我向总理说实话”的著名信件，引起了国务院领导的高度重视，当时的总理朱镕基、副总理温家宝、农业部部长陈耀邦等都做出了重要批示。省领导秘书的公文包里正好随身携带着那封有领导批示信件的复印件，便拿出来与大家“分享”。我也有幸在车上先睹为快。末了，市里一位秘书还专门拿去复印了一份。

看到这份震动了大半个湖北省的信，我当时就意识到，这绝对不是一份普通的材料。只要把这件事报道出来，必定引发巨大反响。我当时只要努力争取，是有可能把这份材料也复印一份拿在自己手上的，但是，考虑到这显然是一封让省领导不高兴的信，而我自己所在的媒体和本省媒体都不大可能报道此中内幕，所以也就没有行动。

两个月后，2000年8月24日，《南方周末》以《乡党委书记含泪上书　国务院领导动情批复》为题，首次独家报道了此事，在国内外产生了巨大影响，引发了各界对“三农”问题的长久关注。李昌平后来出版了《我向总理说实话》一书，并且从监利棋盘乡党委书记任上辞职，成为一个著名的“三农”问题专家。

比起《南方周末》记者，我早他们整整两个月就看到了有关此事的全部完整材料，但是，我却因为“可能不让报道”而做了自我审查，根本就没有去做报道此事的努力，没能率先做出报道，这不能不说是一个遗憾。

这样的重大新闻在我眼皮底下“溜走”，后来还发生过一次。这就是后来引起全国媒体持续两年关注的“气功大师”王林案。

王林引发全国关注是2013年7月新京报刊发的报道《隐秘“大师”王林的金钱王国》。早在此之前的一年多，我的同事、摄影记者贾玉川就已经将王林的自我宣传图集《中国人》拿了回来，并且告知我，因铁道部部长刘志军被抓，王与他的弟子发生了纠纷，这个弟子、江西老板（即后来大家知道的邹勇）正与王打官司。老贾还描述了他在王林深圳别墅的地下酒窖里看到的堆成山的茅台（邹勇认为是假酒）的情景。我们当时非常兴奋，觉得应该马上去江西采访。但是向领导请示后，领导认为本报的定位主要在本地，此事不了了之。

老贾之所以能进入王林的深圳别墅参观，与我10年前写的那篇“十佳学生”常广思的报道有关。当时表示要资助常广思的好心人中，有一位女律师通过那篇报道与我和老贾认识，后来老贾与她一直保持联系。而这位女律师就是王林深圳怡景花园别墅的邻居，也是王的好朋友、与邹勇打官司的幕后参谋。正是她带老贾去参观了王林的别墅，并告诉了他这些信息。

很可惜，我们虽然比其他媒体提前一年多掌握了相关信息，但因各种原因，最终未能做出独家报道。

市长考察过程中细听谈话发现独家线索

记者的采访活动是一种调查研究活动。记者随领导外出考察、视察、调研、开会，眼睛不能总是紧盯领导，也要耳听八方、眼观四路，注意观察、发现在领导的政务活动中出现的其他有意思的人和事，善于思考，善于把各种事物联系起来，找到媒体所需要的新闻人物、新闻事件和新闻线索，从而为自己的采访积累新闻资源。

2000年5月17日，当时的武汉市市长王守海到东西湖区了解干旱情况。这是一次很平常、很普通的政务活动。按照领导政务活动的惯例，领导下去调研、考察，下面一般都会选几个做得好的、有代表性的典型人物和地点给领导来看。此次下乡，王守海先去了几处农田，了解干旱受灾情况，又到几个灌溉点“指导抗旱”，随后，区里的领导把他带到了东山农场胜利大队黄少光的承包地。显然，这片承包地是区领导精心选择的、没有受到旱情影响的“正面典型”，地里瓜果长势喜人，承包地的主人黄少光也见过世面，嘴巴比瓜果还甜，他精心准备了在市长面前夸赞区领导和各级政府的台词，称是市区各级政府抗旱及时，给他地里送来了水，才让他的地没受灾。市领导和区领导闻听此言，果然皆大欢喜，都十分高兴。

不过，我在王守海与黄少光交谈时发现，黄少光似乎不是普通“农民”。市长似乎也有此疑问，问他：“你什么学历？怎么懂得这么多种田的理论知识？”善于察颜观色的区领导马上介绍说，黄少光是一位“知识型农民”，他大学农学专业毕业之后，本来分配了工作，但他辞去公职，回乡种田，现在成了带领家乡人致富的种田能手。

区领导的这个简单介绍，让我对黄少光产生了兴趣。我觉得，或许领导调研旱情本身没多大意思，但这个人物的经历倒是值得一写。于是，在黄少光与市长交谈完后，我给黄少光递上名片，让他给我留下电话，约定改天再来专门采访。

随市长调研旱情回来，我没有按常规写一篇市长调研的消息，而是写了一篇《武汉百年大旱牵动市长心》①的小特写，把当天随市长调研时，市长在车上谈出差考察期间担心武汉旱情的心情、在车上与其他领导的有关谈话等细节写了出来。还未刊登前，部门几位同事在采编稿库里看了，就开玩笑说，以前可从来没人这样“吹”过市长，这次一定会把市长“吹”得很舒服。果然，第二天《长江日报》在一版加框突出刊发后，被新浪等网站首页选用，“效果很好”，市长秘书专门打电话来表示感谢。但在这篇稿件中，我特意留了一个“伏笔”，对有关黄少光的内容只是一笔带过，对他“大学毕业辞职回乡种田”的经历没有做介绍。

黄少光对“上报纸”的积极性非常高。看到第二天报纸上提到他的那段话，立刻就给我打来电话，兴奋异常，还表示要给我送“土特产”来。

我其实一直惦记着黄少光的故事，想抽时间去写他的经历。过了十多天，我专门去采访了黄少光，写出《大学生回乡“盘地”成种田能手》②，在长江日报下午版头条作为“副省级城市党报新闻竞赛”稿刊发。这当然是只有本报才有的独家新闻。

严格地说，关于黄少光的这篇新闻的线索，是我在随市长调研过程中，和市长一起共同“发现”的。没有市长的疑问，就没有区领导的介绍，没有区领导的介绍，我也就不知道他有这么一段异于常人的经历。而只有靠近领导、倾听和观察领导活动中发生的新鲜事物与现象，才能与领导“一起”发现独家新闻。

---

① 载《长江日报》2000年5月18日第1版。

② 载《长江日报》2000年6月9日下午版头条。

“领导考察”与“长江翻船”，哪个更有新闻价值？

当你正采访领导的政务活动时，发生了其他的突发事件，在二者之间如果你必须做出一个选择，你会率先采访哪件事？

这确实是一件考验媒体记者良心的事情。特别是对党报的记者来说，采访领导政务活动，是上级、党委、报社交给你的宣传工作任务，必须完成。而报道突发新闻事件，又是一个新闻记者的基本职责所在。在此二者之间，有时必须有所舍弃。

20世纪90年代中期我刚刚大学毕业时，担任湖北黄石日报社新创办的《黄石晚报》（现名《东楚晚报》）记者，当时这份报纸作为“日报的补充”，每次市委、市人大、市政府、市政协领导的活动，都会主动通知晚报记者参加。这种情况对一张新办的报纸来说，有好处也有坏处。坏处，就是报纸上领导政务活动和会议报道太多，官气太重，读者不爱看，报纸会失去读者；好处，就是可以让一张新办的报纸拥有更多权威新闻来源，能培养记者。特别是对我这样当时刚从学校毕业出来的新记者，是很好的锻炼机会。

1996年6月12日，市领导有一个慰问“严打”干警的活动。清晨7点半，按照市委办公室的通知，我提前10多分钟来到市委大门前等候与市领导一起坐车。

黄石市委办公大楼和家属大院当时都在长江边，市委主要领导就住在江堤脚下。那天清晨起大雾，江边能见度很低。我在市委大门前等了一会儿，市领导外出活动的车就开来了。不久，其他几家新闻单位的记者、市委市政府相关单位的负责人及有关领导陆续到齐。只等市委书记一来，车队就可出发了。大家都坐上了车。我按以往习惯，见今天随行的人较多，便和电视台记者坐到了车的最后一排。可是，预定的时间到了，市委书记还是没来。

市委、市政府的秘书长和几名领导的秘书坐在车的前排，不停地议论着一件什么事情。“今天的雾太大了！我清早在床上就听到江上有人在叫，原来是翻船了啊？”“怎么样了？有没有死人啊？”“还不知道，只听到江上有人很大声在喊救命。”我侧耳细听，才知道，原来长江上一艘轮渡刚刚翻覆了。

一边是市委书记率领的马上就要出发的政务活动，一边是刚刚发生的长江渡船翻覆事件。哪一件事的新闻价值更高？哪一件事更值得报道？作为一个新闻记者，我应该怎么做？

当时，作为一个刚参加工作的年轻记者，我还没有手机，甚至连传呼机都没有，无法与报社联系向领导汇报，以便领导通知其他人去。我该不该去采访翻船事故呢？就在我犹豫思索之时，市委书记上车了。领导的车队马上就要出发，在那一瞬间，我自主做出决定：离开市领导，先去长江翻船事故现场采访了再说！

我和坐在我旁边的电视台记者打了声招呼，在领导车队启动前一分钟，跳下了车。

奔跑到几百米外的长江边，我踩着又软又湿的沙子顺江边而下，边跑边询问、采访沿途目击事件的群众，直到一个多小时后，采访到驻防的某舟桥旅战士用小艇搭载着部分获救者返回岸边。

晚报当时还是上午截稿。采访完后，我跑到江边的舟桥旅驻地，借舟桥旅办公电话打回报社。当新闻部主任听到我报告，得知我没有跟随市委书记去慰问警察，而是去了江边采访一个突发事件后，我得到的不仅没一句表扬，反而是一顿臭骂："谁叫你采访这个去了？你分不清轻重吗？市委书记活动重要还是落水新闻重要？今天的市委书记活动新闻是一版头条，你把头条都丢了，今天的报纸怎么办？"

主任的一番话顿时把我骂蒙了。我没想到我对新闻价值的判断与主任的落差竟是这么大。但骂归骂，事已至此，怎么办？主任说，你先把这个事情写完，书记慰问的事，今天不管你想什么法子，都要把稿子弄回来，头条留在那里，不能开天窗。

距截稿时间不到两个小时了。幸好事先与相熟的电视台记者打了招呼，市委书记活动又有行程安排表，慰问属例行公事，不难写。我写完长江翻船事故的稿（案例17），又给电视台记者打电话询问了一下情况，把市委书记慰问的稿胡诌了一篇。那时还不是电脑传版，值班的老总坐在印刷厂等我交来稿，填上版面，才签版走人。

虽然挨了骂，不过我还是坚定地认为，市委书记（该书记后来因受贿等罪被判刑）的政务活动固然重要，但相比涉及15个人生命的翻船事故，后者的新闻价值显然更大，后者才是真正的新闻。作为一个记者，我首先到突发事件现场去的决定绝对没有错。

毫无悬念地，我的这篇翻船事故的报道，在当天本城媒体中成为独一无二绝对独家的新闻。而市委书记的慰问活动，却是各媒体都有读者并不关心的

“新闻”。

在日常采访报道中，我们必须清楚地知道，什么是宣传，什么才是真正的新闻，读者需要什么，老百姓需要什么，这是一个记者迅速做出判断、及时做出决定的基本前提和出发点。

案例17：

大雾弥漫迷航向

我市江面今晨发生撞船事故

截至发稿时，15名落水者中已有11人被救起，救援工作仍在进行中

本报讯（记者 黎勇）今晨，一艘从浠水县兰溪镇开往黄石港的机驳在大雾中迷失航向，在长江大桥上游撞翻沉没。到上午9点30分记者发稿时止，落水的15人中已有11人被救起，救援工作仍在进行中。

据被救起的船主邓某、阮某及驾驶员方某讲述，清晨6时许，他们准备从浠水兰溪运蔬菜到黄石。因大雾弥天，不敢开船。不久见雾有所消散，便开船。不料到江中时又一阵大雾袭来，完全辨不清方向。驾驶员被迫将船熄火。船在长江里横流直下，不幸撞到航标船尖上，机驳在长江大桥上游沉没。船上13男2女有的跳到航标上，有的翻落江里。邓某、阮某等抓住船上装辣椒的袋子等物，拼命喊救命。

6时20分许，从沈家营沿江边向市委后面边走边锻炼的市钢制家具厂退休女工汪春花听到呼救声，飞速跑到附近驻军处，告知值班战士险情。驻军34660部队船艇队战士接到报告后，火速冲向江边开动快艇，顺江而下搜索落水者。由于此时江上仍大雾笼罩，能见度仅为3米，搜索十分困难。8名战士沿着顺江漂流的蔬菜找到伏在菜袋上的阮、邓、方等4人及一名23岁的妇女，在中窑湾附近将他们救起，另有6人因爬在浮标上脱险。

（载《黄石晚报》1996年6月12日第1版）

勤跑多问善听“拣”来好新闻

一名优秀的记者不仅要有一双“透视眼”，还要有一对“顺风耳”。如果在一对“顺风耳”之外还多长一只耳朵，把线索听进去，记在心中，再勤于跑路，那更是了不得。

1996年4月，《黄石日报》一位摄影记者带着刚刚才参加工作不到一年的我，到他的一个朋友、黄石国际经济技术合作公司一位负责人那里去“玩”。说是“玩”，实际上是去找朋友“骗吃骗喝”。一番寒暄之后，我们俩装模作样地搞起“采访”。但我同事的那位朋友却是很认真地找出了几个月来的各种报表及材料，向我俩“汇报”。对经济工作一直不熟悉、兴趣也不大的我，听着那些冗长的数字和完全搞不懂的名词，眼皮直打架，昏昏欲睡。

但是，那位负责人在讲他们最近搞国际经济合作时举的一个例子，却让我左耳进右耳出的大脑激灵了一下。他说，他们公司最近组织了一批农民，到乌克兰去种菜，现在马上就要收获了。本地的菜农出国到乌克兰种菜，这在当时倒是一件新鲜事。但这位负责人讲了这一句之后，紧接着又“一、二、三”地讲那些枯燥的数字去了。我的摄影记者同事饶有兴味地听着他讲，我也不方便打断他们。毕竟，我的同事才是人家的“主客”，这位负责人是出于对这位《黄石日报》老朋友的重视，才这么郑重其事地来“汇报”的。

我耐着性子听完了“汇报”，没容我发问，“采访”就结束了。

带着这只“拣来的耳朵”回到报社，我左思右想，觉得除了关于菜农出国种菜这句话是个新闻，国际经济合作公司这位负责人所讲的全部都是废话。可是，我光是多长了一只耳朵，却没有开口问，只有一句话怎么写成新闻啊？第二天，我给这位负责人打电话，想再去谈。他不大乐意。因为他希望我们报道他公司的总体成绩，不希望只报道这一件事。他说，就是这么一件小事，也没什么，菜还没种出来呢，钱也没赚到呢。

我磨了不少嘴皮子，终于说服他同意再与我谈一次。我请他把他们与黄梅菜农及乌克兰签署的合同等相关资料全部找出来，把这件事的前因后果及目前的进展等情况讲了一遍，又打电话询问了乌克兰的情况，使我掌握了第一手的资讯。

《萝卜白菜种到国门外》（案例18）这篇只有三四百字的小稿，尽管采访花费了不少时间，但报道效果不错。报道刊发后，《湖北日报》《羊城晚报》

《新民晚报》等多家全国有影响的报纸转载了我的报道，其中《湖北日报》刊发在头版头条，新华社则播发了我的署名电稿，中央电视台《今日中国》栏目给我来电索要了报道及相关资料。

1999年，我在《长江日报》工交部负责工业企业的采访报道。那几年正处于国有企业的极度困难时期，武汉各大国有企业几乎都陷入绝境，而非国有的工业企业当时尚未发展起来。对很多国有企业来说，没有下岗工人闹事、能给工人发出工资便已是大幸事，别提主动请媒体去做什么报道了。对媒体记者的主动上门采访，有关企业只是无奈地摊手：好事没有，不好的事你们也不能报，所以，最好别来，来了也没钱请你们吃饭。

在这种困境之下，作为党委机关报跑工业企业线的记者，我的采访确实很难开展。但，我仍得主动地到各国有企业去找新闻。

一天，我来到武汉国有机电控股公司，找到宣传部部长谈国有企业改制的有关问题。谈着谈着，一位工作人员过来向部长请示某件事。我一听，好像是做一个什么编钟的事。我便问部长，部长吞吞吐吐，不大愿意讲。在我的追问之下，部长最后只好如实地告诉我：控股公司下属的机械工艺研究所正在铸造“中华和钟”，将安装上天安门城楼，于新千年到来之际敲响。但此钟是由国家领导人题字，牵涉中央有关部门，暂时还不宜报道。

前来汇报此事的工作人员，手中拿着的就是有关此事的材料。我再三做宣传部部长的工作，希望他能让我看看材料，让我先了解此事。无奈宣传部部长实在有难处，说上头有交代，此事尚在保密阶段，不能透露。

耳朵里偶然听到了这么一个线索，我便总觉得有什么事情放不下，天天想着这件事。

控股公司不行，我便直接到铸造钟的机械工艺研究所去。这家研究所曾参与过著名的曾侯乙编钟复制，科研实力很强，但是领导有点古怪。我一次又一次地跑到机械工艺研究所，好说歹说，研究所负责宣传的工会主席经过请示领导，才同意接受采访。前提是，可以看材料，可以问问题，但不提供材料复印件，也不能做任何记录。如此怪异的要求，我也只能一一答应。

面对众多的人名、数字和古代编钟的各种专业术语，我努力想在采访中一字不漏地完全记住，一离开工艺所我就掏出采访本往纸上写，尽管如此，仍然记得不够准确，误将总工程师、总设计师和总乐师等人的名字张冠李戴，以至相关当事人后来还写信到报社要求更正，这确实是一大教训。

这条消息不仅是本地的独家，在全国范围内，当时也是独家。所以报道刊出后，《羊城晚报》《北京晨报》《文汇报》《解放日报》《文摘报》《报刊文摘》《新加坡联合早报》等数十家国内外报纸都做了转载。如果我没有多“长”一只耳朵，如果我听到这个线索后没有千方百计地去打听、做工作，三番五次地勤跑路去采访，这条独家新闻也不可能诞生。从这个意义上说，“死缠烂打”有时还是需要的。

案例18：

萝卜白菜种到国门外

我市在乌克兰租种900亩菜地

本报讯（记者　黎勇）与黄石远隔千山万水的乌克兰人，不久可望吃上中国人种的萝卜白菜。由35名黄梅菜农租种的乌克兰基辅市者尔道夫斯基国营农场900亩菜地，日前已萌出新绿，第一批蔬菜将于6月底收获。这是记者22日在黄石国际经济技术合作公司采访时获悉的。

黄石国际经济技术合作公司在与乌克兰进行经贸合作的过程中，了解到乌克兰首都基辅这个200多万人口的重工业城市日常生活用品短缺，特别是蔬菜十分缺乏，产生与乌合作意向。3月28日，黄石国际经济技术合作公司与乌克兰基辅市者尔道夫国营农场签订合同，租赁该农场900亩菜地种菜，由黄石国际经济技术合作公司提供技术及部分种子，并派出农工种菜。乌克兰提供土地、肥料、农药、农业机械、电能、温室及部分种子等，为中国农工和管理人员提供免费住宿、免费医疗及回程机票等，种菜所得收入（或蔬菜）由双方平分。

35名有种菜经验的黄梅菜农与黄石国际经济技术合作公司签订了种菜合同。本月初，黄石国际经济技术合作公司为黄梅菜农办妥护照等手续，并将他们送到乌国。在黄石公司管理和指导下，35名菜农操作着乌克兰的现代化农业机械赶在乌克兰种菜季节，播下了第一批菜种。据悉，两个月后首批蔬菜即可上市。

（载《黄石晚报》1996年4月24日第1版，获当年度全国晚报消息大赛二等奖、湖北省地市州报好新闻二等奖、黄石新闻奖一等奖）

第五章 切入独家视角

跳出会议，寻找读者感兴趣的信息

会议是新闻的富矿。这一论断，相信所有记者都不会有异议。可以说，中国的记者是全世界开会最多的记者，中国记者采访最多的活动，也是会议。有的记者对开会烦不胜烦，但也有的记者乐此不疲。

会议新闻是记者同题新闻竞争的主要竞技场。对待会议，如何采访，如何报道，不同的记者态度不同，写出的报道就有不同的境界。当然这也与记者业务能力的差异有关。

一般情况下，同一个会议，不同记者写的报道大概大同小异。“小异”，即有的报道虽然有一点新意，但很难令人眼前一亮。只有极少的记者，每开完一个会，就能马上发现别人发现不了的“猛料”，在第二天报纸上“抖”出独家新闻。这样的记者，正是在新闻同质化的今天最需要的记者，这样的记者也才能令同行刮目相看。

从会议中采写出别人没有的独家新闻，有何秘诀？业界多有讨论，各有定见，却无定论。唯亲自体验，亲手操作，用心去体会，才能略知一二。

一般来说，大会有大新闻，小会也有大新闻；会前有新闻，会后也有新闻；会场上有新闻，会场外也有新闻；会议召开有新闻，会议不开也有新闻……凡是与会议有关的一切，都可能透露出新闻。从正常的会议上获得正常的新闻是容易的，从正常的会议上获得“不正常”的新闻，才能显现一个记者异于常人的新闻发现能力和新闻敏感度。

要想从会议上获得别人没有的新闻，必须跳出会议之外，或者站在不同于别人的视角，或者站在超出别人的高度，或者拥有别人所没有的材料，或者发现别人未注意的细节，或者寻找到别人不知道的故事，或者了解到别人所不了解的背景……总之，必须从采访一开始，就要有自己的独特之处。

跳出会议写会场之外的新闻

很多记者去采访会议和有关政务活动，往往把眼睛盯着会议和活动本身，对会议和活动以外的新闻往往视而不见。殊不知，新闻是不分场合、不分会议内外的，它随时可能在你身边发生。因此，不管你是去采访会议也好，还是去采访领导的政务活动也好，千万不要被会议材料、会议内容和活动本身蒙蔽了双眼，而是要时刻“警惕”在你身边可能发生的新闻。

《信息专业院士遭遇“信息短缺”》（案例19）就是这样一篇由我跳出会议采写出来的“会议新闻”。如果不是有心人，如果没有超强的新闻敏感，即使你参加了会议，即使这些事就在你眼皮底下发生，你也会浑然不觉，决不会想到把它写成新闻。

2001年1月21日，武汉市计委组织一批相关领域的专家，到武汉市经济信息中心召开武汉市“十五”国民经济和社会信息化规划（草案）论证会。我作为武汉市委机关报的记者，受邀前往采访。

根据会议通知，会议是上午9点开始，我提前了约10分钟赶到会场。会场上只有零零星星几个人，专家们大多还没来。过了一会儿，武汉邮电科学院总工程师、被誉为“中国光纤之父”的著名专家、中国工程院院士赵梓森来了。此时离准点开会的时间已超过了几分钟。他一坐下，就向市计委的领导表示歉意：来迟了一点，因为是第一次到这里来开会，不知道方位；按会议通知上的“汉口沿江大道155号”找会场所在的武汉经济信息中心，找了半天才找到。

武汉测绘科技大学原校长、中国科学院和中国工程院的双料院士李德仁，是我国测绘信息科学研究领域的权威，主要从事全球卫星定位系统等方面的研究。此次会议，他是专家论证委员会的主任，本应是会议的主角。但是过了9点，他还没有到场。计委领导只好说再等等。一直等到9点半，李院士还未到。计委领导说“边开边等”。9点40左右，李德仁到了，此时赵梓森院士刚好发言完毕。李德仁院士气喘未定，便马上开始发言。李德仁是有名的“直肠子”，他一开口就“发牢骚”。他说，他今天迟到，确实不是他自己的主观原因，因为他早晨提前一个小时，8点就从家里出发了，没想到从武昌到汉口竟花了1小时40分钟。抱歉和“牢骚”之后，他进入正题，开始发表对武汉“十五”期间社会信息化规划的看法。讲着讲着，他又把信息化与他当天的迟到联系了起来。他说，如果我们建立了一套完备的城市信息系统，再在各个汽车上装上终端，通过GPS，就能非常方便地随时掌握交通等方面的信息，那么今天开会就不会迟到。

两位院士先后不约而同地谈到自己迟到的原因时，都指出是因为信息不畅造成的。我突然想到，今天开的可是“信息化”的专题会议呀！而现实与会议有多大的差距！我又想，这两位院士都是信息专业领域著名的专家，竟也因为信息不畅而误了事！这真像是对他们的一种嘲弄，太有意味了！我想，真正的新闻应该就在这里。

但是，如果只写两位院士的这种尴尬，很可能稿子就成了一篇对市政府的批评，很有可能发不出来，或发出来也会带来麻烦。我想，在具体操作时，应该尽可能带一点建设性。

刚好，湖北省邮电管理局副局长张明天在后面的发言中，又联系到了赵梓森院士的发言。她说，现在各个城市一阵风似的都提出要搞“数字城市”“数字××”，我们也提出要搞“数字武汉”，但一个单位的门牌号码这样的最基础工作都没有做好，怎么能“数字”得起来？“数字武汉”应该首先从最基础的信息化做起。她的话就像“点睛之笔”，一下子提醒了我：稿子就是要说明这个问题。

《信息专业院士遭遇“信息短缺”》一稿发出来后，据说，本地另一家报社的科教部主任批评该报跑科技线的记者把这样一个好新闻给漏了。其实，在我看来，这倒不一定是记者“漏”了新闻，而是我用心去发现了一条别人不容易发现的新闻。我想，即使该报记者参加了这个会，如果没有一双“慧眼”，也未必就能“发现”和写出我所写的这篇新闻。

由此可见，同样的事件，“有心”“做”新闻者与“无心”写新闻者的境界是不同的。能否写出与众不同的新闻，关键还是要有与众不同的观察能力、判断能力与思维能力。

案例19：

参加信息化专题会议途中

信息专业院士遭遇“信息短缺”

本报讯（记者　黎勇）信息专业领域的权威，在短缺的信息设施面前，也只能无可奈何。昨日，两位从事信息化方面研究的院士，在前往参加我市一个信息化方面的会议时，不得不遭遇一次“信息尴尬”。

昨日，市计委组织有关专家召开我市“十五”国民经济和社会信息化规划（草案）论证会，地点设在位于汉口沿江大道155号的武汉市经济信息中心，时间是上午9点。作为此次论证会论证委员会主任，两院院士李德仁本想提前赶到会场。早上8时许他从武昌出发，想从近路走武汉长江大桥，没想到走到阅马场和汉口民生路附近时两次堵车，结果赶到会场时反而迟到了40多分钟。李德仁说，如果我的车上有GPS（卫星定位系统），及时掌握了长江一桥的交通堵塞信息，从长江二桥走，就不会迟到；这种技术我们早已实现，天津等一些城市已用上我们的技术，但我们自己却不能用，武汉的信息化工程任重而道远。

被誉为“中国光纤之父”的武汉邮科院赵梓森院士是从长江二桥过汉口的。上了沿江大道后，他和司机沿途找会场所在的“155号”，却发现大道上很多单位，甚至包括市政府大门前都没有门牌号码。赵梓森说，武汉要信息化，还是应首先从最基础的信息工作做起。

听了两位院士的发言，省邮电管理局负责人张明天对我市信息化基础设施方面的短缺也深有同感。她说：“讲‘数字武汉’，能不能先把门牌号码搞起来？讲信息化，能不能先把机场、商场的公用电话装起来？”

据了解，“十五”期间我市将加大对信息网络基础设施建设力度，加快信息技术在各行各业中的应用，其中包括两位院士提到的卫星地面定位系统、电子地图、电子号牌等。

（载《长江日报》2001年1月22日）

会场上的意外和冲突值得特别留意

有些天天采访会议的记者，在参加一些会议时，常常只在报到处签个名，领个红包，一分钟会都不听，拎着会务组发的会议资料袋就走了，然后回去根据资料袋里的材料写所谓的“新闻”。于是常有这样的笑话出现：某某领导根本没参加会议，可是第二天媒体的报道里却绘声绘色地写某某领导“发表了重要讲话”，给读者摆个大乌龙。这多半都是“会痞记者”们的“杰作”。这样的“会痞记者”，是不可能从会议上写出什么好新闻来的。

其实，每一次会议，哪怕是很程序化、很常规性的会议，往往也都会透出与以往的某种不同。如果你没有看出有何新意和不同，那么一定是没有用心去发现。

参加会议，你应该自始至终观察并留意：这个会议是否有可能爆出大新闻？会议进行过程中场内外是否发生意外？会场上有没有什么隐藏的故事？会议中间有何不寻常的变化？会前发给你的发言稿与演讲者的实际发言有何出入？发言者脱稿讲了些什么？他们的哪些话让你感到惊讶或有趣？哪些话报道出来会对社会产生影响？哪些话是话中有话，没有完全说出来，可以在会后再找他深谈一次？……所有这些，都是会场上可能存在的独家新闻线索。

2001年11月，中国第八届电影表演艺术学会年会在深圳举行，数百位电影界的明星大腕前来参加会议。这次年会活动很多，其中前面几项是主要活动，当红的明星大腕几乎都去了，媒体记者们自然都争相聚焦这些活动。但开幕后其中有一项小活动是个学术研讨会——新世纪电影表演论坛2001年年会，根据日程安排，参加会议的主要是电影界的老导演、老演员等前辈艺术家。我询问了几位媒体同行，他们都表示这个会议学术性太强，意思不大，就不去了。不过，我却觉得，既然是“论坛”，又有电影界的老前辈参加，肯定会有很多人在会上大吐苦水发牢骚，说不定可从他们的发言中捕捉到一些“活鱼”，便赶了过去。

果然，我一到会场就抓了一个“现行”：会场正中央，著名导演冯小刚居然鼻子上插着氧气管坐在那里！原来就在几分钟前，正当冯小刚的夫人徐帆发言时，冯小刚心脏病突发趴到了桌子上，酒店医生立刻给他做了检查和治疗。

冯小刚患有心脏病，过去曾多次在拍戏等场合心脏病发作。这次，冯小刚又在会场上心脏病发作，当然是一条重要新闻！

会场里只有我一个媒体记者——其他媒体记者没来。我赶紧掏出相机，把这鲜活的一幕拍了下来。会议结束后，我找到给冯小刚检查和救治的深圳湾大酒店医疗室的医生，询问病情，了解了前因后果。医生表示并不太严重，稍加休息后即能恢复。

冯小刚此后又多次发生过工作时心脏病发作的情况，但迄今为止，我所拍的这些照片，仍是各媒体中关于冯小刚心脏病发作接受检查救治的唯一现场照片，所做的报道也是唯一有现场情景描述的报道（案例20）。

会议上因有不同意见，与会者之间发生冲突是难免的。有的冲突可能明显些，比如台湾“立法会”上蓝绿“立委”间的肢体冲突；有的言语间剑拔弩张，暗藏玄机，非一般内部人员不一定能看出其中端倪。记者在会议现场，必须善于观察与留意会议上与会者之间这种矛盾冲突与暗中较量，勇于把这种冲突通过报道揭示出来。

2001年元月，武汉东湖开发区把辖区内一些企业代表请来，与政府部门坐在一起开座谈会，请他们给政府部门提意见。会上，一些从海外归来的留学生代表毫不客气，对政府部门的官僚作风大加挞伐，比如，一家留学生企业的负责人称，他去工商局办理注册登记，工商办事人员未找他核对，把公司法人代表名字中的“鹰”字错写成了“英”字，他当即提出更正，办事人员却要他过一周再来。隔了几天，他花了两三个小时、花了50元“名称查询”费，才把这个本不属于他的错改了过来。类似的故事，与会企业代表还讲了很多。座谈会差不多开成了一场对工商局的“声讨会”。在场的工商局有关负责人为了维护自己的面子，不停地申辩、解释，口气仍十分强硬。会场上双方暗中较量，火力十足。只是碍于副市长袁善腊在场，才没有互相戳破那层窗户纸。最后，副市长袁善腊不得不当众向企业代表“道歉”，才结束会议。

我遂以《工作人员出错　海外学子“埋单”　副市长袁善腊当众道歉，表示要努力为留学生服务》①为题，从副市长向留学生代表道歉一事切入，在第二天的报纸上报道了会议上发生的这场冲突，批评市工商局等政府部门作风官僚。企业界、海外留学人员及不少读者看到报道后来电称“大快人心”，市工商局大受震动，当天通过有关渠道，特意来请我去工商部门采访他们如何“接受教训”，“改进工作作风”。

---

① 载《长江日报》2001年1月5日。

而一同采访此次会议的其他媒体记者，都只发了一个百来字的简讯，内容是“东湖开发区举行支持留学生举办企业座谈会”，没有任何读者反馈。

会议上和活动中一些不合乎常规的细节，也非常值得注意。如2001年5月中旬，美国IDG集团董事长麦戈文来武汉考察。根据有关领导要求，我全程跟随采访。在有市领导、光谷企业家和麦戈文共同参加的座谈会上，有趣的一幕发生了：刚开始发言时，都是一人说完，翻译接着用英语翻给麦戈文听。后来，可能与会的企业家们觉得翻译翻得不够准确，或者觉得等翻译翻太麻烦，后面的发言者统统撇开了会场的专业翻译，直接用英语与麦戈文展开了交谈，除了市领导讲话时需要用到翻译，其他时间翻译都处于“下岗”状态。在后面到企业现场考察过程中，情况也是如此。我当时并未意识到其中的新闻价值，只是感叹“武汉·中国光谷”的这些从海外回来的年轻企业家英语水平很高。过了几天，开业务例会时，我把我的这个感受讲给大家听，部门主任说：为什么不写这件事呢？这才是最大的新闻呀。这时我也才突然意识到，确实，这事更有新闻价值。于是，我赶紧写成《光谷企业家甩开翻译“亲自交谈”》[①]，刊发后，网络媒体也纷纷转载。光谷办公室领导后来对我说，这篇报道对宣传“武汉·中国光谷”的国际化投资环境起到了很大作用，比到国外花费巨额费用招商和宣传更具有说服力。

会议上有关领导的脱稿发言和有关人员出人意料的言论，也是记者开会时值得关注的内容。这往往是独家新闻的源泉。

1995年12月18日，湖北黄石长江大桥建成通车。当天下午，市政府举行了一个有中央、省、市各级媒体记者参加的新闻发布会。我原本以为，长江大桥历时数年终于建成，这是一件大喜事，会上政府部门一定会介绍长江大桥这么多年建设多么不容易、大桥多项数据居全国第一世界第一之类的内容。哪知道，会议刚一开始，市外经委主任在回答一位央媒记者提问时，就脱离讲稿，透露了市长在前不久的有关会议上做出的一个大胆决定：只要有人买，长江大桥也可以卖掉！在长江大桥通车的当天下午，发布这样一个“不合时宜”的新闻，确实令我大为意外。但细细一想，才发现市长的提议并非“大逆不道”，而是当时政府缺钱，“为了想尽一切办法招商引资”，才有这样的出人意料之举。于是，我便从此处着手，写了篇报道《大桥刚建成　市长要卖掉》，刊发

① 载《长江日报》2001年5月22日。

在头版头条，成为本报的一条独家新闻。而当天参会的包括中央、省、市在内的其他媒体记者，均未对此做报道。

除此之外，会期的延迟、提前与更改，有时背后也大有新闻可做。1996年1月18日，我按原来的会议通知去参加全市“创卫迎检”表彰大会，到了会场一看，大门紧闭，一个人也没有。这才知道会议推迟了，有关方面没来得及通知记者。其他记者见会议延期，都回去了。我想，应该弄明白为什么会延期，便去找会议主办单位了解。一问，才知道就在“表彰大会”召开前一天，有人向市领导反映有一个受表彰的单位“脏乱差”严重，不适宜表彰。市领导现场检查后，决定推迟表彰，先把问题解决了再说。于是，我在一周后的会议正式召开当天，刊出《表彰会还未开　脏乱差已回潮》，对表彰会延期的“内幕”做出报道，成为各媒体中的独家。

案例20：

冯小刚心脏病再次发作

研讨会上先吸氧后发言

本报讯（记者　黎勇）昨日上午，著名导演冯小刚在参加新世纪电影表演论坛时，再次心脏病发作；经医生急救并现场诊治、吸氧、吃药，病情稍好后，冯小刚仍坚持在会上发了言，才离开会场回到酒店房间休息。

今年8月7日下午，冯小刚在中央电视台录制朱军主持的《艺术人生》节目时，见到多年未见的童年时绘画老师，分外激动，突发心脏病，经现场抢救脱离危险。一个月后，中断了的《艺术人生》节目才重新录制。据了解，此前，冯小刚在拍摄《大腕》的时候，也曾突发心脏病。

昨日上午，按照第八届电影表演艺术学会奖颁奖活动组委会的安排，表演艺术家们在深圳湾大酒店9楼会议室举行学术研讨会——新世纪电影表演论坛2001年年会。上午9时，会议开始。在尤勇发完言后，坐在冯小刚不远处的徐帆开始发言。讲了10来分钟，坐在研讨会主宾席靠右边位置的冯小刚，突觉身体不适，捂着胸口靠在桌子上。坐在旁边的几位老演员见状忙问他怎么回事。冯称有点心跳心慌。会议室里顿时忙乱起来，徐帆停止发言，跑过来帮他拿随身带着的救心丹，工作人员急忙去叫医生。

深圳湾大酒店医疗室的吴医生来后，为冯小刚听了心音，量了血压，并叫人搬来一个氧气瓶，让冯小刚吸氧，冯小刚神色开始稍有好转。吴医生诊断后，认为冯病情尚不严重，冯小刚也不愿离开会场。会议于是重新开始，徐帆回到座位继续发言。徐帆发言完后，就一直坐在冯小刚身后，帮助医生照看冯小刚。

10时许，冯小刚自己拔掉鼻子里的吸氧管，徐帆帮他拧紧氧气瓶，起身与田华耳语几句。之后，他走到一个有麦克风的座位上，开始发言。谈完后，冯小刚说："刚才因为有点心跳心慌，我先讲完回去休息，对不起！"众演员都对他十分关心，让他先回去。随后，徐帆帮冯小刚拿着东西，和医生及工作人员等一起下楼回到房间。

据为冯小刚看病的深圳湾大酒店医疗室吴医生事后告诉记者，冯小刚当时心跳为每分钟120次，为正常的心跳过速，只是有点胸闷、心慌，冒虚汗，问题不大；可能是因为前一晚上没休息好。吴医生认为他现在最需要的是休息，否则后果很难预料。

（载《晶报》2001年11月21日）

第六章　设置独家议题

在当前热点和时代大背景中寻找事件的意义

只有你一个人获得独家线索、一个人去独家采访了，即便拿到了独家材料，你写出来的未必就是独家新闻。因为独家新闻还需要有独家的视角、独家的主题。独家视角，前面一章已谈到。独家主题，或称话题、议题，则既可以从事件本身去挖掘、发现，也可以放在当前的热点和时代大背景下，寻找它的意义，开掘它的内涵。只有善于设置独家议题，才能引领舆论走向。

把普通新闻事件放在时代的大背景下观照

一个事件发生之时，如果只是就事件本身来看，可能不成其为新闻，或新闻价值不大。但若放在一个特定的时空环境下来看，或者放在一个更大的背景下来观照，却可能具有某种代表意义和典型意义，显示出其蕴含的独特乃至重大的新闻价值。在采访和写作过程中开掘、发现事件所蕴含的时代意义、历史意义，可能比采访和发现事件本身更重要。

村委会是农村的基层群众自治性组织。1998年《村民委员会组织法》正式颁布实施后，全国各地由村民自己直接“海选”出来的村委会，陆续遇到了一些问题，其中最主要的一个问题是，当党支部与村委会同时存在时，究竟谁的权力大？谁说了算？特别是党支部书记与村委会主任不是同一个人时，矛盾比较突出，这实质上反映的是依照法律选举产生的村官与党的领导之间的矛盾。由于法律没有明确，当时类似的冲突事件比较多。其中，一个比较常见的现象是党组织会干预村民自治组织。

2000年8月，我接到一个朋友反映，他们村按《村民委员会组织法》“海选”出来的村委会主任，竟然被上级党组织直接停职了。也就是说，上级党组织一句话，就直接废掉了村民们按法律程序选出来的村官，这显然违法。但在农村里，包括县、乡、镇的一些党员干部，都没有这种法律意识。

8月31日，《长江日报》下午版头版头条刊出了我在武汉市郊黄陂区调查采访后写出的报道《海选村官被上级停职》（案例21），引起较大反响。新浪、搜狐等门户网站及中新社、人民日报网络版等媒体转载了报道，搜狐网还在首页开设了专题讨论与调查，有近两万人投票；新华社《新华纵横》栏目记者随后也前往采访。

报道刊发后，当地镇政府刚开始还认为报道“失实”，他们认为，镇和管理区领导的“官”比村主任的“官”大，当然可以直接任免“下级”。殊不知，按照中国法律，村委会并非一级政府，而是村民的自治组织，党组织和上级政府并无权力罢免村官。

随着越来越多媒体介入，武汉市民政部门和黄陂区委、区政府先后派出人员前往调查，镇党委书记只好表态：“上级组织宣布的停职无效，村委会主任官照当，镇党委、政府将保证为其开展正常村务活动创造良好工作环境，并接受舆论监督。”一场闹剧就此结束。

这篇报道之所以在一段时间内成为媒体和受众关注的议题，主因还是它具有一定的典型性。当时各地党组织与村委会之间矛盾都比较激烈，这篇报道所写的事情是其中一个有代表性的案例，它提出了村委会组织法出台后面临的一些新问题，因而引起了人们重视。

类似的还有一件事。

2000年底，武汉和平科技集团在江夏区买下一个村的土地，并与全村农户签订相关协议，成立了一个“和平农业公社”，我前往采访了“公社”的成立大会。

“公社”是20世纪六七十年代曾经在中国风行一时的政经合一乡级组织，是那个政治挂帅年代的重要标签之一。消失数十年之后，这个词语重新出现，到底怎么回事？该怎么报道？

这个所谓的“公社”，其实有点类似于很多地方兼种、养、休闲、游玩和吃饭于一体的度假性质的“休闲山庄”。如果仅仅只是给度假山庄套上一个“公社”的名字，实则是度假山庄开业，哗众取宠，那就太没有报道价值了。不但没有报道价值，还有有偿新闻的嫌疑。

但我发现，这个“公社”背后确实还不仅仅只是一个度假山庄，它是农业产业化过程中出现的一个新鲜事物，是一种企业组织形式。它的运作模式是以农民土地使用权入股，以企业为龙头组成股份合作企业，使分散的土地形成集约化经营。

当时，以家庭承包为特征的农村改革已走过20多年，一家一户分散经营与农业要实现产业化、提高土地使用效率之间产生了矛盾。如何解决这个矛盾，是有关部门、企业与农村战略研究者们一直在思考的问题。而农业产业化已成为国家、省、市农村工作的重中之重。

在这种时候，组建“农业公社”，实际上具有开路先锋的意义。于是，我从解释“公社”这个词重新出现入手，写了报道《“公社”在武汉江夏“复出”》[①]。

报道刊出后，中央人民广播电台《新闻和报纸摘要》、《文摘报》、中新社、《中国改革报》、《解放军报》、《农民日报》、《中国乡镇企业报》等或转载，或刊文评论，引起了一定反响。

把一个孤立的事件与当下正在发生的热点事件联系起来，或置于其大背景之下，也能使其产生重要报道价值。如果做到了，你的报道便与众不同。否则，报道便平淡无奇。

2001年5月，中科院武汉病毒研究所通讯员尚纳新告诉我，该所一位青年科学家刚从荷兰回来，完成了一项重要研究，邀请我和其他媒体记者前往采访。

这位青年科学家陈新文博士详细介绍了他的成果的创新及其重要性。讲完之后，顺便讲了一个小故事，说他完成这项成果之后，他的荷兰导师和几位同事向他道歉，表示过去错怪中国科学家了。原来，美国及欧洲人过去一直认为中国科学家所分离出的棉铃虫病毒是“偷窃”自美国人的，而这项成果却证实中国科学家和美国人所分离的病毒并不是同一种病毒。

---

① 载《长江日报》2000年11月2日。

当时，被指控窃取核武机密的“李文和”案还在美国热炒。美国人认为，中国在科学技术上所取得的成就，很多“偷窃”自美国人的成果。就在我采访之前，美国朗讯实验室刚刚又传出两名中国人为中国大唐电信公司“盗窃”技术机密的“新闻”。

由于时机非常敏感，我从陈新文博士所讲的故事中，领悟到，这个故事所蕴含的现实意义和政治意义甚至超过了陈新文博士所取得的科研成果本身的意义。于是，我决定放弃写成果本身，而重点写“成果证实了美国人对中国科学家的怀疑和偏见毫无根据，洗刷了背在中国科学家身上的一个不白之冤”这一事实。

我的报道《中国研究成果无端被美国疑为“剽窃”　科学为中国人洗刷26年沉冤》[①]由于切中了当时的敏感话题，刊出后立即被人民网、新华网、《文汇报》等多家媒体转载。

案例21：

海选村官被上级停职

有关方面认为此举不妥

本报讯（记者　黎勇）因为被认定为“有私心”，去年底海选出来的村官肖咸咏被上级党总支责令“停职检查”。昨日，黄陂区长轩岭镇平港村村民对记者说，此事太荒唐。

前两天，平港村村委会主任肖咸咏突然听到村民们议论，他已被十棵松管理区党总支宣布停职。肖咸咏不大相信：自己是根据村民委员会组织法由全体村民海选出来的村官，没有经过村民会议或村民代表大会讨论通过，怎么可能说停就停？

8月29日，记者从长轩岭镇十棵松管理区副主任葛天生口中得到证实，肖咸咏确已由十棵松党总支书记钱运华在26日的会上宣布停职。

据葛天生介绍，25日，平港村发生了村民与供电部门驻该村电改施工队冲突事件。26日，钱运华与葛天生、长轩岭镇工会主席陈顺生等3位干部来到平港村，召集平港村支部书记韩德志等开会研究，一班人开会认为，此次纠纷肖

① 载《长江日报》2001年5月24日。

咸咏有幕后指使嫌疑。

但停职的决定没有通知肖咸咏本人。葛天生说，决定还没有正式行文，镇里会通过组织部门找肖咸咏谈话。

昨日，市民政局基层政权处有关负责人接受记者采访时认为，党总支停村委会主任的职是不合适的，党总支可以提出建议，但不能做出决定。

（载《长江日报》2000年8月31日，获全国副省级城市党报短新闻竞赛二等奖、湖北新闻奖三等奖、武汉新闻奖二等奖）

从枯燥的专业研究中挖掘公众关注的议题

在党委机关报中，科技线是一条“贫”线。过去，除了偶尔有一些重大的科技发明、发现和科研成果发布，科技领域能经常引起人们关注的新闻不多，很难出新闻、出好新闻和大新闻。我担任科技线记者后，科技线由一个不出新闻的“贫矿”变成了一座新闻资源无限丰富的“富矿”。之所以如此，除了因为我善于利用创造性思维去寻找、发现、采写独家新闻，还因为我善于在枯燥的科研活动、科研现象和科研课题中，有意识地抓取普通读者感兴趣的科技新闻议题，吸引读者阅读、讨论和参与。

所谓读者感兴趣的科技新闻议题，即要有与读者一样强烈的好奇心，始终以读者的眼光去观察、发现、探索科技领域的一切可能引起读者关注的新变动、新事实、新现象和新观点，站在读者的角度，努力找到科技与普通人生活之间最紧密的接触点，并把它写成新闻。

2001年1月我在全国率先独家报道了《“神舟二号”生命科学实验状态良好》（见第四章案例15）后，海内外不少媒体根据这篇报道，随意发挥，乱猜一气。有不少媒体认为，“神舟二号”搭载的生物样品，除了报道所公开的之外，应该还有猴子、狗等活体动物。他们猜测称，只有这样，才能检验舱内是否适合航天员生存。还有的媒体称，“神舟二号”上正在开展果蝇交配实验，以考察动物如何在太空“做爱”。

这些报道，令“神舟二号”从事生命实验研究的科学家们十分生气。但这些传闻是否属实，普通读者确实非常有兴趣，网上也对此议论纷纷，我个人也感到好奇。前一次采访刘永定研究员时，这些传闻尚未出现，没有详细问他这些问题，因此有必要再补充采访一下。

于是，我打通了刘永定的电话。刘永定正在气头上，他说，有领导找他问话，调查这些传闻的来源。他对那些未采访他本人就胡编乱造的媒体十分生气。我给他打来电话，他正好可以借机向公众好好地澄清这些问题，便一五一十道来。

我根据他的解答，写成《“神舟二号”进行做爱试验？刘永定指斥一些媒体胡说八道》（案例22）。报道见报后，立即被新浪等网站挂上首页，被全国数百家媒体转载。海内外热炒的关于“神舟二号”开展所谓“做爱试验”的报道立刻销声匿迹。

还有一次，武汉大学医学院的医生廖皓磊打电话给我，说想和我聊聊他的科研成果。廖比较喜欢并善于利用媒体扩大个人影响。作为一名从事着与人们的生活密切相关的医学研究的科研人员，在现代社会里加强与媒体的联系，普及医学知识，这并没有什么不妥。因此，我也乐意从他那里获得一些最新的研究成果，介绍给普通大众。但是，他的这些成果的专业性非常强，如果不是这一专业领域的人员，有时未必能看得懂。作为大众媒体的记者，我的报道如果写得太专业化，毫无疑问读者是看不下去的。

于是我在他提供给我的专业成果里仔细搜寻，终于找到几个普通公众可能感兴趣的话题。一是他提出的关于“性骚扰”一词的新见解，他认为《辞海》对这一词语的解释不能囊括当前出现的一些新“性骚扰”现象，有必要进行修正。二是他所做的关于太阳黑子活动可能造成交通事故增多的研究，这对市民来说是一个新的角度，可以提醒市民注意。我写的这两篇报道先后见报后，均引起较大关注。特别是《下属不会对上级“性骚扰”？武汉一教授质疑〈辞海〉》[①]一稿，一经刊出，即引起热议，反响良好。后《辞海》根据廖皓磊的建议对这一辞条进行了修正。

在对科技新现象、新成果、新变化的报道中，注意找到与普通市民生活的关联点，把科技新闻民生化，这样的报道才能引起较高的关注度。因此，在对科技新闻的报道中寻找与民生的关系，便是记者经常需要做的一个工作。

曾有一个时期，武汉要建“中国光谷”一事，被本地媒体炒得火热，媒体

---

① 载《长江日报》2001年3月23日。

上都是对于“光谷”建成后给城市带来好处的无限憧憬。有一次我接到一个读者的电话，他担忧地问我：建“光谷”是否会产生光污染？这个问题提醒了我——还从来没有媒体报道过建“光谷”是否会对市民生活产生负面影响。于是，我带着这个问题去采访有关科学家，写出《“光谷”是否有污染，不少市民生疑问，黄德修笑答：电灯泡对你有什么危害吗？》[①]，对市民的疑问做出了解答，获得领导和读者的“双满意”。

案例22：

“神舟二号”进行做爱试验？

刘永定指斥一些媒体胡说八道

本报讯（记者　黎勇）近日上天的“神舟二号”进行了公母果蝇交配实验，以考察动物如何在太空“做爱”？

昨日，中科院水生所副所长刘永定研究员指斥，某些媒体关于“神舟二号”生命科学实验的报道纯属猜测，有的完全是胡说八道。

刘永定是“神舟二号”生命科学实验的总负责人。元月10日，“神舟二号”飞船上天，当时正在酒泉卫星发射中心工作的刘永定接受了本报独家电话采访。刘永定研究员昨日说，在《长江日报》之前，他只接受了中央电视台采访。

据刘永定介绍，“神舟二号”飞船上天和返回前后，一些媒体不负责任的报道让正在酒泉的科学家们很难堪。有的媒体报道，外国航天界曾试验航天员“太空做爱”，而中国航天界为从动物入手考察动物交配情形，在“神舟二号”上进行了公母果蝇配对等试验。还有的媒体煞有介事地描绘：由于果蝇“社会”实行“一妻多夫”制，这次上天的果蝇，公母大致按照2比1的比例搭配，以考察它们交配与产卵情况。为了确保母果蝇的纯洁性，上天前还特意选出“处女蝇”。

刘永定说，中国的太空生命科学实验刚刚开始，为保障航天员上天后的生命安全，需要研究的东西还很多，怎么可能现在就去搞这些所谓如何“做爱”的研究呢？一些媒体的报道完全是胡说八道，有的媒体则把一些与“神舟二号”无关的实验扯到了飞船上。

---

① 载《长江日报》2001年1月3日。

针对有媒体报道“神州二号”飞船上载有一只猴子、一只狗、一只兔子和一些蜗牛，他表示对此不发表意见。

（载《长江日报》2001年2月7日）

思路清晰主题确定才能写独家

独家的主题和独家的角度，建立在记者采访、写稿思路是否清晰，对主题是否把握得当的基础上。只有采访、写作过程思路清晰，主题确定，才能写好独家新闻。

2001年3月上旬，中国科学院武汉植物研究所办公室宣传干事王玲给我打来电话，告知他们研究所一位美国访问学者研制出一台干燥板栗的机器，美国记者过两天要专程从大洋彼岸飞来采访。她说，美国记者都要来报道，我们本地的报纸为什么不可以先报道一下呢?

在电话里，王玲讲了半天，但我还是没弄懂美国记者为什么要来报道一台干燥机的发明：值吗？美国记者的新闻价值判断什么时候变得和中国党委机关报的记者一样了？我希望王玲提前传真一点资料过来，让我在采访之前有点准备。但她什么资料都没有。不过，“美国人”“板栗”“植物所”这几个“关键词”，以及“美国记者也要来采访”的消息，还是吸引了我，让我产生了几分好奇。

第二天，我赶到植物所。只有我一个记者。美国人布兰顿·拉特的翻译、植物所副研究员姜正旺先向我简要介绍了有关情况。姜正旺副研究员10多年前在布兰顿·拉特的父亲、美国板栗基金会前主席菲利普·拉特来湖北考察时，曾担任菲利普的翻译，对拉特父子俩的情况都比较了解。

我这才知道，原来要来的并不是什么“美国记者”，而是布兰顿父亲公司的专职摄像人员。他们主要是想在布兰顿回国之前，记录布兰顿在中国的研究、工作情况，以及所取得的成果。而王玲显然是急于想让党报报道一下植物所的“先进事迹”，完成一次她作为宣传干事的职责，于是对我谎报了“军情”。不过，既然来了，我就没准备空手回去。

当然，布兰顿研究所取得的成果——板栗干燥机本身确实是一项新的发明，它解决了许多地区板栗不易干燥的一项世界性难题，特别适宜于在发展中国家使用，也具有一定的新闻价值。但是，这项成果的价值，毕竟还没有大到让美国本土的记者专程来一趟的必要。

在植物所所长黄宏文的办公室里，我与黄宏文和姜正旺聊了一会儿，布兰顿自己敲门进来了。看得出来，布兰顿对我的采访十分重视，事前做了很充分的准备。采访时，他正襟危坐，对我的问题有问必答，而且显得有点战战兢兢，像个中学生，完全不像一个来自世界上媒体最发达的国家的被采访者。

经姜正旺副研究员翻译，我与布兰顿长谈了两个小时。布兰顿谈起10多年前他父亲来中国的考察、谈起他的成长和他父亲对他的期望，以及他思考、研究、发明、改进板栗干燥机的整个过程。在与他交谈的过程中，我一边听一边急速地思考着：我到底写什么？我东一榔头西一棒地问着，试图让他的回答启发我，让我像以往采访时一样突然灵光一闪，找到一个非常有价值的新闻切入点。但是直到谈完，我还是昏昏然。

在采访中没有找到新闻点就回来写作，这是非常致命的。回报社后的整个下午和晚上，我把采访到的材料整理了又整理，想了又想，写了好几个版本，写到中途就写不下去了。我发现，我写不下去的根本原因是：这件事，我到底要表现一个什么主题？想说明一个什么问题？我完全不清楚、不了解，自己头脑里是一本糊涂账。

我想写成消息：一种板栗干燥机发明问世了——可是，这个发明并不是什么惊世大发明，事情实在太普通了，如果这样写，一条简讯足矣；

我想写布兰顿如何殚精竭虑，最终发明出干燥机——可是，这实在有点像做优秀知识分子的典型宣传，而主人公却是个美国人，这太滑稽了，搞不得；

我想写拉特父子在中国发现重大商机，发明了一种干燥机推向中国市场——不行，干燥机的专利权是美国人的，这是为美国佬做免费宣传，不能搞；

…………

稿子已经推倒重来了好几次，截稿时间就要到了，我真是痛苦万分。

狗急跳墙。就在这时，我突然想到，为什么发明这个干燥机的不是中国人呢？植物所那么多专家，为什么就没替我们这么多中国农民想一想，早点搞出这个发明来呢？中国的科学家为什么总是论文一大堆，真正实用的发明却少之又少呢？这件事不是很能说明其中的一些问题吗？对，应该从这个点切入，从反思这个问题着手去写。

思想只要清晰起来，文章就会写得很顺畅。有了上面这个主题，稿子很快唰唰就写完了。稿件报到编前会，老总很重视，要求发头版，并且指示，发完这篇稿子之后，要搞好后续报道，组织讨论，把这个事情弄成一个热点。

稿子第二天见报了（见案例23）。像这样的通讯发在头版显著位置，在市委机关报是很少见的，立即引起了很多媒体的注意。人民日报驻湖北站当时的记者罗盘先生（真名罗会文，后来调任人民日报河南分社社长，因经济问题被抓）立即像以往他多次干过的那样（本书中收录的《武汉科学家找到治沙魔法》等多篇报道都被他剽窃过），未经我允许，也未通知我，就把我的名字换成了他自己的名字，清晨9点多就把这篇文章发到人民网，挂在了人民网的首页上。

这篇报道的采写过程使我意识到，如果主题不清晰，思路就很难清晰，思路不清晰，也就很难写好报道。

案例23：

罗田等地的板栗容易霉烂，对此国内的科技工作者一直没人理会；一个美国人偶然发现这个情况后，却动起了心思……

一台干燥机的启示

本报记者　黎勇

一个旧摩托车气缸做成的抽气机，连着一个半截钢泵制成的容器；摇动抽气机上的手柄，容器上的气压计就不断下降——这是一台板栗干燥机。发明人布兰顿·拉特说："过不了多久，容器里的板栗就会像在太阳底下晒过一样，慢慢干燥。"

布兰顿是个美国人。昨日，在中科院武汉植物所的实验室里，布兰顿在向记者展示他和他父亲设计制造的这套产品时表示，相信很快这套产品就将会销往包括中国在内的世界许多国家。

一个简简单单的产品，布兰顿何以对它的前途如此自信？

事情得从布兰顿的父亲菲利普·拉特在中国的一次访问说起。

菲利普是一位板栗专家，也是美国板栗基金会原主席。中科院武汉植物所所长黄宏文博士，也是板栗等坚果研究方面卓有建树的专家。二人很早就有着学术上的来往，也曾多次互相到对方国家访问。

1990年，有一次，菲利普来湖北京山、罗田等板栗产区考察。正是板栗的收获季节，这几个地方却总是下雨。菲利普看到，很多栗农家里的板栗因为没有干燥透而霉烂了。他想：能不能发明一种干燥机，不晒太阳，就将板栗干燥呢？

中国许多山区的板栗易霉烂，很多中国板栗专家和科技工作者孰视无睹，但这一现象却在菲利普心中扎下了根。回国后，在中国湖北诞生的这个想法一直缠绕着菲利普。1996年，菲利普将儿子布兰顿送到大学深造，学习计算机与机械制造专业，希望他能在这方面有所作为。

去年10月，布兰顿学成毕业后，菲利普将他送到中科院武汉植物所做访问学者。在植物所专家指导下，布兰顿先后到罗田等板栗产区实地考察，了解栗农的需要，并根据中国板栗产区的实际情况，开始研究制造板栗干燥机。

同等条件下，降低气压，可以蒸发水分。根据这个原理，布兰顿找来一些废旧机器和容器，每天在植物所的一个不到4平方米的房子里敲敲打打，做了起来。经过几个月的反复实验，上月底，布兰顿的研究终于成功了：板栗可以比在太阳下干燥获得同样甚至更佳的效果。

据布兰顿介绍，他的父亲菲利普有了设计这种干燥机的想法后，他父亲的公司即在美国就此申请了专利。这意味着，尽管武汉科学家为他的成果提供了许多帮助，但最终能够享用这一研究果实的，还是美国人。

据了解，板栗的干燥问题，是困扰世界各国农民的一个普遍问题。目前，东南亚国家每年都有37%的板栗等粮食作物因未干燥和储藏不力而受损，非洲则高达50%。布兰顿的干燥机，不需要电和油等能源，也不污染环境，因此非常适合在广大不发达地区使用。布兰顿父亲的发现，正在于找到了一个非常庞大的市场。

拉特父子及其干燥机的故事传开后，在武汉一些科技工作者中引起反响。“我身边其实也常有一些可创造财富的科技发现，我怎么没想到用心思去将它转化为产品呢？”中科院武汉植物所的一位专家说，美国科学家时刻想着的是如何用科学去创造财富，而中国的科研体制，让中国科学家们时刻想着的，却是如何去写论文和评奖，去用科学博取功名。或许，这就是美国科学家与中国科学家的不同之处吧。

近日，布兰顿即将带着他的成果启程回国。他说，他的板栗干燥机成型后，将在中国设立公司生产，或将该成果转卖给中国的有关公司。下一步，他和他父亲还将努力降低干燥机的生产成本，以便让每一个不富裕的发展中国家的农民都能够用得起。

（载《长江日报》2001年3月2日第1版）

用“大数据”向读者解释新闻背景也能成为独家

如今从事新闻工作的年轻记者，已不大重视平时新闻资料的搜集整理，以为有了网络，有了搜索工具，一切便可以解决。实际上有些新闻资料还是需要在日常的工作中一点一滴地用心去积累，包括电子资料的积累。只有有了日常的积累，到了需要时才能“灵机一动”，写出别人没有的东西。如今十分热络的“大数据”新闻，其实与过去手工积累资料，再从中进行分析、比较、研究、判断，原理上是完全一致的，只是如今更加智能化了。

事实证明，记者通过对所掌握的大量长期积存资料的整理、对比、分析，及时向读者介绍新闻的背景，也可以写出独家新闻。

国有大中型企业改革是20世纪90年代中期内地不少城市，特别是像武汉、黄石这样的重工业城市面临的老大难问题。解决国有企业改革中遇到的问题是当地领导的头号经济大事。当时不少省市的主要领导都做了分工，每人选择一个重点国有企业作为驻点企业，帮助企业解决问题。国有大型企业之一的湖北大冶钢厂就是当时的湖北省委书记贾志杰的驻点企业。

那段时间，湖北省委书记贾志杰经常到冶钢调研，媒体常有报道，记者和市民也都知道。但，每次关于他到冶钢的报道，都只报道当时的情况，并无历次有关情况的回顾，且报道以废话、空话和套话居多，虽然每次报道一大版，但均不知所云。

省委书记每隔三五个月就组织一帮人马浩浩荡荡到一个企业去，到底干了什么？解决了些什么问题？是玩花架子还是去散心、乘凉？这是一般读者非常需要了解的。贾志杰到冶钢的前两次调研，我均参加了。接到第三次采访任务时，连我都疑惑了：他频繁地来这么多次的目的，到底是什么？

第三次采访的前一天，我专门去报社资料室翻出了贾志杰历次到冶钢调研时党报的报道，又找出我历次随行采访时所拿到的相关资料。仔细分析，反复比较贾志杰前几次调研时所讲的话、所做的要求，我心中大致有了一些眉目。

到现场采访时，我就把重点放在他这次调研与前几次调研有何不同、前几次他所提的要求是否已落实、是否已给企业带来了变化这几个具体问题上。活动结束，我马上写就报道《相隔不到一年，三次现场办公 省委书记为何“三顾”冶钢》。

见报当天早上，一位社领导来到编辑部表扬说：领导活动就该这样报！这才是真正的政务报道！报社同事们也认为，这篇报道好就好在运用了背景资料，很好地解释了省委书记三次到一家国企调研的原因。

一篇普通的新闻，如果加入充分的背景资料，不但可以提升报道的价值，还可以使新闻事件本身的意义得到放大，从而使事件受到更大范围人群的关注。

2001年初，我去参加湖北省植物学会年会，会上，中科院武汉植物研究所所长黄宏文博士讲到了如今作为新西兰“特产”和出口创汇支柱产业之一的猕猴桃的历史背景：其实，以前新西兰根本没有猕猴桃这种植物，新西兰猕猴桃的种质资源是19世纪初期，一个新西兰女传教士从中国的宜昌带回去的。但是，中国现在却要向新西兰人花钱买猕猴桃种子。这个故事当时给我留下了极深的印象。

4月初的一天，中科院武汉植物所召开新闻发布会，向媒体通报了该所近一段时间所取得的科研成果和成绩。在众多的成绩中，其中有一项是该所的猕猴桃科研新品种市场化成果显著，在国外拍卖出上百万元的高价。这个事件一下子使我想起了几个月前黄宏文博士所讲述的新西兰人从宜昌无偿拿走猕猴桃种子这一历史背景。两相对比，我意识到，100年前，正因中国国力太弱，没有能力、没有产权保护意识，才使中国的优秀种质资源悄无声息地被外国人盗出国外，并得以成就为他国出口创汇的支柱产业。而现在，中科院武汉植物所首次按国际通行的植物品种保护规则对猕猴桃新品种进行拍卖，这是中国保护本国种质遗传资源的重大举措，也是国内种质资源保护意识增强的象征。前后对比和这个历史背景的存在，使得拍卖猕猴桃种质资源这个小事情变得重大起来。加上当时正处于中国加入世贸前夕，因而更具有重要意义。

于是，我迅速写出《中国新种拍出百万身价》①。在这条新闻中，我重点交代了1904年新西兰人从中国拿走猕猴桃种质资源这个历史背景，使在国外拍卖猕猴桃种质资源成功这件“小事”陡然具备了重大的社会政治意义，因而成为当地媒体中的独家新闻。参加新闻发布会的其他媒体，或写了植物所的其他成绩，或对此就事写事，都没能引起反响，有的甚至只发了一条简讯。只有我的报道刊发后，被新华社、《北京青年报》等媒体广泛转载。

再如，2002年，海天出版社《花季·雨季》杂志社在深圳宝安区新开了一家青少年用品连锁店。连锁店开业是一个商业性质极浓的活动，如果只报道事件本身，很可能根本发不出来，或者发出来也顶多只能发在报纸版面的一个小旮旯里。

但我没有把注意力放到新店开业这件事上，而是与海天出版社和《花季·雨季》杂志社的负责人聊起了“花季·雨季”这几个字的来历。

通过闲聊我了解到，自从反映当代中学生生活的青春小说《花季·雨季》风靡大中学校园以来，海天出版社已经把“花季·雨季”开发成一个系列品牌，并注册了商标，开办了与之相关的书、电影、电视剧、MTV、杂志、相机、手表、雨伞、文具、纸品、玩具、软件、服装、专卖店等一系列产业。

我想，这是多有趣的一件事啊！一个中学生写的小说，竟然被挖掘出这么多的商业价值！于是，我写了报道《一本书催生一系列产业　“花季·雨季”凸显品牌效应》②。报道被刊发在第二天要闻版的头条。而其他与我一同去采访的记者，大都写的是“‘花季·雨季’连锁店新城店开业”，结果可想而知，有的只在报屁股的边栏发了个一两百字的简讯，有的则根本没发出来。

① 载《长江日报》2001年4月12日。

② 载《晶报》2002年5月22日。

第七章　创新独家表达

同样的素材，为何只有我写得这么有趣？

领导活动报道为什么普通读者不爱看？因为党报的政务活动报道永远都是八股文，官话加套话，板着脸教训人，读者很厌恶。报纸的一般经济报道为何读者也不喜欢？因为经济报道都是枯燥的数字，没有故事，更没思想，写得不够吸引人。娱乐报道为何总是千篇一律？因为娱记多数时候都是集体采访，报道缺乏自己的独家观察和细节。

媒体如果在表达方式上多动脑筋，多进行创新，写出的报道才能有趣又好看，也才有可能产生独家新闻。

读者，读者，还是读者！

在党媒的政务活动报道中，过去记者们所写报道，主体对象总是领导，而不是普通老百姓，老百姓当然不关心。如果我们换一个角度，把报道的主体由领导换成普通老百姓，会是什么结果？这实际上是让记者站在普通读者的立场上来写稿。采访和写作中始终想着读者、读者，还是读者，报道就一定会受到读者的欢迎。

每年到了年关，从中央到地方，各个城市的各级各类领导，都要前往乡下或社区，去慰问受灾户、贫困户、特殊家庭户，以体现党和政府的温暖，体现领导的亲民爱民之心，树立人民领导爱人民的光辉形象。这样的“例牌菜”，过去最常见的是：“昨日，市领导某某某到我市某某区某某乡某某村，看望和慰问受灾群众和贫困户，为他们送去慰问金和慰问物资，向他们致以节日的祝贺。某某来到某某村，看望和慰问了某某，某某领导说……，某某满怀感激，对领导的关怀表示感谢。”

1995年12月，我刚参加工作才半年多，那时年轻而有冲劲，总想写得与众不同，不想人云亦云，于是，一次市长去慰问灾民时，我变换报道主体，写了篇特写《情满闸口村》，完全颠覆了领导活动报道惯常的写法，并未受到市领导批评，反而得到同行和读者好评。

我所写的这个闸口村是一个受灾村。夏天洪水淹村时，我曾来过多次。报道中，我先从暖暖的阳光和在江堤上悠闲吃草的牛儿写起，把村里的特困户易淑英和受灾户石大娘作为报道的主体，站在她们的角度，来写她们的感受；通过写她们与市长的对话，来引出灾后政府对她们家庭的帮助；再以她们家庭的受助，引出闸口村全村人受灾后曾受到的省、市及社会各界的资助；最后通过村支部书记的口，对受灾以来所受到的帮助进行概括，表达他们的心情。市长及政府各部门的工作，在报道中只是一个一笔带过、顺便提及的配角。

我认为，这种把报道的主体由领导置换成领导所关怀的普通老百姓的写法，以老百姓为主角，侧面表现官员的关心和爱护，其实更能树立党和政府领导人的形象。

这一手法，我在2000年写的另一篇报道《“区委书记给我送猪娃”》[①]中有更直接的运用。

武汉市江夏区是我当时所跑的区。时任区委书记李传德是从通讯员成长起来的官员，平时对记者不错，特别是很尊重党报的记者。“七一”前夕，李传德下乡搞了一个活动。虽然只是个一般性的“送温暖”活动，但他盛情地邀请我来，希望我能够在市委机关报的要闻版好好地表扬他一下，因为他刚刚从区长提拔为书记，急于向市领导“表功”。不过，一个区委书记的一般性活动，按当时他的级别，很难上市委机关报的要闻版。当时报社规定，副市长的一般性活动，也只能在第二版发。他连副市长都不是，上二版很难。

但谙熟媒体运作机制的李传德也非常明白一个道理：虽然他级别不够，

---

① 载《长江日报》2000年7月1日第2版。

但只要找对了记者，再小的事儿也一样能上要闻版。他找我来写，确实找对了人。

采访回来之后，我也一直很头疼该怎么写。我想了很多点子，都觉得不好。最后，我决定把报道的主体置换为普通人——由写区领导，改为写受到区领导帮助的困难户。我以困难户口述、记者做记录的形式，写了《“区委书记给我送猪娃”》。这篇报道不写区委书记搞什么慰问之类的活动，而是通过困难户之口，来讲述区委书记帮助他的故事。报道的主角是困难户，不是领导，不用讲级别，当然可以上要闻版了，而且还发在偏头条的醒目位置。

这篇报道的故事并不新鲜，但形式很新颖，特别是对一家党委机关报来说，在“七一”这天，刊发这样一篇报道，甚至可以说还有一定的新闻性，编辑们也能够接受这样的稿子——它比一般的宣传稿还是令人舒服一些。

表达方式上的创新，当然不限于上述这几种。

1996年，当时我所在城市的市委宣传部要推出一个“先进典型”人物，并准备把他推向全国。人为地利用宣传机器制造一个要求人人学习的“先进典型”，这在过去是各级宣传部门经常使用的一种手法，这种报道又被称为“典型报道”。典型报道是上级的“规定动作”，在内容和题材基本相同的情况下，不同的媒体如何写得与别人不同，往往颇费思量。

上级指定我们报道的主人公是一个常年扎根基层的农村巡回法庭法官吴远瑞。由于采访是多家媒体统一、同时、集体进行，在采访环节，我几乎无法拿到任何独家的资料和信息。因此，要写得与其他媒体不同，写出新意，只能从表达形式上进行创新。

这一年的春节，新闻界发生了一件有趣的事。当时还是媒体界先锋的《羊城晚报》，创造了一种新的新闻表现形式“新闻连载”，该报这一年春节期间刊出以民间故事和古典章回体小说手法写的新闻《泌阳奇案，广州洗冤》[①]，报道河南洛阳的一个离奇案件，受到读者喜爱，一时羊城纸贵，业界也十分关注。我受此启发，决定把典型人物报道写成“新闻连续剧”，将人物的先进事迹分别写成若干个小故事，每篇一个故事，每天登载一篇。这些故事既单独成篇，整体上又缀连在一起，通过这些故事，来展现人物的精神境界。我写的“新闻连续剧”《好法官吴远瑞》连续刊载8期，果然受到了不少读者的关

① 颜长江．泌阳奇案，广州洗冤[N]．羊城晚报，1996-02-21；1996-03-01．

注。后来一位当地作家以此为蓝本，将我的“新闻连续剧”改编成广播剧，在省电台播出，获得当年湖北省“五个一工程”奖。

细节，细节，还是细节！

观察是记者的基本功。在同样的场合采访，观察、发现和记录到别的记者所未能观察、发现、记录到的新闻细节，也是一种优秀能力。

新闻发现史上有很多因注意和发现到别人没有注意和发现的细节而写出独家新闻的例子。2005年东亚峰会时，就曾有一个小小的细节被记者们发现而成为大新闻。当时中日关系因小泉参拜靖国神社而降至冰点，中日两国领导人已多年没有互访，在国际会议等场合，中国领导人往往也刻意避开日本。在吉隆坡举行的这次峰会上，两国领导人都出席了《东亚峰会吉隆坡宣言》签字仪式。签字时，日本首相小泉纯一郎与中国总理温家宝比邻而坐。小泉故意装作没带笔，倾身靠近温家宝，向温借笔。而温家宝则不卑不亢，大度地微笑着把笔借给了他。这个小小的细节，被媒体捕捉到，顿时成为热议的话题。因为这虽是一个小细节，却反映了两国领导人竟然需要靠“借笔”来“搭讪”改善两国关系这一国际关系问题。

发现了别人没有发现的细节，也就等于发现了一条独家新闻。当别人都发现了这个细节时，别人没有记录、没有写好，而你却能把这个细节记录好、写好，把它变成一个好看的故事，那么你写出的新闻也就是独家。

2001年11月，中国第八届电影表演艺术学会年会在深圳举行，我“客串”当了几天娱记。与会人员报到当天，各报派出数十名记者前往明星大腕们下榻的深圳湾大酒店采访。明星大腕们是由几辆大巴从机场接至酒店的，刚进酒店大堂，坐在不同车上的明星们下来一见面，便互相寒暄、拥抱，或接受记者采访。大堂里顿时欢声笑语，闹成一团。几十名记者眼前全是金光闪闪、珠光宝气、天天只能在电视电影上才能见到的人。眼花缭乱中，哪里还顾得上采访谁。

这其中，我注意到北京电影学院教授、演员马精武与著名导演冯小刚见面时的几句话和他们的动作。马精武对冯小刚说的话，话里有话，而他似乎开玩笑地“扇”冯小刚的几个耳光，似轻又重，颇有深意。冯小刚已是名导，马精武虽贵为电影学院的教授，但毕竟名气不如冯。马精武想上冯小刚的戏，冯小刚过去可能曾答应过，却未兑现。马精武以“教授”和“学界前辈”之尊，本想以开玩笑形式“教导”一下冯小刚，不料下手过重，一掌掴得太响，惹得电视镜头都对准了冯小刚。冯小刚被人打耳光很丢面子，心里或许已恼羞成怒，但又碍于在大众场合和媒体面前不便发作。这几个简单的细节，蕴含着无比复杂的演员与导演、前辈与后辈、非名人与名人间的微妙关系，可以把演艺界内部的各种矛盾、明规则与潜规则一下子活灵活现地展现在普通人面前。因此，我写了《马精武“掴”了冯小刚三耳光》（案例24），不讲其中原因，只讲故事，向读者原原本本地阐述了这个有趣的细节。

这个细节，当时在场有许多记者看到，包括一些电视记者用镜头做了记录，我当时还担心写出来或许不是独家。但是，第二天找来各家报纸一看，发现只有我写了。因为只有我认真细致地做了观察和记录。而电视也没有播出这几个有趣的镜头。于是，这条新闻也就成了只有本报才有的独家。

也是在这天晚上，电影表演学会举行“学会奖”颁奖晚会，我被分派负责采访巩俐。

巩俐是当红的大明星，要想采访到她可不是件容易的事。她只要一出现即被记者和观众包围，要想单独采访，更是难上加难。我知道在台下采访她几乎是不可能的，便拿着采访证到了后台。因为她获得了此次“学会奖”，必然要从后台上台领奖。

果然，后台几乎没有记者，只有一些演员和工作人员。我耐心地等候在那里，直到巩俐来到后台，才瞅准时机，在她上台领奖前凑上去问了几个问题。问题是事先准备好的。当时媒体上关于巩俐的最新消息，是盛传她将出演王家卫导演的新片《永远的尹雪艳》，我向她核实，并准备问她对将饰演的角色有何看法。谁知她第一句话就否认了将出演此片的消息，而且回答得很诚恳，对我的采访也很配合。看得出她心情不错。她还建议我去看她刚拍完的电影《周渔的火车》。只是，后台的采访时间非常仓促，一些与巩俐相识的明星不时走过来，与她合影和寒暄，同时，她也要根据导演的安排做好上台前的准备，采访不得不中断了。我便站在一旁静静地观察。

我发现，台下我所看到的巩俐，与公众眼中所看到的巩俐，其实是完全不一样的。在台下，她其实就是一个普通的可爱的小女人，就像我们身边所能看到的女人一样，爱美、爱笑、爱玩、爱闹，与那些知名或不知名的小演员们情同兄弟姐妹。而在媒体、镜头和荧屏前的巩俐，因为经过了渲染与雕饰，呈现在公众面前的她无比完美和璀璨，让人觉得遥不可及，与普通人之间有一种距离感。我想，如果把她在台下作为普通女人的一面写出来，把这种变化和对比写出来，让读者看到一个真实的巩俐，便能给人们提供一个让人耳目一新的观察视角。这，不也是一条独家新闻吗？

于是，我在写了消息《巩俐王家卫有悬念　她接受本报记者独家采访时透露，新片不是〈永远的尹雪艳〉》之后，又写了一篇小特写《大明星·小女人——近距离看巩俐》[①]。这两篇都是独家新闻，而小特写则尤其受到好评。我想，如果说这篇小特写有什么成功之处的话，那就是通过细腻的观察，注意到了这些小细节，并且写了出来。

案例24：

马精武"掴"了冯小刚三耳光

本报记者　黎勇

前天下午3时40分，刚刚走进深圳湾大酒店的冯小刚，还没弄清楚怎么回事，就"尝"了北京电影学院教授、演员马精武的三记耳光；冯小刚被弄得一愣又一愣，差点下不来台。

众明星乘大巴士从飞机场抵达深圳湾大酒店后，酒店大厅里顿时人声鼎沸，一片笑语欢声。先到的演艺界朋友们迎上前去，与从大巴上下来的新知旧友们相互致意问好。从这趟大巴士中下来的最为当红的大腕儿导演，是冯小刚。不过，冯比较低调。冯小刚在接待台签到之后，便拎着包，在一边喷水池的水泥台上坐了下来。记者瞅准时机，上前与冯小刚聊起来。刚刚问了一个问题，冯小刚正准备回答，突然一个大嗓门在记者背后响起来："小刚！你骗得我好惨啊！"记者回头一看，原来是刚才在女演员中来回穿梭、见了认识的女演员就行"拥抱礼"、女演员见了都喊他"马老师"的黑脸演员马精武。冯小刚急忙站起身，叫着"哎哟马老师"，迎上前去。

马精武说："你姓什么啊？"冯小刚说："我姓马。"马精武说："你哪姓马啊，你姓牛！"马精武走到冯小刚面前，像打机关枪一样开始"控诉"冯小刚："你就是牛啊！你上次给我说好了的，我就等着你啊！你也不给我

① 载《晶报》2001年11月20日。

电话，我打电话到你房间说你不在……你真牛啊，你又骗我啊，骗我好惨啊……”马精武站在冯小刚面前，“嗒嗒嗒”地说着，冯小刚一句也插不上嘴，不停地点头。记者正纳闷他们在说什么，只听冯小刚好像争辩了句什么，就见马精武嬉笑着“啪”地掴了冯小刚左脸一耳光，然后马精武把头伸向记者，好像要记者评评理：“你说是不是？你说他是不是骗我？”记者还没来得及回答，只见马精武“手起刀落”，冯小刚的左脸上又挨了一巴掌。这一耳光相信打得够重，在嘈杂的大厅里记者清楚地听到了那一声脆响，并且将摄影摄像记者正对着别人的镜头吸引了过来。记者眼见冯小刚脸色一下子变了，刚刚还满脸的堆笑，这时勉强挤出一丝笑容来，为了消解自己的尴尬，冯小刚用手指着自己右脸说：“来呀！再来呀，要不要右边再来一个？”马精武这时似乎也意识到自己手太重了，又往冯小刚左脸打去，不过，这一巴掌显然带有种安抚和“慰问”的意思，只是在冯小刚脸上摸了摸。

“尝”了马精武三耳光后，冯小刚颇不自在。接受记者采访已心不在焉，在媒体的闪光灯下他也似乎觉得十分尴尬，便提起包，走上楼去。过后，记者“逮”住马精武，问他刚才说冯小刚骗他是怎么回事。马精武说，今年夏天，冯小刚曾跟他打招呼，说让他演一个角色，谁知后来就没消息了，没让他演。“你说他是不是骗我？”马精武笑着说。

（载《晶报》2001年11月20日）

故事，故事，还是故事！

经济报道最令人尴尬的莫过于那句老话：“外行看不懂，内行不愿看。”“外行看不懂”，就是写得太“深奥”，非本行的普通读者很难读下去；“内行不愿看”，是指行内的专业人士认为记者所写报道太肤浅，对他没什么启发、没什么用处。

对一份综合性报纸而言，“内行不愿看”很好解决：你可以不看，我写给别人看。因为专业人士毕竟只是综合性报纸读者中极小的一部分。可是，如果“外行看不懂”这个问题没解决，那就麻烦大了，普通读者迟早会抛弃你这张“看不懂”的报纸。

既让内行愿意看，又让外行看得懂，并且对他们有所启示，是经济报道的至上境界。要达到这个境界，我的体会是两条：把经济报道故事化、情节化，把故事和情节思想化。即先把枯燥的数字变成引人入胜的故事，再通过故事这个载体来体现报道的主题，表达作者的思想。

一提起经济报道，人们就很容易想起那些枯燥的数字。这是因为，长久以来，经济报道总是以罗列一连串数字为“荣”，仿佛不罗列数字就不成其为“经济报道”。但是，凡是单纯罗列一大堆枯燥数字的经济报道，多半都没有多少读者。经济报道必须从数字中表达某种思想，才有灵魂。而要想有“思想”和“灵魂”，就必须有故事情节这个载体。

把枯燥的数字转化为故事，首先必须在采访中就发现数字背后的故事，寻找到具有戏剧性的情节。否则，在后期写作时，是不可能“想象”出故事来的。

1999年初，中国长江航运集团武汉长江轮船公司的宣传部部长请当时还是《长江日报》记者的我去参加该公司的一个合同签字仪式。长航集团当时是一家著名的“老大难”亏损企业，武轮公司虽然是该集团内效益比较好的一家子公司，但当时也是“半生不死”，已经长期没什么“动静”了。我到了签字仪式现场一看，发现竟然签的是一个2亿元的单。这对于当时武汉市经营情况比较好的企业来说，也是一个大单，更何况一个亏损企业？简直是天上掉馅饼，并且刚好掉到一个濒临饿死的人嘴里。

我立刻产生了强烈的兴趣：这2亿元的投资到底是怎么来的？一个亏损企业为什么突然接到这么大一个单？这里面究竟发生过什么样的故事？

我开始耐心地听有关官员、企业领导和合作方的讲话。终于断断续续地从几个人语焉不详的讲话中捕捉到一条非常重要的信息：这个大单，和去年（1998年）的那场长江大洪水有关，和九江溃口有关！而与长航武轮公司签合同的一方正是一家在九江的台资公司！

活动结束，我立即找到长航武轮公司负责人，详细了解合同签订的缘起和过程。原来，1998年8月九江长江干堤溃口后，正停在九江江面上的长航武轮公司的一条驳船，连货物带船沉入江中，在关键时刻锁住了龙口，为堵住溃口立下了汗马功劳。抗洪结束后，九江市举行庆功宴，九江市市长问长航方面有何要求。长航方面表示企业目前运力过剩，面临货源不足的困境。而九江市市长正好知道江西最大的台资公司、江西亚东水泥公司当时运能不足，急需解决运输问题。在九江政府部门的撮合下，双方一拍即合，达成了有关协议。

显然，这个大单签约的过程非常具有戏剧性，故事本身很吸引人，而故事又揭示了这样一种思想：企业的善举和义举，也会有生意上的回报。一个企业为了公众和社会的利益而牺牲了自身的经济利益，这一最初并无功利目的的举动却最终救活了企业。毫无疑问，这体现了一种值得倡导的现代企业理念。在这个故事中，包含有“长江大洪水”“沉船堵口”“2亿元巨额投资”等吸引人眼球的新闻元素，这些字眼只要在报纸上一出现，就会引起读者的阅读兴趣。

因此，这个采访，我没有写成“武轮公司与亚东公司签约”之类的“经济报道”，而是写成了一个“故事”：《大洪水“做媒”　武轮亚东“联姻”　堵口义举引来台资两亿》[①]。这一则经济新闻，在这里变成了一条“社会新闻”，获得了社会新闻的阅读效果。

异常数字背后的异常故事，可能特别容易引起记者的注意，从而去探问出其中的究竟。但很普通、没什么特别的数字中，是否就没有不寻常的故事了呢？回答是否定的。我的体会是，从寻常的数字中寻找到有趣的故事，把寻常的数字变为不寻常的故事，也能为经济报道增色添彩，增强经济报道的可读性。[②]

1999年，《长江日报》开设了一个名为《奋进中的国企》的国有企业改革系列报道专栏，我当时作为工交部负责工业报道的经济记者，在该专栏中报道了一批国有企业“抢前争先、奋勇改革”之类的“先进经验”。类似这样的报道，一般读者可能不大愿意看。但我在采写过程中，力图从企业介绍的寻常数字中挖掘出能体现人的思想的不寻常故事，使报道具有了较强的可读性，受到读者称赞。

例如，当时武汉市委宣传部指定了一个国有企业改革的典型——武汉烟草集团，要求各媒体进行报道。武烟集团开了一个简单的新闻发布会，介绍了几条经验，讲了几个数字，发了几份资料，就任由媒体回家“创作”去了。我从这些介绍和资料中，发现了几个并不引人注目的数字：如，近几个月技术监督局抽查，武烟集团产品的质量得分由过去的89分上升到93分，卷烟实物质量合

---

① 载《长江日报》1999年12月1日。

② 黎勇．从数字中寻找故事　从故事中体现思想——经济报道提高可读性和深化主题的一种思路[J]．新闻战线，2006（2）：42-44．

格率接近100%等。这些数字，阐释了武烟集团连续多年利税居武汉市国有企业第一的原因：产品质量大大提高了。那么，过去一直为人所诟病的武烟产品质量是如何一步步提高的呢？我连续三天深入武烟的工厂、车间和办公室，与集团的干部、工人和销售人员“聊天”，采访到几个不为人不知的“故事”：武烟董事长有一次收到一封信，信里寄来的竟是一根吸了一半的有“梗头”的烟，令董事长大为震动；武烟几名工人假期到洪湖游玩时，无意中见到一名顾客到烟摊前退货，唯一的理由只是包装纸起了皱，对这几名工人产生了深深的刺激；操作人员没有拒绝使用发生故障的真空机，操作人员及厂长、4名中层干部被全厂通报批评并处罚款……这些故事，虽然都只是一些细节，看起来微不足道，却很能反映国企改革中的一些常见问题，显然，它们没有寻常的故事那么简单。我在《半支香烟引发的革命——武烟集团“创名牌增效益”纪实（上）》和《厂长被通报批评背后——武烟集团“创名牌增效益”纪实（下）》两篇报道[①]中，围绕这几个小小的故事展开，讲述了武烟集团是如何将这些“小事”变“大”，又把“大事”化“小”，最终使产品赢得市场青睐的过程。报道刊发后，有读者打来电话，称“读得过瘾”。

在《竞争出健儿——马应龙药业公司高速发展探访》[②]、《经营品牌——健民集团扩张侧记》等“奋进中的国企”系列报道中，我也特别注意把说明企业改革发展的一个个具体数字，用一个个生动、有趣、吸引人的故事进行体现和表达，从而把抽象、枯燥的国企改革经验生动化、具体化，改变了过去经济报道特别是国企改革报道在党报上“面目可憎”、不受读者欢迎的状况。

在经济报道中讲故事、把枯燥的数字故事化，是为了提高经济报道的可读性。但是，讲故事不是为了可读性而可读性——如果那样，经济报道就真的成了社会新闻；讲故事的最终目的，还是为了表达思想、说明事实、反映问题。因此，对于故事的选择，还要看它最终是否能反映作者的思想。成功的经济报道，应该努力通过对不寻常的故事的叙述，体现不寻常的主题。

1996年7月，《长江日报》记者到武汉市新洲县采访国有小企业股份制改造，有关方面介绍了该县印刷厂实行股份制改造后差旅费、招待费下降几万元等情况。这个简单的数字引起了记者的注意。记者于是来到新洲县印刷厂，采

① 载《长江日报》1999年7月9日、10日第1版。

② 载《长江日报》1999年6月12日第1版。

访到这样一个故事：实行股份制改造前，厂长大方花钱，职工无所谓，反正钱是国家的；职工入股成为股东后，厂长到上海出差回来，股东们对厂长提出质问，不同意厂长报销机票，厂长只好补交轮船与飞机票的差价。记者把这个故事写成报道《厂长坐飞机之后……》，引起读者的极大兴趣。这个有起因有结局，有情节有悬念的“故事”，因为反映了国有小企业股份制改造的重要性和必要性这样一个大主题而受到人们重视。

《长江日报》1997年获中国新闻奖一等奖的通讯《140万双袜子的命运》和1993年获中国新闻奖一等奖的消息《武钢近七万人不再吃“钢铁饭”》两篇稿，前者从一个寻常的数字“140万双袜子”入手，后者从一个不寻常的数字“近7万人”（武钢一共12万人）入手，分别通过讲述两个不寻常的故事，反映了国企转变经营机制这个主题，因为契合国企改革的时代大背景而引起上至高层、下至底层的社会各界的极大关注，对当时的国企改革进程产生了重大影响，这是这两篇报道最终获奖的根本原因所在。

如在《140万双袜子的命运》报道中，140万双袜子只是一个寻常的数字，但是，它是武汉袜厂近10年来积存下来的，袜厂历任厂长宁愿让袜子在仓库里发黄、变色、贬值、被老鼠咬破，也不愿意卖出去，因为如果卖了，厂长的经营业绩就会变成“亏损”。这个不合常理的故事通过作者报道出来之后，140万双袜子也变成了一个不寻常的数字，更重要的是，它以小见大，以具体见企业整体，剖析了一部分国企不适应市场竞争要求的一种病理机制，反映了国企改革中的一个具有共性的重大问题。

《武钢近七万人不再吃“钢铁饭”》的故事性虽然没有《140万双袜子的命运》强，但反映的是武钢把三分之二的非钢铁生产人员“剥离”出来这样一个事关全局的重大题材，对解决为“企业办社会”包袱所困的国有大企业的改革具有样板性的意义。

下编

深入的勇气

深度报道最稀缺的是什么

面对同样的新闻封锁、同样的刁难与拒绝，有的记者能很快突破阻碍，采访到核心当事人，掌握到一手材料，采写出独家新闻，而有的记者却只能望洋兴叹，不知从何下手。在实践中，这种现象是比较常见的。这体现了记者采访突破能力的高下。在深度调查报道的采写中，记者的突破能力非常重要。

记者采访突破能力与他的采访经验和阅历是否丰富有关，与他的社会交往能力、人脉关系及动员和组织能力有关，也与他的应变能力、处置能力、思想认识水平和创新思维方法有关。采访突破能力强的记者总是能找到接近和获得核心新闻源的最好办法。而掌握的核心信息越多，则他的报道越有价值。

记者采访突破能力比拼的一个重要方面是记者内在的思想力。这种思想力就是记者对时局、对全局的把握，对民情、民意和政策的了解，对各种官方和非官方信息的掌控，对法律边界的清晰界定，对事件意义的深入透彻分析与预判……否则，采访即使取得突破，这种突破和所做的报道也有可能带来风险。

在气功大师王林涉嫌杀害邹勇案的深度调查中，南方都市报深度部副主编刘伟突破最深，最接近信源，所获得的独家材料最多，但他却因“涉嫌非法获取国家秘密罪”被刑拘。尽管媒体界并不认可这一罪名，但这一事件至少提醒人们，这种“突破”的风险是存在的，我们必须学会规避。

记者的采访突破能力当然还包括直面强权、腐败与恶势力的勇气及智慧。只有抱持新闻理想，以智慧和勇气对权力、丑恶及腐败做毫不动摇的抵制、反抗与抗争，才可能真正成就一个有思想的优秀记者。

这是一个勇气稀缺的年代。在深度调查报道中，有时候，我们不是缺少独家新闻，不是缺少发现独家新闻的能力，而是缺少勇气。

2006年底的一天，我主编的深度报道版面上一篇报道所涉及的当事人，在报道见报的当天打来电话，声称“我要杀掉你全家”“今天下午就砍掉你一只手”“我就是流氓，我有的是钱来摆平你们”。说这话的不是一个普通人，而是位列2003年胡润“中国百富榜”前70名的一名超级富豪。这些话也不只是说说而已，因为就在不久之前，该富豪所雇用的打手已将前往讨薪的该公司一名高管打至住院。

这当然只是我采编生涯中所遭遇的一个小小插曲而已。中国记者从业与生存的环境远比这种言语的、直接的、赤裸的暴力恐吓要恶劣。那些看不见的威胁才是最致命的。中国记者面临的从业环境近年来已悄然发生了巨变。这种巨变既来自新媒体技术，也来自整个媒体环境，还来自媒体自身，包括它的服务对象与报道对象——读者和当事人，被批评和被监督者。

比起20世纪，当下监督媒体和被媒体监督的人，都比媒体更有财力、更有权势、更谙熟操弄法律的手腕、更具备对新闻的操控与策划能力、更懂得如何应对媒体的批评，甚至渗入黑恶势力的背景更多——这些都是目前媒体无法改变却必须面对的现实。

2010年2月，文强案一审开庭前，近百家媒体前往重庆采访，但只有40多家媒体拿到了旁听证。为了抗议当地法院对“非重要媒体”“不听话媒体”的封杀，我和国内其他媒体的同人不得不举着牌子向重庆高院院长“要旁听证”。虽然我们最终获发旁听证，得以进入庭审现场采访，但这样的事绝非一种愉快的经历。

下编部分，是我采写的部分深度报道，每篇报道后面附有我的采写经历及感悟。我们也许可以从这些报道文本和采写体会中，对深度报道如何写出独家获得一些启迪。

案例25：

文强黑色身影后的著名“亮点”

——揭秘重庆一家地下色情场所的兴与衰

本报特派重庆记者　黎勇

引子

10月27日下午，重庆市渝中区大溪沟。

在繁忙的主干道北区路与人和街的交岔路口，一组由三栋楼组成的建筑的裙楼上，一块“华夏产权交易市场”的大招牌，在阳光下泛着冷光。

晶报记者费尽周折找到这栋名为星都大厦的建筑时，并不知道它的秘密藏在侧门。

星都大厦旁边是盛世嘉园小区。在盛世嘉园与星都大厦之间，有一条不起眼的小巷，走进去五六米远，就是星都大厦裙楼的侧门。

侧门前和侧门外，没有挂任何招牌。

门上挂着一把大锁。门口巷子里，停着两辆警车，有警察留守在开着车窗的警车内。

这个侧门原本直通四楼。

在侧门被封之前上过楼的人说，四楼只挂着一个招牌：阙园轩。

“阙园轩”是一个雅名，没多少人知道。但进去过的人都知道，它的俗名叫“亮点”。

“亮点”是全重庆最著名的地下色情场所。在重庆，几乎没有人不知道“亮点”的。据说，到重庆出差的外地人，都要“慕名”前往“亮点”“娱乐”。甚至它还一度成了重庆人商务活动中，接待外地客人的首选。

“亮点”被认为是当了16年重庆市公安局副局长和1年司法局局长的文强，作为黑社会保护伞“业绩”中最大的“亮点”之一。提起文强，人们现在耳熟能详的是传闻中他藏在水池里的3800万元钱、价值数千万元的豪华别墅和收藏的文物古董，以及他与被他玩弄过的女明星们的那些事儿。而实际上，文强与“亮点”之间的秘密，才是文强最令公众感到扑朔迷离的所在。

熟悉“亮点”的人说，最辉煌时，“亮点”连锁店曾开到8家。

星都大厦的阙园轩是其中最后一处。

星都大厦物业公司的一名管理人员告诉晶报记者，阙园轩占据了整个四楼，面积约七八千平方米，但现在进不去。晶报记者绕到楼后挂着“北区路61号”的住宅入口，发现电梯的四楼按钮已被锁死，而上楼的楼梯则被砖石封住。下到地下停车场，另外两处电梯内，只有4楼没有可按的按钮。据说，这是因为前来光顾的客人太多，将“4”字磨光了。

而现在，4楼按钮也被锁住，根本无法上楼。

“温开水”和“80块”

那时候坐的士，说去‘亮点’，没多少司机知道，但要是说去‘温开水’或‘80块’，那的士很快就会把你送到目的地。

根据重庆市民的描述，“亮点”最早开张于1994年，地点是距离今天重庆最繁华的商业街解放碑十字金街不远处的江家巷一栋居民楼上，也就是当年的重庆市公安局大楼背后约100米处。

其时，文强担任重庆市公安局副局长刚刚两年。

晶报记者于10月25日来到江家巷，试图寻找当年“亮点”的影子，但早已面目全非。“亮点”当年所在的那栋居民楼已被拆，取而代之的是一栋高达40多层的现代化建筑“时代广场”。重庆市公安局也早已迁到新址建了新大楼，原公安局大院内现在是一片建筑工地，一栋结构设计十分独特的高楼正拔地而起。

知情人士介绍，江家巷草创时期的“亮点”，和后来的其他“亮点”一样，营业处没有任何招牌，当时也不叫“亮点”，而是完全没有名字。跑了10多年夜班的的士司机老邹说，那时候坐的士，说去“亮点”，没多少司机知道，但要是说去“温开水”，或者“80块”，那的士很快就会把你送到目的地。为什么叫“温开水”和“80块”呢？因为“亮点”内从事色情服务的女子为客人服务时，都需要用到一杯温开水；而“亮点”的价格是一个钟80元。“价廉物美”，又有特色，使“温开水”和“80块”几乎成了这个色情场所的代名词，很快有了名气。没过多久，“温开水”和“80块”就在距离江家巷不远的临江门魁星楼一层居民房中，又开设了第二个分店。当其中一个分店客人太多时，工作人员就把一部分客人带到另一个分店去接受服务。

这样一个“声名显赫”、路人皆知的色情窝点，设在与重庆市公安局、重庆市渝中区公安分局隔街相望的楼内，却从来没有出过事。这是令当年不少“客人”和的士司机都感到困惑的地方。这时候，“保护伞”的背影还隐藏得很深，几乎不会有人将“温开水”“80块”与公安部门内某个特定的人联系起来。

“亮点”的“生意”

“亮点”生意最好的时候每年利润达几千万元，客人多得做不完，凡来消费的客人，都得在大厅里排队等候很长时间才轮得上。

因为生意太好，“温开水”“80块”狭窄的营业场所已难以接待更多的客人。为了扩大“业务”，1999年，“温开水”和“80块”搬到了渝中区一号桥捍卫路华一坡的亮点宾馆。后来大名鼎鼎的“亮点”之名，就是这时候被叫了出来。从此，“亮点”真正“亮”起来，逐渐成为全重庆最著名的地下色情场所。

一号桥亮点宾馆距离江家巷和临江门其实也不远。沿着北区路往西，从临江门魁星楼坐约一站路就到了。10月27日，晶报记者来到一号桥附近的华一坡，在路人的指点下很快就找到了亮点宾馆的所在地。不过，亮点宾馆已被拆除，原址现已成为一个热火朝天的建筑工地，正在建设一个住宅小区。

亮点宾馆往上走约100米，还有一个圣地茶楼，过去也是“亮点”的营业场所之一。但记者来回寻找多次，未能见到它的踪影。

一号桥的“亮点”虽已于2007年搬走，但这里仍依稀可见其当年对周边所产生的巨大影响。在华一坡两旁，沿街开着许多食府、酒家、足浴和按摩店，当地老百姓说，“亮点”曾带旺了这条街。在亮点宾馆原址的马路对面，有一家洗车场和汽车装饰城，名字就叫“亮点”。但“亮点汽车装饰城”的员工否认与原设在亮点宾馆内的色情场所“亮点”有任何关系，“我们只是叫这个名字而已”。

知情人说，在一号桥时期，“亮点”的服务由原来的80元一个钟涨到100元一个钟，一个钟为45分钟，实行“计时”收费。但尽管如此，“亮点”仍然客源如潮。

在临江门经营一家电子公司的郭先生因陪生意上的客人，曾去过“亮点”。他说，当时去“亮点”一般都得在大厅排队等半个小时到一个小时，有时有上百人排队，场面颇为“壮观”。一次，他陪生意上的客人喝完酒后，凌晨两点多去“亮点”，结果上楼一看，大厅里等着很多人，接待的人便安排他们去旁边不远处的圣地茶楼。结果到了圣地茶楼一看，还是有几十个人等着，他们只好回去了。

一个曾在一号桥“亮点”工作过的工作人员后来交代，“亮点”生意最好的时候是2000年以后，那时“亮点”每年的利润达到几千万元，客人多得都做不完。

在重庆民间，对于“亮点”生意好的原因，“热心人士”有过很多分析。有人认为是其价格便宜，有人认为是其“服务好”。但有一点得到大家公认，就是那里绝对安全，“从来不会出事”。

枪案·指挥长

发生在“亮点”内的“5·7”枪案，非但没有揭开“亮点”背后的老板和保护伞，相反成为文强亲自指挥破获重大枪案有功的又一项政绩。

终于，有一次还是“出事”了。

2002年5月7日晚9时许，亮点宾馆五楼传来一阵沉闷的枪响，两男一女躺在血泊中。两名男子，其中一名是来自北京的客人，一名是宾馆的保安；女子则是宾馆的“女服务员”。《重庆晚报》第二天的报道说，急救中心的医生告诉记者，三人被送到医院时，“当时神智尚清，还能说话，但对发案经过皆闭口不谈，似有难言之隐”。

“5·7”枪案震惊了重庆各界，也在全国引起较大的反响。当时的公安部主要领导曾做出重要批示，要求迅速破案。重庆市公安局专案组在当晚成立。专案组指挥长正是文强。

20多天后，重庆市公安局向媒体发出了一份通稿，宣布“5·7”枪案告破，5名犯罪嫌疑人全部被抓获。在这份通稿中，枪案的起因被描绘成5名犯罪嫌疑人到宾馆5楼“玩耍”时，因与宾馆服务员发生口角及抓扯而“擦枪走火”，其同伙逃跑时朝人群开枪射击，致1名客人和3名服务员中弹。通稿没有提到5名犯罪嫌疑人到客房“玩耍”什么，也没有任何字眼提到这些“服务员”当时在从事什么服务。当然，更不会提及亮点宾馆涉黄。

重庆本地媒体的一位资深政法记者张明（化名）告诉晶报记者，正是这起枪击案，让他们对早就流传着的文强与“亮点”关系非同寻常的传言有了些许认识，而案件处理过程所显露出的一些蛛丝马迹，也似乎在向媒体记者们证实着什么。不过，由于诸多原因，这些怀疑都未能直接见诸报端。

这位记者表示，案发后他们曾到现场采访，了解到案件的一些离奇之处：枪案发生后，宾馆工作人员提前清扫了案发现场，声称没有任何事情发生，警方似乎也有意隐瞒……只是，犯罪嫌疑人在杀人后冲出宾馆，用手枪胁迫出租车载其离开，有多名出租车司机在现场目击后到渝中区公安分局报了案，有关方面才不得不承认有案件发生。

还有一个细节可以说明“亮点”的有恃无恐。“5·7”枪案发生之后，因犯罪嫌疑人仍手持3把以上手枪在逃，各娱乐场所无不心惊胆战，有的甚至关门歇业。作为当事方的“亮点”，警方声称其已停业。但在案发第二天晚上，路过“亮点”门口的市民发现，“亮点”内仍灯火通明，客人进出频繁，一排排出租车停在宾馆门口候客，显示“亮点”仍在正常营业，似乎枪案发生在别处，与“亮点”毫不相干。

“亮点”“5·7”枪案，非但没有揭开“亮点”背后的真正老板和保护伞是谁，相反成为文强亲自指挥破获重大枪案有功的又一项政绩。

“小姐集中营”

耳光、棍棒、镐把毒打不听话的小姐，用药物控制经期，定期组织逃跑演练……“亮点”内部对小姐的管理，充满血腥、暴力、邪恶和残忍，令人发指。

2007年，“亮点”从一号桥搬了出来，又先后在渝中区其他地方开设了“紫宁州”“颢懿斋”“阙园轩”等8个类似的场所。其中，位于大溪沟星都大厦的“阙园轩”，是2009年8月7日被警方端掉之前，“亮点”最大、最著名和最后的一个场子。

鲜为人知的是，“紫宁州”“颢懿斋”“阙园轩”这些富于诗意的名称下，干的却全是最龌龊的勾当。尤其是“亮点”内部对小姐的管理，充满血腥、暴力、邪恶和残忍，令人发指。

如果不是一位曾在“亮点”服务过的小姐以详尽的文字在网上做出数千字的血泪控诉，恐怕没有几个人敢相信，“亮点”的“优质服务”，竟全都是通过引诱、欺骗、殴打、捆绑、侮辱、猥亵等暴力手段，威逼和胁迫良女干出来的。

据这位逃出生天的女子在网帖中披露，“亮点”组织了一个班子，负责到车站、菜场、劳务市场和人才市场等地，打着招工的幌子，专门物色刚从外地到重庆的年轻女子。骗进“亮点”之后，以统一食宿、统一理发、统一体检的理由，收掉其手机、身份证、存折等一切物品，限制其人身自由。然后，开始在“师傅”的耳光、棍棒、镐把等“侍候”下，进行“业务”培训。如有不从，即关进黑屋内毒打，直至顺从为止。“亮点”还制定了严酷的考核制度，要求每个小姐每天最低上10个钟，每周必须有2天上20个以上钟等，如完不成，轻则处以扎马步45分钟、两脚并拢下蹲200次等体罚，重则用胶皮管打折腿，并处罚款。

这位女子控诉，“亮点”还用药物控制小姐的经期，强迫小姐在经期卖淫，以便减少小姐月经休息带来的损失，从小姐身上攫取最高的利润。而这些药物、栓剂，甚至卫生棉，都由“亮点”强行卖给小姐。“亮点”规定，小姐不准外出，不准与家人和朋友联系，生活起居均被严密监控。“亮点”还定期组织小姐进行逃跑演练，规定在接到望风人员报警25秒内必须穿好衣服按预定线路逃脱，如做不到可能会被上电棍和扇耳光；在模拟应对警方审讯训练中，如卖淫女应答不当，则可能遭殴打，或者关进黑屋，24小时断食断粮，百般折磨。

这名女子在网帖中还透露，“亮点”里有很多小姐是被强制安排做过整容手术的，而整容手术不菲的费用，均挂在小姐的账上，按月从小姐的钟钱中减扣，直至还清手术费用为止。

这篇网帖在天涯重庆社区等论坛贴出后，引起巨大反响。除了愤怒声讨“亮点”的残暴行径之外，有不少曾经“光顾”过“亮点”的网友，通过一些细节证实了网帖的真实性。如有人曾见过有小姐走路一瘸一拐、身上有伤；为了不耽误时间，服务结束时小姐一般都会将客人迅速推出门外，跑步去洗澡等。

10月27日，在大溪沟星都大厦“亮点”楼下，从盛世嘉园停车场内走出来的居民刘先生和停车场的保安告诉晶报记者，盛世嘉园停车场正对着“亮点”上楼的门，但平时门口和周围很少看到有小姐，一般人根本不知道上面在做什么。“亮点”的小姐进出大楼，都是由专车直接在星都大厦地下一层的停车场接送，从停车场的电梯直接上下楼。

这一说法，与网帖所反映的“只有极少数老板信任的小姐才可以在有人陪同的情况下出来，而其他小姐绝对不允许出门”的描述基本吻合。

在重庆媒体工作多年的记者李新（化名）说，如果只是一个普通的娱乐场所，只是仅仅有一般的“关系”“罩”着，恐怕“亮点”的经营者有天大的胆子，也不敢做得这么残忍。这，恐怕只有位高权重的人物，才“罩”得住。

“亮点”于8月7日晚11时许被重庆警方组织的200余警力突袭关闭。上述帖子，正是出现在“亮点”被端约1个月之后。

有小姐来自监狱?

“亮点”里的小姐，可能有人是正在监狱里服刑的囚犯？做小姐如果表现好，可以减刑？对于这个报料，大多数人分析认为不可能。

在晶报记者的采访过程中，不止一个知晓“亮点”内情的重庆人向晶报记者提及一个线索：“亮点”里的小姐，可能有人是正在监狱里服刑的囚犯。一位进过“亮点”“风流”的重庆许姓客人称，他因曾多次听人谈及“亮点”里的女子中有在押刑犯，因此曾有一次特意询问过为他服务的小姐，该小姐当时坦承自己就是在押犯人，因在遭人强奸时反抗，夺刀杀了强奸她的人而入狱。李新则称，他曾在一个偶然的场合听人谈过，确有在押犯人在“亮点”通过做小姐来“服刑”，如果表现好还可以减刑。这些犯人收监前多半也有卖淫和吸毒等前科。

在网上，关于“亮点”内是否真有在押犯人做小姐的讨论相当热烈。这些帖子有的是“亮点”8月7日被警方端掉之后发的，也有不少是被端掉之前甚至在2008年之前发的。有多位网友称，“早就听说过了，这在重庆已不是啥子新闻了”。

不过，大多数人对这一“重磅炸弹”报料表示质疑。熟悉重庆政法机关情况的张明认为，监狱属司法局管辖，但文强2008年7月才到司法局当局长，刚当了一年即被抓，他不可能有这样的本事和这么大的胆子，在这么短的时间内就把监狱里的女囚弄到“亮点”去做小姐。而在市公安局常务副局长任上时，他也不大可能打通管理犯人的司法、监狱等部门的各个环节。网友“WENE”表示，这种事随便哪个中间环节泄露一下，文强都不可能罩得住，这个事情应该不大可能存在。

事实真相到底如何，一切都只能静待“亮点”案和文强案侦查结束、案情水落石出之时。

10月初，有人在半官方的重庆华龙网“打黑论坛”上，发布了一条明显带有官方语言色彩的报道。报道称，经过2个多月的追捕，以王紫绮（三姐）、陶铭古（陶儿）、钟光玉等三人为首的“亮点”团伙主要犯罪嫌疑人及其团伙成员50余人，全部被抓获。根据这篇报道提供的口径，1994年以来，犯罪嫌疑人王紫绮等80余人，先后强迫120余名妇女卖淫，从中牟取暴利上亿元。其中，1名妇女被残害致死，2名妇女被迫害致精神失常，数十名妇女先后被殴打致伤、致残。

随这篇报道一起贴出的还有一名被警方解救出来的被迫害妇女的照片。报道称，该女子2003年被骗到“亮点”卖淫，因不堪殴打、威逼等虐待，从被关押的楼上纵身跳下，造成下半身瘫痪。“亮点”的老板怕事情败露被查处，一直将其关押至今。该女子生活已完全不能自理，由于长期生活在阴暗的房内，人已经完全变形。她用两根毛线带绑在双脚上，便于用双手帮助双腿的活动。当该女子见到解救她的打黑民警时，因重见天日而痛哭流涕。

这是迄今为止关于“亮点”被端的唯一一篇正式报道。重庆媒体的朋友向晶报记者证实，“亮点”犯罪团伙被抓获的情况至今未在报纸电视等传统媒体正式刊播过。这与文强案的情况有点类似。重庆媒体朋友分析，不排除因“亮点”案与文强案关系密切，届时会一起公布。

真正的老板

文强是否是“亮点”老板，这对重庆老百姓来说是一个不可知的秘密。但各种迹象表明，文强至少与“亮点”有着非同寻常的关系。

虽然从来没有人在任何正式场合说过“亮点”的老板就是文强，但在重庆老百姓眼中，不少人认为他至少与“亮点”有着非同寻常的关系。

在上面那篇网帖中，发帖者直陈“三姐”王紫绮只是“亮点”的实际管理人，而“亮点”最大的股东，就是文强。对这一点，也有媒体做过一些报道。那篇网帖作者称，“亮点”每年年底开联欢会，文强都会到场。而公司的其他干部，也会到场。其中包括在“亮点”有干股的一些公安民警。不过，网帖没有披露文强是如何在背后操控和运作“亮点”的。

网帖作者还称，“三姐”王紫绮是文强的二奶。但这一点无法得到证实。

到目前为止，这些只是“亮点”内部部分人员的不完全交代。

在官方唯一一次提及的文强与“亮点”关系的通报中，是这样表述的：“黑社会性质组织‘保护伞’文强长期以来，……涉嫌先后为……‘亮点’等多个黑社会性质组织的团伙充当保护。包庇、纵容黑社会性质组织进行……组织、容留卖淫……等犯罪活动。与此同时，文强等人还涉嫌……介绍卖淫……等多项犯罪。”

有三个时间节点值得我们特别引起注意。一个是文强被抓的时间，是8月7日凌晨2点，地点是北京。一个是“亮点”被端的时间，是8月7日晚上11点。一个是宣布文强被抓的时间，是8月7日晚上11时30分许。有充分的迹象表明，这三个时间点的选择不是偶然的，而是明显经过了周密的部署。这似乎证实，文强与“亮点”有着极其深厚的渊源，“亮点”可能在文强案中有着较为重要的位置。

官方关于文强与“亮点”关系的表述，发表于9月27日。当时“亮点”团伙的主要犯罪嫌疑人王紫绮（三姐）、陶铭古（陶儿）、钟光玉等都还没有被抓获。现在“亮点”案团伙成员已全部落网，侦破工作也将基本告一段落，或许案件审理会揭示“亮点”与文强的关系。

10月29日，重庆市召开打黑除恶专项新闻发布会，重庆市人民检察院检察长余敏在会上透露，文强案预计将于11月移送审查起诉。随着案情的逐步公开，文强在“亮点”中所扮演的真正角色，将会越来越清晰。

（载《晶报》2009年11月14日A12-13版）

附记：

2010年8月11日，重庆市第五中级人民法院一审公开宣判，以组织、领导黑社会性质组织罪、强迫卖淫罪、组织卖淫罪、非法拘禁罪、行贿罪五项罪名，对“亮点卖淫集团”“女黑老大”王紫绮判处死刑；以相似五项罪名，判处另一团伙成员陶铭古死刑。王紫绮的妹妹、“亮点”另一创始人王婉宁潜逃至菲律宾，2011年4月被引渡回国（审理情况目前未见报道）。其余24名“亮点”组织成员中，1人被判处死刑，缓期二年执行，2人被判处无期徒刑，21人被分别判处有期徒刑。涉案的4名公安民警分别因受贿、包庇、纵容黑社会性质组织等罪被判处3年零6个月至15年不等的有期徒刑。2011年12月7日，经最高人民法院核准，王紫绮和陶铭古在重庆被执行死刑。

根据媒体报道，王紫绮是重庆“打黑除恶”行动以来第15名被执行死刑的“黑社会头目”，也是“中国首例因强迫卖淫罪被判处死刑的罪犯”。

由于“涉及个人隐私等原因”，此案一审和二审均为不公开审理，除了判决结果，外界无从得知具体案情，王紫绮等人是否曾供述文强为“亮点”的保护伞或股东，“亮点”的股东都有哪些人，“涉案的4名公安民警”是谁，目前从公开的资料中也无从查找。在文强案的审理中，检方指控文强为多个“黑社会性质组织团伙”“充当保护伞”，但奇怪的是却并不包括“亮点”。

如果以官方现已公开的结论来比照，这篇报道将“亮点”的幕后保护伞指向文强，可能证据还不充分。

不过，审理文强时，检方提供的一些证据，间接证实文强与“亮点”之间多少有着瓜葛和牵连。比如王紫绮的口供证实，文强的同案犯、曾经的下属和兄弟、重庆市公安局治安总队原一支队支队长、重庆市公安局治安总队原副总队长陈涛曾为“亮点”提供保护，包括向王8次索取贿赂、10多次找小姐等。根据王紫绮的供述，文强的另一名同案犯、下属与兄弟、重庆市公安局刑事警察总队原副总队长黄代强也曾通过陈涛向她要小姐，且黄代强要小姐时和文强在一起，也为文强要了小姐。这些已足以证明，文强至少对“亮点”的长期存在及所从事的色情活动是知情的。

因为对“亮点”的独家详尽披露，这篇报道是我有关“重庆打黑风暴”的5万余字文章中，被转载得最为广泛的一篇，可能关注重庆打黑的绝大多数中文新闻网站和报纸都做了转载，尽管我没收到过一分钱转载稿酬，很多媒体转载时也没有注明来源和作者。

薄、王事件之后，再来反思这篇报道，其实有很多经验教训值得吸取。比如，我们过于相信重庆公安部门未审先判的事先认定，甚至很可能被“黑打”者作为舆论工具利用。“亮点”案是否有人为“做作”的痕迹？那篇以“亮点”小姐名义发在网上控诉“亮点”的网帖，是否属于伪造？“亮点”案当事人王紫绮等对这些指控有何辩解？等等。这些都已成谜，也许只能留待以后解开。

案例26：

红与黑：文强40年欲望史

本报特派重庆记者　黎勇

文强其人

文强，男，1955年12月生，重庆巴南区人，在职大专学历，一级警监。1972年1月参加工作，1977年9月入党，先后任四川省巴县公安局副局长，巴县政法委副书记兼公安局副局长，巴县县委常委、副书记。1992年9月任四川省重庆市公安局副局长，1997年8月任直辖后的重庆市公安局副局长。其间，2000年11月，提任正厅局级侦查员，2003年任重庆市公安局党委副书记。2008年7月任重庆市司法局局长。

2009年8月7日，文强被双规。

29岁时任县委副书记，37岁起担任市公安局副局长达16年，先后指挥破获震惊全国的警匪枪战案、中国第一盗窃案、运钞车被劫案、杀人恶魔张君案，获公安部一等功多次；是闻名一时的“打黑英雄”，号称“全国排名靠前的刑事侦查专家”；他所领导及主管的重庆市公安局刑侦力量一度居全国前列。

同样是这个人，被传坐拥占地20多亩的仙女山别墅等8处豪宅，家藏现金、金条、古董等价值惊人的资产，被指控为至少6个为害一方、作恶多端的大型黑社会团伙提供保护，包养情妇，强奸幼女，组织和纵容妇女卖淫；在他的任期内，“全市1400多起命案未破，500名杀人犯在逃”。他又被称为“全市最大的黑社会保护伞”。

重庆市公安局原常务副局长、重庆市司法局原局长文强，在将近40年的时间里，从一个中专毕业生逐步晋升为正厅级领导干部，又在厅级领导干部位置上演变成“为黑社会服务”的“大佬”，完成了人生的多重角色转换。

他如何从红道走向黑道？他如何从人生的巅峰跌下并最终失去自由？

10月中旬以来，晶报记者奔走于重庆的庙堂官府、街巷里弄，寻访文强的发家地和出生地，接触曾在工作中和私下里与文强打过交道的各色人等，力图通过若干故事和细节，向读者还原文强的这段“峥嵘”人生。

贵人相助，丢枪警员跃升县委副书记

1982年，文强遇到了他人生中最重要的一位“贵人”，这就是刚升任巴县县委书记的张文彬。他连升数级，由公安局副局长坐“直升飞机”当上了县委常委。

在全国公安系统联网的户籍档案资料中，记者没有找到文强在巴南区的详细出生地。公安内部人士相信，这些应该早已在文强担任公安局负责人时被抹去。不过，有不方便透露姓名的知情人士告诉晶报记者，文强出生在原巴县曾家镇（后划入沙坪坝区），家有七兄妹，五男二女。其中，文强的大哥现居西安，在驻当地部队工作，据说曾身居高位；文家老六文斌，即重庆女黑老大谢才萍的老公，长期无稳定职业，后染上毒瘾；文强是兄弟中的老二，因此，按他们兄妹间的称呼，与他相熟的人常称他为“二哥”“文二哥”。

1977年，恢复高考第一年，文强考入位于泸州的四川省公安学校（后改名为四川人民警察学校，现为四川警察学院）学习。文强当年的同学、现担任某市公安局支队长的Z先生和担任某县检察院检察长的L先生回忆，文强在警校读书时成绩并不好，而且经常和同学打架，气焰嚣张，是个“调皮佬”；当时也看不出他有什么特别突出的组织协调能力，老师和同学没有人看好这个小胖子。Z先生和L先生说，哪知道后来他成了这一批同学中，他们班乃至全校同学中级别最高的官。

一位曾与文强共过事的前巴县县委干部，向晶报记者讲述了文强在巴县的“成长”过程：

1980年，文强警校毕业后分配到巴县公安局秘书股，成为一名普通警员。初到公安局工作的日子里，文强并不那么顺遂。有一次，文强因公到涪陵出差，竟把枪给丢了。这在公安机关可不是件小事。局领导帮他做了好几次检查，才涉险过关。

不过，年轻的文强很聪明。他非常肯钻研，又能吃苦，尤其是工作很敬业，取得了不少成绩。不久后，升任科级干部。

1982年，全国“严打”开始。这时候，文强遇到了他人生中最重要的一位“贵人”，这就是刚升任巴县县委书记的张文彬。

当时，文强已是巴县公安局“严打”工作班子的成员之一。因为经常要向张文彬汇报工作，张文彬对文强有了一些了解。张文彬发现，这个20多岁的年轻人，公安工作能力过硬，作风雷厉风行，在同年龄段的干部中，表现十分突出。

在“文革”后干部普遍缺乏，中央大力提倡干部“年轻化、知识化、专业化”的大背景下，年轻而又有警校中专文凭的文强，很快便有了机会。

1983年，巴县搞机构改革，县委开始组建新的领导班子，而刚好分管政法工作的县委常委到成都学习两年，文强便接替他的工作，坐“直升飞机”连升数级，担任了县委常委，分管政法。此时，文强连县公安局局长都不是。

两年后，文强又升任县委副书记，时年仅29岁。

本性初露，酒后滋事致升迁受挫

对文强有知遇之恩的张文彬几年后升任重庆市委常委、组织部部长，一直深得张文彬赏识与器重的文强，面前的升迁之路已光芒万丈。但他却在酒席上拿着酒瓶与副县长互砸，对着同是领导的同事破口大骂。

文强并非只是有“贵人”相助，却工作无能的平庸之辈。

《重庆法制报》一位老记者回忆，1987年，巴县发生了新中国成立以来少见的一起大案，公安部一天之内打来3个电话，催问破案情况，这给了重庆公安部门很大的压力。作为巴县县委分管政法的副书记，文强十分不满意县公安局办案人员的能力和效率，他亲自上阵，指挥和调动数百名民警，跨云贵川三省追捕逃犯，案件很快破获。这个案子当时在重庆乃至全国都产生了非常大的影响，文强至此开始在刑侦界崭露头角。

1988年，“1·18”空难发生，文强抓住机会又一次很好地表现了自己。

曾在巴县工作过的一位文强当年的下属介绍，当日，西南航空公司一架伊尔18型222号客机在巴县金凤乡（今重庆九龙坡区金凤镇）坠毁，机上108人全部罹难。飞机失事后，飞机粉碎性解体，机体和机上人员行李物品及尸体的残骸混在一起，散落在附近的山坡和水田里。接到空难报告，文强率公安民警和武警战士第一时间赶到现场，他放下县委副书记的身架，以救人为第一要务，亲自下到冰冷刺骨的水田中，参与抢救遇难人员。他们发现了一名尚有生命体征的机械师，迅速送往医院抢救。

据说，文强当年在工作中的这些表现，令张文彬十分满意。

公开的履历表显示，文强被提拔为县委副书记的第二年，即1986年，对文强有知遇之恩的县委书记张文彬离开巴县，调任重庆市财贸办主任。两年后，张文彬升任重庆市委常委、市委组织部部长，随后又兼任了副市长。一直与张文彬保持良好关系，且深得张文彬赏识与器重的文强，面前的升迁之路此时已经光芒万丈。

文强当年的下属介绍，1991年，因为县委书记去世，作为副书记的文强，事实上已担负起巴县一把手的工作。

而在这段时间里，除了处理工作上的各项事务，文强还抓紧时间学习充电，取得了在职大专文凭。之后，又参加了西南师范大学一个公共关系专业研究生课程进修班的学习。在今后的晋升对学历的要求方面，他已经做好了充分准备。

1991年4月，文强的“贵人”张文彬升任重庆市委副书记兼政法委书记。巧合的是，也正是在这个时候，文强作为一个符合“四化”要求的干部，再次进入组织人事部门选拔的视野。

文强被组织部门推荐到市公安局，拟任副局长。按理，本应顺利获任。

然而，年少得志、自负轻狂的文强，此时已逐渐显露出一些恶劣的本性，以至此次升迁遇到了一点小小的麻烦。

一位重庆媒体记者告诉晶报记者，巴县干部中至今还流传着当年文强酗酒滋事的丑事。一次，身为县委副书记的文强，在酒桌上喝着喝着和一位副县长吵了起来，文强拿起酒瓶就砸向对方，而对方也不甘失弱，抓过一个酒瓶与文强互砸。还有一次，在一个有市领导在座的酒席上，文强竟对一位同样担任领导工作的同事破口大骂，这让市领导十分难堪。

知晓当年内情的人士说，这些酒后的劣迹，令文强在接受组织部门考察时，其素质和作风遭受到了一些干部和群众的质疑。

据说，八路军出身的时任重庆市公安局局长王文德，当时根据组织部门考察的结果，提出让文强先调任沙坪坝区公安分局局长，待考察一段时间后再提拔。不过，这一提议遭到了反对。上级领导放话说，“我们巴县出来的干部，没这么安排的”。于是，文强的提拔暂时停了下来。

屡立战功，“打黑英雄”风头出尽

文强初任副局长，确曾亲临案发现场，深入一线指挥，指挥侦破了一批大案要案，短短几年即战功赫赫。特别是指挥抓获头号悍匪张君，令他风头出尽，迎来人生的顶峰。

善于从逆境中奋起的文强很快就用敬业挽回了升迁的挫折。曾与文强共过事的前巴县县委另一位干部赵先生回忆说，就在这之后不久，巴县一个小煤矿突然发生坍塌，当一位市委常委赶到现场时，他看到，时任县委副书记的文强已经亲自下到小煤矿里，正在指挥救援。这不但令这位市领导感到欣慰，也让不少群众感动。

根据公开的履历表，1992年4月后，时任重庆市委副书记的张文彬开始负责重庆市委的常务工作。

而文强的简历也显示，也就在这一年，文强升任重庆市公安局副局长，分管刑侦工作。

此时，文强37岁，他顺利地在贵人相助下完成了仕途的第二次重大飞跃。

张文彬和文强的公开履历还显示，张文彬此后在1997年重庆直辖时又升任重庆市政协主席、党组书记。但文强在重庆市公安局副局长这个位置上，此后11年中除了级别有过两次提升外，职务再也没有变动过，直至2008年王立军空降重庆。

升任市公安局副局长后的文强确实一段时间内没有让老领导张文彬失望。重庆市公安局一位不愿透露姓名的处长说，初任副局长的日子里，文强亲临案发现场，深入一线指挥，指挥侦破了一大批有影响的大案要案，短短几年间即战功赫赫。连曾经反对过他到市公安局任职的领导后来也不得不公开承认，“他的确是一个优秀的刑侦人才”。

根据重庆当地媒体的报道，文强指挥侦破的重大案件，多次被公安部记一等功，如1992年震惊全国的重庆警匪枪战，1994年中国第一盗案，2000年的重庆抢劫运钞车案，2000年闻名全国的张君案等。其中，尤以张君案最为著名。

2000年9月19日，中国头号悍匪张君被擒获，主管刑侦工作的重庆市公安局副局长文强一时间成为风头出尽的“打黑英雄”，他也因此迎来人生最辉煌的一刻。因为破获张君案有功，2000年11月，文强升任正厅局级侦查员，不久后又如愿以偿担任了常务副局长。

重庆公安部门一位资深刑警告诉晶报记者，文强办案确有一套自己的方法，他善于逆向思维，善于观察现场并进行逻辑分析，可以说是全国排得上号的刑侦专家。

在公安部统一编写的全国警校培训教材《缉捕术战术例集析》中，晶报记者找到了一个文强指挥侦破的案例：1994年张太玉持枪杀人案。该案的评析指出，此案破案成功的关键在于指挥长文强在案发后的“指挥高效、决策及时、果断、正确”。

已经退休的正部级干部张文彬，在接受记者采访时表示，他从不讳言自己在文强提拔过程中所起的作用，因为“在巴县和初到市公安局工作期间，文强还是求上进、聪明、勤勉的，他做出了许多成绩，符合当时干部提拔的要求”，但“他后来变坏了，也不到我这里来了，做事越来越不守规矩了”，“我也警告过他，他根本不听”。

张功摆好，胖局长酒色成性恶习渐多

文强在公安局内已无上升空间。他爱在媒体面前作秀，爱喝酒，最爱喝的是路易十三，每次都要消费2瓶以上。他常常喝得酩酊大醉，然后和区领导打架、玩女人。

按照惯例，重庆市公安局局长由市委常委、市委政法委书记兼任，且一般由外地调任。在市公安局内，文强几乎已无上升空间。20世纪90年代末期，文强曾有两次机会担任常务副局长，但均被比他资历浅但人缘好的副局长获得。这让文强颇为愤懑不平。

随着在副局长这个位置上越干越久，对各方面的情况越来越熟悉，资历越来越深，成绩越来越大，文强的思想也一天天改变，行为一天比一天“狂放”。并且，陆续地，从各个方面开始，不断地传来一些关于文强的“负面新闻”。

重庆媒体跑政法线的记者，对文强比较熟悉，不少人表示，大家最初对他印象最深的，是他特别爱显摆、爱表现。

1994年2月，持枪杀人犯张太玉从昆明被押解回重庆，文强前去接机，在机场看到有一大堆媒体记者，文强故意走过去，把张太玉戴着手铐的肩膀扭起来，做押解状面向媒体的镜头。“他的一脸肥肉在对着镜头作秀的时候嘎嘎乱颤”，一位仍记得当年情景的重庆政法口记者这样向晶报记者描述。

一个经常被提及的细节是，2000年9月19日，张君落网后，文强飞奔而上，一脚踏在张君脸上，然后拿出手机向上级汇报。上级问：“张君在哪儿？”文强答：“在我脚下！张君就在我脚下！”这段对话一直被媒体称作文强作秀的“代表作”。但一位当年曾在现场目睹张君被抓经过的重庆市民告诉晶报记者，其实，在这段对话之后还有一个情节并不为大多数媒体所知，却更能显示其“作秀”的“品格”：

文强给上级打完电话后，问张君：“你认不认得到我是哪个？”张君说：“认不到。”文强又问张君：“你认不认得到我是哪个？”张君说：“真的认不到。”文强看了看周围围得人山人海的群众，大声说：“我是重庆市公安局局长文强。”想了想，他又压低了点声音说：“我是重庆市公安局副局长文强。”

文强做事张扬，爱居功摆好，对这一点，重庆公安系统内部一直非议颇多。特别是张君被抓获后，文强频频在电视上露面，把一切功劳都归于自己，更是引起了市公安局一些老领导的不满。

而这还不是最可怕的。可怕的是，文强身上那些充满劣根性的东西，在其缺乏约束的权力欲望和体面身份的掩护下，越来越多地显露出来。

首先是嗜酒成性的文强又开始酒后滋事了。一次，他在渝中区喝得酩酊大醉，当场就和一位区领导打了起来。接到报告的市公安局局长想把文强叫来训话，哪知文强刚走到楼下，就在大厅里睡着了。

现场参观过重庆市公安局打黑成果展的一位重庆副厅级纪检干部告诉晶报记者，在打黑成果展上展出的文强的赃物中，就有一瓶标价7.6万元的洋酒、一瓶价值2.6万元的圆柱型3斤装五粮液。他说，据说文强最爱喝的酒是路易十三，每次都要消费2瓶以上。

酒与色常常是连在一起的。重庆纪检部门有关人士私下证实，文强被双规前，纪检部门曾接到过一封来自重庆某医院的匿名检举信，信中称，有一次一位和文强关系亲密的女性去该医院检查，被查出患有性病，这名女性当时就在医院大骂是文强害了她。但因为检举信是匿名的，无法查实，也就不了了之。

与文强有过交道的一些人士表示，这时候，关于文强灌醉女大学生后将其强奸、不惜花10万元带女中学生去开房、与重庆歌舞团原演员何某是情人等等传言，也陆续在小范围内有所流传。

但令文强最终走上不归路的，还是因为他与黑恶势力的“结盟”。

步入江湖，来往大佬皆是新时代“袍哥”

黑社会头子开设赌场，警察上门查赌竟被乱枪打死。文强下令将从赌场缴获的80多辆车和数不清的现金全部退还，除治安拘留了少数人外，其他人全部放回。

长于巴南、身材矮小偏胖的文强，性格上十分豪放不羁。重庆公安局内一位长期与文强在一起工作的民警介绍，文强江湖气息比较重，他说话喜欢带脏字，在细节上不大注意，管理上属于“粗放型”。他的原则是，“不管你用什么手段，把事情摆平了就行”。他闲时爱斗地主，喜欢金庸和古龙的武侠小说，是个武侠迷。某种程度上，这也可算一种亲和力。

重庆捷讯律师事务所律师康高源曾因工作关系去见过文强，他说，至少表面上，文强还是比较随和的，和他一起喝个茶什么的并不太难。

也许正因为这样的性格，文强由最初所谓的“搜集特情”开始，逐渐走入“匪圈”，与黑社会的“大佬”称兄道弟，开始了仕途之外的“精彩”。

重庆是一个因水而兴的码头城市。自南宋以来，这里的居民干的多是肩扛背挑、爬坡上坎这些靠抱团合作才能完成的工作，因而，比起其他城市，其骨子里有着更深厚的江湖帮派文化传统。清雍乾年间，重庆即有黑社会组织的前身“啯噜”活动。道光、咸丰年间，“啯噜”与从沿海传入的天地会结合之后，逐渐发展为著名的黑社会组织“哥老会”，即袍哥（源出《诗经》“岂曰无衣，与子同袍”）。民国时期，袍哥与青帮、洪门一起，并称为中国最著名的三大黑社会组织。20世纪80年代初期，新时代的“袍哥”也在重庆滋生和萌芽，逐渐形成带黑社会性质的组织团伙。

在这种共同的性格和文化背景下，需要经常与这些新时代“袍哥”们打交道的文强，在警与匪、线人与恶人的区分上，逐渐模糊了界线，失去了平衡，迷失了方向，最终融为一体，分不清彼此。

最常被人举出的一个例子是文强与黑社会大佬“二王”的交往。文强不但和黑社会大佬王平在街头吃烧烤，而且高调地出席王平女儿的生日宴，“穿着一身黑衣，开着名车，带着几名警察，大摇大摆地就去了”。亲见此事的警察如此描述。甚至，文强与王平的合影还被公布在媒体上。

根据媒体的公开报道，1996年12月，重庆朝千隧道发生枪战，王平涉案，警方虽布下天罗地网，但王平仍全身而逃，到了美国。有消息认为，王平当年就是因文强通风报信而逃脱的。

“二王”中的另一“王”王渝男，在重庆璧山县白云湖度假村内开设了一个赌场，文强的弟媳谢才萍即是这家赌场的股东之一。2000年10月，一名警察上门查赌，王渝男的手下开枪将其打死，“白云湖”案震惊重庆。然而就是在此案中，文强竟下令将缴获的80多辆车和数不清的现金全部退还，除治安拘留了少数人外，其他人全部放回。文强的弟媳谢才萍则在警察到来前几分钟溜走。

媒体后来的报道称，就是从此案开始，文强暴露了他与黑社会千丝万缕的关系，被指为幕后“最大的保护伞”，并由此引发了人大代表、政协委员和普通群众的一次又一次向上举报与反映。

后来，公安部介入“白云湖”案，由文强一手提拔起来的重庆市公安局治安总队总队长李虹等4名警察被查处。不过，文强和其弟媳的名字在案卷中没有留下任何痕迹。

文强还与重庆黑帮大佬中最有钱的某头目关系密切。据称，除了各种利益往来外，文强平时找小姐，都是由该头目负责安排。

还有多位不愿透露姓名的人士称，文强与2004年获刑20年的巴南区“黑老大”封曼、在重庆黑社会中颇有“地位”的“毛今儿”，都是结拜兄弟。“毛今儿”结婚时，文强曾带了30多辆警车过去，为其“助威”。

在重庆市公安局内部展示的打黑成果展中，有关方面绘制了一幅文强及其所保护的黑社会团伙的组织架构图。在这幅图中，文强为金字塔塔尖，下面分别是文强的四大“黑将”——重庆市公安局刑警总队原副总队长黄代强、治安总队原副总队长陈涛、公交分局原副局长赵利明、垫江县原副县长兼公安局局长徐强。通过这四大“黑将”，文强为六大“黑帮”提供“保护伞”：陈明亮团伙、龚刚模团伙、岳宁团伙、王小军团伙、王天伦团伙、谢才萍团伙。

除此之外，有知情人指出，文强巴南老家的虎溪镇（现属沙坪坝区）前镇长醉驾撞死人、曾家镇一中学老师强奸他人，也均是文强“保”下来的。

黯然退场，结局成最大的悬念

等待文强的，将会是怎样一个结局？这不但是留给重庆市民、留给国内外关注重庆打黑风暴的人们，也是留给文强自己的一个最大的悬念。

2008年6月25日，重庆市公安局召开干部大会，宣布文强不再担任副局长，由王立军接任。据参加了该次大会的人士介绍，在会议现场，文强和王立军握了手，并分别在大会上做了发言。文强表示支持市委、市政府的决定。

这是文强等待了16年的一次职务升迁。不过，文强却分明感到这不是升迁，而是大势已去。

2008年7月25日，重庆市第三届人大常委会第五次会议任命文强为重庆市司法局局长。

文强加紧了到各处的活动。有一段时间，他经常往北京跑，希望能打探到一些消息。他甚至还委托陈明亮为他四处活动。

不过，这些已经是徒劳。

“其实，早在2003年左右，就曾传出过文强被双规的消息。”重庆一位媒体记者告诉晶报记者。但过了没多久，文强就又出现了。在一次有众多媒体参加的活动中，“文强还特意将各媒体召集在一起，发表了一通与活动无关的讲话，似乎是想暗示自己没有被双规”。这位重庆记者说。

甚至在今年7月，一名记者在网上看到文强被双规的消息，还试着给文强打了一个电话。文强在电话中笑道：“我也听说我被双规了。”

不管他内心如何焦急，至少在表面上，文强仍然表现得十分自信。

后来的官方消息显示，文强是今年8月6日在北京参加全国司法厅（局）长座谈会时被限制行动的。

8月7日凌晨3时23分，有网友在天涯论坛首次发布了“文强因涉黑，今日凌晨2点被双规”的准确消息。

8月7日上午9时38分，从北京飞往重庆的国航CA1419航班降落在重庆江北机场，文强在一群便衣警察的簇拥下，被带上不远处的警用防暴车。而“打黑局长”王立军也到机场“迎接”。不过，这一次，他没和文强握手。

网络上传出的图片显示，7日早上，在重庆市司法局和市公安局大门口附近，有重庆市民鸣放鞭炮庆祝。

8月7日23时26分，华龙网打黑论坛上，一条来自重庆市纪委的消息证实文强正在接受调查。

8月13日，重庆市政府新闻发言人周波正式宣布文强已被双规。

9月26日，文强被执行逮捕。

10月29日，重庆市人民检察院检察长余敏表示，文强、彭长健案预计将于11月移送审查起诉。

11月19日，重庆市政府新闻发言人文天平表示，文强案已进入司法程序。

等待文强的，将会是怎样一个结局？这不但是留给重庆市民、留给国内外关注重庆打黑风暴的人们，也是留给文强自己的一个最大悬念。

（载《晶报》2009年11月24日）

附记：

这篇文章是全国媒体中最早的一篇对文强红黑人生经历的全面疏理，刊发于文强案开庭审理之前两个月。当时文强案案情尚不明朗，作为一个曾经的权势人物和厅级干部，文强身边的人和曾在其身边工作过的人口风甚严，采访颇为不易。能挖出这么多详尽的故事和细节，可以说几乎动用了我所有能找到的关系，包括一位在深圳工作的重庆某副厅级干部的高中同学。这位副厅级官员的暗中热心安排，使我的采访得以突破，获得很多别人拿不到的材料。

《南方人物周刊》一位记者原本准备写文强，看完我的报道后打来电话开玩笑说，你都已经写完了，我们还写什么？不过，在文强案开庭审理、一审和二审判决、被执行死刑后，出现了许多有关其完整人生经历的深入报道，那是后话。

我真正见到文强是在两三个月后的重庆第五中院法庭上。2010年2月2日至7日，我连续6天旁听了文强案的审理，每天发回数千字的庭审报道，但所写的那些是所有参加庭审采访的记者都能获得的信息，远没有这篇报道有成就感。

文强于2010年4月14日被一审宣判死刑，5月21日二审维持原判，同年7月7日被执行死刑。

文强当然是一个有罪之人，但他也是薄、王人治体制下的牺牲品。

案例27：

重庆打黑颂扬声后的坊间争论

本报特派重庆记者　黎勇

岁末年终，曾引发无数国人关注的重庆打黑除恶风暴，高潮隐退，日趋沉寂。这场2009年最受瞩目的事件，在展开伊始的数个月内，得到了包括重庆市民和重庆以外地区不少老百姓的拥护。在重庆的“叫好”者中，有人登广告，有人送锦旗，也有人放鞭炮……老百姓对政府工作的支持、赞赏与配合度，达到了近几十年来中国社会的新高。然而，随着近日北京律师李庄的被拘，在重庆打黑一片颂扬声的背后，一些在坊间争论和非议许久的话题，也逐渐浮出水面，凸现在人们面前。

不仅仅是李庄被拘引发的争议，从一开始，就有一些与主流民意不一样的声音，在坊间流传……

争论一：“行动”成了“运动”？

“打击黑恶势力的专项行动，成了一场政治运动。写保证、写自我交代、检举揭发他人、签保密协议，有点类似于‘文革’时期了。”一位身居高位的重庆官员摇着头说。

10月25日晚，在重庆市渝中区的一家酒店里，重庆一家网络媒体的采访部门负责人，向晶报记者讲述了他所亲见的一个场景：

重庆市司法局局长文强和公安局副局长彭长健被抓后，重庆市公安局局长王立军召开了一次全市公安系统处级以上干部会议。出席会议的人员事先都安排好了座位。会议开始，王立军提醒，各人都要坐到自己的位置上，千万不要坐错了位置！参会人员到齐后，进来一排武警，站到了6个人中间。这6个人顿时吓得浑身发抖，手脚哆嗦。但那些武警却没有任何动作。过了一会儿，坐在武警旁边的其中一个人精神崩溃了，伸出双手对武警说：“你把我铐住吧。”武警说：“不是来铐你的。”那名参会人员说：“铐我吧，不管你们是不是来抓我的，我都坦白，我有问题……”

这位重庆媒体记者告诉晶报记者，在打黑开始后的相当长一段时期内，重庆官员都特别怕“开会”。因为文强、彭长健、徐强等被抓的政府官员，都是在开会时被带走的。这个场景，就是在强大的“打黑”气氛和“气场”威慑下，重庆官场风声鹤唳、草木皆兵、人人自危的一个小小缩影。

“打击黑恶势力的专项行动，成了一场政治运动。写保证、自我交代、检举揭发他人、签保密协议，有点类似于‘文革’时期了。”一位身居高位的重庆官员摇着头说。

不仅官场如此，在商界，一个接一个“亿万富翁”“商贾名流”作为黑社会团伙头目先后被抓了进去。面对越来越“严峻”的形势，一些企业界人士如坐针毡，深恐哪一天“噩运”降临到自己头上。有媒体报道，当时曾有一些富豪卖掉自己在重庆的产业悄悄出逃。

而最为引起争议的是在审判阶段。黑社会团伙系列案件开审之后，法院组织了人大代表、政协委员旁听庭审，每一场庭审之后再邀请这些人大代表和政协委员座谈，“听取他们对案件的事实认定、定罪量刑等方面的意见和建议”，重庆相关法院的官方网站新闻稿称，对人大代表和政协委员的这些意见与建议，“合议庭将在评议案件时予以参考吸纳”。

法律界人士立即指出，法院合议庭成员由人大代表选举产生，对选举法官具有投票权的人大代表直接就具体案件发表看法，严重违宪，干扰法院独立审判，“政治气氛太浓了。这不是20世纪五六十年代了，搞运动也不能违反法律呀”。

9月初，在打黑系列案开审之前，重庆市司法局已专门发文，要求办理涉黑案件的律师，“讲政治、顾大局、守纪律”，“不得接受媒体采访，不得泄密，对苗头性问题要及时报告”。一位不愿透露姓名的重庆律师告诉晶报记者，这份文件下发后，很多重庆本地律师不敢或不愿接涉黑案，一些涉黑案件当事人家属，则不得不到重庆以外的地区聘请律师。

到了后期，即12月18日，新上任的重庆市司法局局长在一个律师工作座谈会上，公开要求代理涉黑案件的重庆律师“增强政治意识、大局意识和责任意识”，必须“顾大局、守纪律”。这引来全国媒体的强烈批评，不少媒体指其缺乏基本法律意识，讲话有违法治精神。

率先公开指出重庆打黑有“政治化、运动化和扩大化”之嫌的，是曾长期在深圳为农民工讨薪和维权、以敢做敢言闻名的重庆律师周立太。他在10月上旬接受媒体采访时呼吁，打黑除恶不应该运动化，更不应该变成政治运动。

“打黑本来就是政府分内的事情，如果运动化，很多事情就会扩大化。”“重庆自成立直辖市以来，有60万件案件没有破，也就是一年5万—6万件……打击犯罪，要建立起长期、良好的常态机制，不能是突袭式的、政治运动式的。往往通过政治运动的形式来完成的，都会扩大化。”

周立太担任了涉黑案中一名犯罪嫌疑人的辩护律师，有人认为他说这些话是为黑社会开脱。他的观点随即遭到了猛烈抨击，一些“网友”将“砖头”砸向周立太，痛骂他是“黑社会的狗头军师”。他不得不专门开设博客，不停地接受媒体专访来为自己辩护。重庆官方也公开澄清，称打黑“不会扩大化”。

但是，关于“打黑行动”是否已演变成“政治运动”的争论，并未因此而停歇。

争论二：“打黑”变成“黑打”？

“欲加之罪”只是一小部分人的猜测。一些法律界人士认为，打黑系列案件中的程序公正得不到保证，才是“打黑”变成“黑打”的最值得诟病之处。

重庆政界资深人士指出，重庆打黑风暴中的这些行动，其实与2007年底重庆新领导班子上任以来所实施的几项重大举措、思路一脉相承。

2008年6月开始，重庆市轰轰烈烈地开展起“唱红歌、读经典、讲故事、传箴言”（简称“唱读讲传”）活动。在外人看来，这更像是一场运动。以“传箴言”为例，重庆机关事业单位工作人员均被要求每人必须发N条短信，各个单位也下达了发送短信总量的任务。有区县更是成立了“红色短信研发中心”，组织专门人员创作编写“红色短信”。据《重庆日报》报道，市主要领导亲自创作并上传的一条短信，到2009年6月已被转发了1600多万次。

官方称，这项运动的目的，意在“传播主流价值，丰富群众文化，培育城市精神，提升市民素质”，以推进社会主义核心价值体系建设。

然而，“塑魂工程”似乎并未达到“提升市民素质”的目的。2008年11月3日，重庆爆发了规模庞大的全城8000辆的士司机罢运事件，引发海南三亚、甘肃永登、云南大理等全国多个城市的的士罢运连锁反应。事件平息后，重庆市领导召开座谈会，听取的士司机的意见。会上，重庆渝强公司的代表黎强粗暴地打断了市主要领导的讲话，拍着桌子吼道：“你刚来重庆，对重庆的情况不了解，我来说给你听！”

如此张狂、“没有素质”的市民，竟然还是市人大代表，而且据官方事后调查，正是他“幕后指使和策划”了的士罢运事件。有着红色革命传统的重庆怎能任其肆意胡为？

据说，这成为引发重庆打黑风暴的导火索。

有消息证实，最开始，黎强案即被列为重庆打黑第一案。后来，因牵出文强，黎强案才退居第二位。

10月26日，晶报记者和来自全国各地的数十名记者一起，在重庆市第五中级人民法院旁听了黎强案的开庭审理。走出法庭，不少记者私下交流，大家都有一个共同感受：黎强不像是黑社会。“黎强确实很可恶，有许多违法犯罪行为，但硬要给他戴上‘黑社会’头目这顶帽子，还是有点底气不足。”一位上海记者说。

面对公诉人长达59页、宣读了3个小时的指控，黎强的辩护律师赵长青在第一天法庭调查中只花了不到10分钟，问了黎强几个问题，就使旁听者明白了指控黎强为“黑社会”为何不合法理。

75岁的赵长青是中国研究刑法的专家，曾参与1997年《中华人民共和国刑法》的修订。“黑社会性质组织罪”正是在1997年的修订中被第一次写入刑法。对什么是黑社会犯罪，赵长青可以说是权威学者之一。他认为，要认定黎强是“黑社会性质组织的组织者、领导者”，必须解决“载体”“行为”“领导”三个前提，但这三个前提黎强都不具备。因此他完全否定了检方对黎强“黑社会”罪名的指控。

除赵长青外，黎强案中的其他42名律师，事前互相之间并未经过任何沟通，但也都在庭审中全部否认了检方对各自当事人的黑社会犯罪指控。

有律师认为，这不是因为律师和当事人有何预谋或死不认罪，而是根据事实和证据，各当事人确实不符合黑社会犯罪的构成要件。

那么，专案组和公诉机关为何一定要把黎强“往黑（社会）里‘整’”呢？

黎强案庭审旁听席上，坐在晶报记者身边的是一位平头，穿夹克衫、休闲裤的精干小伙子。他自称是“普通市民”（但普通市民是进不了法庭的。根据法院提供的信息，进入法庭旁听的只有案件当事人家属、记者和人大代表、政协委员。后来记者获知，还有一种人就是该案件的专案组成员，他们一般悄无声息地坐在旁听席最后几排，不透露身份。这个“普通市民”刚好符合这些特征）。他向晶报记者透露，出租车罢运事件，是重庆多种矛盾长期积累的结果，但这次事件对重庆的形象造成了很大的负面影响，因此有人想把罢运事件的责任推给企业，推给黎强和“黑社会”。这次有人提出要“重新审视和注释罢运事件”，“查出罢运事件的真正黑手”，就是这个原因。其实，出租车罢运事件后，渝强公司当时就已被处理过，有几名参与闹事的人被抓，后来黎强想法弄出了两人，但放出的当天下午，市公安局局长王立军就带人把这两人又抓了回去，还撤了放人的巴南公安分局一名副局长。

不只黎强案，在初期开庭审理的杨天庆等9人、刘钟永等22人、李义等26人、谢才萍等22人涉黑系列案件中，各个涉黑“老大”及其他被告人，也几乎都对其构成“黑社会性质组织犯罪”的指控表示不认罪。“黑社会”组织成员却全都不承认自己是“黑社会”，这引发了社会各界的广泛议论。

“欲加之罪”只是一部分人的猜测。一些法律界人士认为，打黑系列案件中的程序公正得不到保证，才是“打黑”变成“黑打”的最值得诟病之处。

赵长青以法律界的师长之尊，在黎强案开审之前，也只见过黎强两次。而在全国较有影响的律师周立太，担任李义案涉黑被告人李志刚的代理律师后，他声称，“提前见不到被告人，看不到案卷，看不到证据，只能在法庭上瞎说”。

“被告人不管犯了什么罪，不管严重到什么程度，他都有委托律师的权利，律师有为他提供法律帮助的权利，有会见权，而在本案中一律不得会见。在审判阶段，所有律师都看不到案卷，所有的案子也都是快起诉、快审理。如此办案，律师如何发挥辩护权？”周立太质问。

而在此之前，已有外地律师在华龙网、天涯社区重庆版等网络上，讲述自己代理涉黑案，却见不到人、看不到案卷的窘境，称“涉黑案律师摸不着黑”。

法庭上和法庭外，律师们都发出了“打黑不能黑打”的呼声。

这种呼声在李庄案出现之后，变得更为强烈。

争论三：“舆论”源自“官论”？

每当有不符合官方腔调的声音出来，论坛上便会出现大量围剿、反驳文章。这些文章，也大都与官方的基调一致，且“文采斐然”，决非一般网友能够写出来。

北京律师李庄的被拘，使坊间对重庆打黑的非议之声达到了顶峰。

12月14日，《中国青年报》以《重庆打黑惊曝“律师造假门”——律师李庄、马晓军重庆“捞人”被捕记》为题，披露了重庆打黑案中的一桩案中案：北京康达律师事务所律师李庄，因帮助被告与他人串证，教唆龚刚模编造被公安机关刑讯逼供等谎言，唆使其向法庭提供虚假供述，被检察机关逮捕。

这篇报道的内容引起了公众的强烈反应。与以往所披露的案件中公众的反馈多数支持重庆打黑不同，这次有为数相当多的民众认为，这是重庆公安司法部门“杀鸡儆猴”，是对代理涉黑案件的重庆市外特别是北京“有背景”律师的“敲山震虎”。李庄会见龚刚模时向其眨眼是“教唆其翻供”、李庄未向法院提交任何证据却被称为“伪造证据”等指控，以及仅仅依靠举报人的举报就予以逮捕，李庄12月12日被拘留、13日被批捕并召开新闻发布会、14日刊出长篇报道、不到一周即起诉，事前似经过周密部署等问题，都成为各界质疑的焦点。

有意思的是，披露此事的《中国青年报》这篇报道本身也引起了极大的争议。这篇报道被指为“文革”腔调，堆砌大量形容词，主观倾向明显，甚至声嘶力竭。“从专业上看，它是典型的‘黄色小报’体写作，用危言耸听的描述来吸引读者。”在没有司法定性前，记者已将李庄定性为“混迹律师界十余年”，“为捞钱”“有背景”的一个混混。记者“违背基本的新闻公允原则”，只报道警方的说辞，却不给当事人李庄澄清、质证和辩驳的正常话语权，是一篇“专政报道”。当天晚上，在央视《新闻1+1》节目中，中国政法大学法学院副院长何兵教授作为节目嘉宾就对这篇报道存在的问题予以了批驳。

就在采写这篇报道的中国青年报记者在博客上回应称为写这篇报道“做了很多采访”时，12月17日，《新京报》刊发该报记者的报道称，李庄被批捕当日，重庆警方曾组织人员写了两篇通稿，其中一篇与《中国青年报》的报道基本一致，也曾发给该报。

“一家曾有着光荣的新闻专业主义传统的大报，在此次事件中却沦为警方的打手和工具，这是中国媒体2009年最大的耻辱。”在新闻业界的专业论坛上，业内人士发出如此长叹。

实际上，重庆打黑开始以来，一只无形之手一直在操控着舆论的进展。关注着打黑案的各地记者对此深有体会。而此次，这只无形之手只是有意或无意地露出了它的几个小指头。

最早的案例发生在文强被双规之时。事实上，不是记者，而是官方主动但匿名地在网上发布了文强被双规的消息，以试探群众的反应、搜集更多的证据。

重庆华龙网是重庆有官方背景的新闻网，其“打黑论坛”堪称重庆打黑的“权威消息来源”，经常有用官方语言写作的“网友”，在上面披露一些“打黑”的零星独家消息，而且几乎都和后来官方正式公布的完全吻合。显然，这些“网友”不简单。

不仅如此，每当有不符合官方腔调的声音出来，论坛上便会出现大量围剿、反驳文章。这些文章，也大都与官方的基调一致，且“文采斐然”，决非一般网友能够写出来。有资深网友认为，这些“舆论”基本来自“官论”。比如央视《新闻1+1》12月14日报道李庄案之后，由于何兵教授认为无证据证明李庄有罪，华龙网几天之内立即出现了十几篇反驳和谩骂何兵的评论。而支持何兵的则几乎没有。网上几乎只有一种声音，这种声音就是当地政府的声音。

“警方雷厉风行抓人，法院三五两下断案，媒体异口同声报道，民众奔走相告叫好”，这似乎是重庆官方设想的“打黑”理想模式，然而，“在过去的经验面前，目前的社会已经变得复杂了”。这已经不是一个一言堂的时代。著名传媒学者展江表示，在一个有不同价值观、文化背景丰富的社会中，应该允许不同声音出现，只有当这种不同的声音越来越多，争论越来越大，事实和真相才能越来越清楚，而社会也才能越来越进步。

（2009年12月31日拟见报，2012年3月17日发表于网络）

附记：

现在来看这篇文章，似乎没有什么特别之处，文中所述，今天已人所共知。但要知道，这篇文章写于2009年12月。当时薄熙来还是中央政治局委员、重庆市委书记，王立军还是重庆市公安局局长，王立军闯领馆及其后的一系列事件还没有发生，重庆“打黑风暴”正如火如荼，国内官媒对重庆“打黑”仍好评如潮，批评的声音极为稀有。这一时刻，我将自己在采访中的观察，写成文章，对重庆“打黑”提出了几方面的质疑，这是需要一定的洞察力和勇气的。而且，文章差点就公开见报了。

2009年12月31日凌晨快一点，两个版的报道已经完成组版，出了清样并校对完毕，编辑流程已经走完，只差半个小时就要签发付印了。后来因故没有见报。

直到两年后，2012年2月6日，发生王立军闯入美国驻成都总领事馆事件，2012年3月14日，时任国务院总理温家宝在全国“两会”记者会上指出“重庆市委和市政府必须反思，并认真从王立军事件中吸取教训”，3月15日，中组部证实中央决定免去王立军的重庆市副市长职务。

3月17日，我在博客和微博上将这篇尘封两年的文章发出，引起网友热议。博客点击率短短几天达到30多万。国内外多家媒体对此做了报道和评论。上海《新民周刊》等报刊还引用了本文中的大段文字。

这是一段历史的记录。

案例28：

26岁富士康工程师左脑被切除之后

本报记者　黎勇

50岁的河南郸城农民张广德一辈子都没想过要来深圳。但是，2011年10月26日傍晚一个悲伤的电话，把他和妻子、女儿一下子全都“牵”到了深圳，且一待就是整整一年。这个普通家庭的生活轨迹，就这样被突然改变。

这个电话告诉他：儿子张廷振在深圳出事了。

到富士康工作不到3个月，张廷振遭电击摔下，被切除左脑。左脑被切除的后果极其严重：智商为零，失忆，失语，右侧肢体瘫痪。

张廷振是富士康总部周边事业群塑应中心的设备维修工程师，其时，他到富士康工作不到3个月，还在试用期。

2011年10月26日这天下午，张廷振和同事刁良有被派到龙华厂区工务课粉碎车间维修楼顶的射灯。据刁良有事后描述，他们13时半准时上班，先到E12A栋修好了北面的第一个射灯，然后刁良有背着梯子，张廷振拿着维修工具，去修南面的第二盏灯。刁良有扶着人字梯，张廷振爬到梯子上，把灯罩打开，看到灯管黑了，便让刁递上来一个灯管。张廷振安装好灯管后，让刁良有去捂光控开关。1分钟后，13时40分许，刁良有从几十米外的墙壁处捂完光控开关回来时，发现张廷振已摔倒在地，“他的右手像快死的人一样乱抓自己，左手也是一样乱抓自己”。

刁良有事后回忆，张廷振应该是因没戴绝缘手套，不慎被电击倒后摔下。因为张廷振倒下后，人字梯并没有倒。“上班时廷振戴了安全帽，穿了工鞋，拿有验电笔、万能表、灯泡，唯一没戴的是安全手套（绝缘手套），因为公司仓库的货架上没有安全手套。”刁良有说，在他们工作前后和工作中，公司安全科没有对他们提出安全方面的要求，也没有进行过安全防护检查。

张廷振摔倒后，刁良有急忙打电话给班长刘春成，刘春成和主管陈利君赶到现场。刁良有背着张廷振，经E12A，绕过E12栋和E8、E7，一口气跑出300米远。接着，同事袁啸轩又接替刁良有背起张廷振，一直把他背到公司的南大门。公司的商务车等在这里。

刁良有说，把张廷振从摔伤现场背出来到放进公司的商务车里，时间不超过10分钟。但是，晶报深度调查记者查询到，龙华人民医院的接诊记录显示张廷振入院时间为15时10分。也就是说，从13时40分事发，到15时10分入院，张廷振被耽误了整整90分钟。而从富士康南大门到龙华人民医院，路程不过2.8公里。正常情况下，张廷振从摔伤到送进医院，应该只需20分钟到半小时时间。“我背着他时还能清楚地感受到他口鼻在出气，放上车后，他的四肢也能活动。”刁良有说。

这90分钟，富士康的商务车载着重伤的张廷振去了哪里？刁良有因没随张廷振上车不知情。张广德曾询问富士康有关人员，有的回答说先去了富士康医院，有的说去了龙华另一家医院，但没有一个人能准确地解释这90分钟是如何耽误的。张广德认为，富士康在事发后未及时将张廷振送医和送到有条件的医院，延误了儿子的救治。这成为他此后控诉富士康“不人道”的第一条“罪状”。

根据龙华人民医院后来的诊断记录，张廷振当时系从4米高处落下，头部着地，左脑凹陷，伤后持续昏迷、呕吐，双侧鼻腔流血，送到医院后出现全身抽搐和呼吸停止。他被诊断为“特重型颅脑损伤”，同时双肺挫伤。

深圳市第二人民医院的一名医生告诉张广德，按照张廷振的病情，如果摔伤后立即送医，医院条件许可，张廷振可能只需治疗几个月就可出院，恢复正常人的生活。但是，他的治疗被耽误了。

张廷振在医院里昏迷了差不多一个月。龙华人民医院对张廷振先后施行了两次开颅手术，将他的左脑和部分头壳切除。之后，深圳市第二人民医院又为他施行了颅骨修补术和脑部—腹腔分流术等两次开颅手术，安装了人工颅骨及分流管。经过5个月的治疗，张廷振由神经外科转入康复科。

左脑切除的后果极其严重：张廷振的智商为零，失忆，失语，右侧肢体瘫痪。

当晶报深度调查记者与张廷振打招呼时，张廷振只会像一个1岁的孩子，好奇地看着人傻笑。“他以前很长时间只会笑不会哭。”张廷振的妹妹张红玲说，有一次妈妈假装要打他，他才哭了。

张廷振成了一个每一分钟都需要人照顾的人，生活完全无法自理。吃饭需要人喂，大小便需要人帮助，走路需要搀扶。更重要的是，他谁都不认识，什么都不记得，一个正常成人对社会的所有认识都已丧失。

人活着的悲哀莫过于，自己的亲人每天陪伴、服侍着他，而他却根本不知道他们是谁。

为张廷振争取正当权益的战斗，从他摔下的那一刻就开始了。有一件事很奇怪：张廷振人在深圳富士康工作，劳动合同却在惠州。

当张广德连夜坐火车赶到深圳时，已经是第三天凌晨1点多。妹妹张红玲在广东江门打工，距哥哥最近，她得知哥哥出事后当天晚上就赶来。

张廷振手术后很快感染，烧成肺炎。张广德认为龙华医院条件有限，要求转到条件好一点的市级医院，被拒绝。到第21天，龙华医院准备做第三次手术，张广德央求在深圳认识的老乡帮忙，终于将张廷振转到了市二医院。

张廷振摔伤后，他的所有物品，包括电脑、身份证、社保卡、工资卡、工作证（厂牌）、劳动合同等都被富士康扣押。在市二医院做手术必须有本人身份证。2012年1月9日，张广德赶到富士康，想要回儿子的身份证和其他被扣押物品，没料到，他在富士康厂区南二门，被保安拖进厂区，一顿暴打。

4月9日，张廷振从神经外科出院，转入康复科治疗，需富士康有关人员在社保局账单上签字，但富士康的两名相关负责人就是不签字。不签字，张廷振就无处可去，在深圳也无家可归。没办法，张广德只好拉着不让他们走。这两人竟在市二医院门前的立交桥下对张广德动粗打人。张广德报警后，在派出所的协调下，富士康派来一个主管签了字。

暴力并不是最可怕的，最可怕的是法律陷阱。

2012年1月6日，张廷振的工伤决定书下达，张广德才知道，儿子的用人单位不在深圳，而是“基准精密工业（惠州）有限公司”，工伤认定机构是惠州市博罗县人社局。

由于工伤赔偿标准按照当地的平均工资计算，而惠州的平均工资远远低于深圳，这意味着，初略估计，如果在惠州，张廷振能获得的工伤赔偿将比在深圳少三四十万元。

被切除半个脑袋的张廷振属于严重伤残，今后一辈子都需要有人照料，赔偿标准过低将使家人无法应付以后的生活。张广德说：“我儿子从面试到工作一直都是在深圳龙华富士康厂区里面，从没有去过惠州，工资也是位于龙华的富士康总部周边事业群发的，怎么可能工作单位变成惠州呢？”

张广德千辛万苦终于找富士康要来了儿子的劳动合同，顿时傻眼了：合同上的用人单位确实写的是“基准精密工业（惠州）有限公司”。合同第二条明确写着：“乙方的薪资关系所在地为惠州市，除该地点外，工作地点不限于中国大陆和集团在国外投资各地，包括但不限于甲方及关联企业投资各地的工业园区、据点等所在地或临时派驻/出差地。”

上海伟创律师事务所律师张小潭在查看过张廷振的劳动合同后认为，这是一个陷阱合同，富士康想以惠州低廉的工资标准钻法律的空子，既可以少交社保，又可以规避企业必须给员工交社保的法律监管。“这是一种新现象，值得每个打工者引起注意。”张小潭说，按照法律规定，即使公司所在地在惠州，而被派驻到深圳工作，也必须按深圳的标准交纳社保，享受深圳的社保待遇。但现在一些企业为了省钱，玩一些小花招，罔顾员工利益，值得高度警惕。“这应该不只是一个个案。”张小潭说。

张广德在向上级有关部门反映情况的过程中获知，类似张廷振这种人在深圳上班、劳动合同上的用人单位却在惠州的情况，在富士康不在少数。“可能是几千人，也可能是几万人。”熟悉富士康情况的有关人士称。

但深圳市社保局副局长杜斌对晶报记者表示，他还是第一次听说这种情况，不排除公司与员工签订的是假劳动合同，“如果仲裁机构裁定公司与员工的事实劳动关系在深圳，工资在深圳发，而公司没有在深圳为员工交纳社保，按社保有关规定，公司要受到处罚，工伤也应由公司赔偿”。不过，他认为，企业钻这个空子不一定划算，因为惠州企业社保缴费比例比深圳要高，但就工伤赔偿来说，深圳的赔偿标准确实要远远高于惠州。

张广德又仔细查看了儿子的劳动合同，他发现，合同上的签名不像儿子的字。“这份劳动合同是不是真的还很难说。”张广德说，他对儿子的字迹非常熟悉，合同上儿子的签名与他平时的签名不符，他怀疑这份合同是儿子出事后富士康“制作”的。他到惠州市社保局查询发现，儿子的社保记录上有交纳利息的记录，“他们说这种情况可能是事后补办的社保”。

张广德说，张廷振进入富士康工作后的工资单上，一直印着“富士康科技集团总部周边事业群员工薪资单”。但从今年5月份起，当富士康得知张广德对张廷振的工作单位所在地提出疑问后，张廷振的工资单被改成了“富士康科技集团基准精密员工薪资单”。

7月20日，富士康公司派了5名工作人员到市二医院，要求张廷振出院，到惠州做伤残鉴定，否则就停止发放生活费。张广德咨询过律师后向富士康提出，儿子治疗尚未终结，病情尚不明朗，按照法律规定，伤残鉴定应在治疗终结后进行，他不同意到惠州做伤残鉴定。其后，富士康有关人员又多次通过短信等方式通知他，要求带张廷振到惠州做伤残鉴定。短信带有威胁意味：“如逾期未到，即视为拒绝鉴定，公司将停止支付张廷振相关费用，并且将到相关机构申请追偿已支付费用。”

7月29日，富士康负责处理张廷振事宜的刘昌剑通知张广德：所有找富士康报销的费用发票，开票名称必须改为“基准精密工业（惠州）公司”，否则不予报销。

对于为何张廷振在深圳上班，却与惠州的公司签订劳动合同，富士康方面一直与张广德联系的刘昌剑对晶报记者称：“我也不知道。”随后便挂断电话，再也不接听。

张广德在律师的建议下，到有关部门要求确定张廷振与位于深圳龙华的富士康公司事实劳动关系成立。他先到惠州，惠州和博罗有关部门不予受理；他又到深圳市劳动仲裁委、宝安区劳动仲裁委、深圳市社保局、宝安区社保局、龙华街道办、龙华劳动仲裁庭，举着牌子，跪在那里。这些单位要么不予理睬，要么推到惠州或其他单位。张广德在一个月里走烂了两双鞋，不惜一次又一次地下跪，终于“感动”了一位领导。在领导指示下，宝安区劳动人事争议仲裁委员会受理了他的申请。张广德已接到通知，张廷振诉鸿富锦精密工业（深圳）公司的劳动仲裁案，将于下月24日在龙华开庭。

不管劳动仲裁结果如何，富士康或社保局赔偿多少钱，都已赔不回张廷振26岁的青春和今后的美好人生，以及养育他长大的幸福家庭。

1986年11月出生的张廷振，2010年毕业于河南商丘职业技术学院机电工程系。张广德说，儿子高中时体育成绩非常好，100米短跑最好成绩11秒4，曾获得周口市冠军；铅球能扔到12米，在河南5个地级市排第一；立定跳远成绩3米，为河南省高考该项目第一名；足球更是他的专长。2007年高考时，张廷振报考武汉体育学院，体育术科成绩78分，为郸城县第一名，但因文化课成绩差13分，没能上成体院，才去读了职院。

2010年5月，张廷振毕业后来到深圳，在宝安福永的一家机械设计制造厂找到了工作。张廷振还拥有高级电工证等多项专业技能证书，工作卖力，性格开朗，受到很多同事和朋友喜欢。“我哥哥以前长得很帅的，你看他以前这些照片！”张红玲指着照片对晶报记者说。

张廷振一家4口人，妹妹打工，母亲种地，父亲张广德2010年春成立了一支30多人的建筑队，承包了当地新农村建设的一个小工程，收入还算不错。在河南农村，这个家庭的幸福日子眼看伸手可及。

2011年初，张广德已经雄心勃勃地设计好这个家庭未来的美好蓝图：他请人为儿子介绍了一个女朋友，并开始盖新房。儿子的女朋友在深圳富士康做技术员，两人感情进展顺利。2011年8月4日，张廷振为了有更多时间和女朋友在一起，也应聘到了富士康工作。休息时，他们俩常去深圳的各个景点游玩，拍了很多照片，还每周给家里打一次电话。张广德计划年底为他们举办婚礼，希望他们尽快给自己添个孙子。这时候，张广德为准备儿子结婚而建造的两层楼新房，也已经动工，水泥、沙石、钢筋等10多万元的建材都买了回来，张广德一边带领建筑队在外施工，一边趁闲暇时在家亲自动手盖楼，第一层楼的主体已经建好，第二层楼即将开建。

但2011年10月26日傍晚来自深圳的紧急电话，让张广德所有的计划都成为泡影。保住儿子的生命成为他最重要和全部的工作。

从家里带来的5万元很快花完了。有些药不在社保局报销范围之内，购买康复训练器械的费用也不能报销；张廷振上厕所要用湿巾，每天要洗2次澡，要买尿袋，要补充营养；这些钱都只能花张广德自己的。加上一家4口人的生活费、往返各处的交通费，张广德向家里亲戚借的钱也花光了。

富士康按照护理费一天190元、家属每人每天30元、张廷振生活费每天80元和住宿费每月1700元的标准，每月给张广德发放一部分费用。但这个费用并不够用。而且就是这个费用，因为张广德没有按照富士康的要求送张廷振去惠州做伤残鉴定，9月份已减少了1500元。下个月，张广德不知道富士康还会不会给。

张廷振在富士康的底薪是2500元，出事前每月实际工资超过4000元。虽然张廷振工伤后，富士康按法律规定仍继续给他发工资，但只按2500元发，扣除费用后只剩1800元。就是这1800元，张广德也一分没拿到，因为工资卡被富士康方面扣押了。离奇的是，张廷振出事后一直住在医院，但富士康仍每月扣除他500元住宿费。

张家人常常傍晚去医院附近的便民工程车旁边捡些别人不要的蔬菜，拿回来在床边的电饭锅里炒着吃，而把省下来的钱给张廷振治病和补充营养。

张广德说，他赶到深圳后，他带的建筑队解散，因剩余工程无法完成，承包项目亏损了15万元。为准备儿子结婚盖的楼也成为半拉子工程，历经一年的风吹雨淋，加上家中无人照料，许多建筑材料被偷或被毁坏成为废品。廷振的妈妈来深圳后，家中的8亩良田也无人耕种，全部荒芜了。

张廷振的女朋友，自从他出事之后来看了几次，就再也没出现。

张广德在市二医院旁边的一个小区里租了一间10多平方米的房间。这是一个普通小三房中的一间。套房除了每个房间被租出去，客厅和卧室的走廊也被几块布隔开出租了。张家租的房内，除了一张床，狭小的空间里挤着很多杂物和做饭的用具。这间小房房租1800元，张家已经拖欠了3个月。房东同情他们，才没赶他们走。

廷振的妈妈在病房支了一张床，平时住在病房；张广德和张红玲则轮流在租来的房子和医院一楼大厅候诊的凳子上睡觉——一个人睡租来的房子，另一个人就睡候诊大厅的凳子。

现在张廷振每天下午2点到5点要做锻炼和治疗：语言训练、肢体锻炼、电疗、站立训练。3个小时对他来说很艰难，他现在就像个孩子，做肢体锻炼的时候会很疼，他就会反抗，有时甚至打医生、掐妈妈的脖子，只有张广德在的时候他才有点怕。妹妹则要忙着买菜、做饭，一家三口人照顾一个病人，仍然忙不过来。

张廷振通过康复治疗能够取得什么样的效果，仍然很难估计。医生认为，张廷振今后的日子，将永远离不开亲人的照顾。父母终将有一天会老去，谁来服侍他一辈子？提及未来，张广德感到无比忧虑和茫然。

“一切都是富士康造成的，如果不是公司没有足够的劳保用品，如果事发后公司抢救及时，廷振怎么会是现在这样？”张广德说，一个健健康康的大学毕业生，前程似锦，刚进富士康不到3个月，就变成了这样，这是谁造成的？

（载《晶报》2012年9月28日A6-8版）

附记：

2016年3月12日，在这篇报道刊出整整3年半之后，张廷振的父亲张广德邀请我、香港中文大学新闻与传播学院邱林川教授和NGO萤火虫的志愿者小林在深圳市二医院旁边的一家餐馆里小聚，为这件事，画上一个句号。

张广德告诉我们，张廷振已获得了深圳社保待遇标准的工伤事故赔偿及部分额外补偿。他们全家将带着这些钱离开深圳，回河南老家去，尽管这些钱并不足以买回张廷振的健康和未来。张廷振经过几年的治疗和康复训练，现在仍只有三岁小孩的智商，生活完全不能自理，以后的路对他和这个家庭而言都无比漫长。

无论如何，这已是一个令人欣慰的结果。本来，获得赔偿和医疗保障是张廷振本就应有的权益，但他的父亲和家人却为了这点权益，付出了常人难以想象的艰辛。

三年多来，我和邱林川教授在白天、在黑夜，在上班日、在节假日，甚至在我驻点台湾期间，都曾无数次地接到过张广德的电话。他告诉我们，他到了富士康、到了街道办、到了法院、到了政府、到了北京……他求助、吵架、下跪、谈判、托人情、找关系、打官司、举牌、上访、大闹、自焚……所有的维权途径几乎都已走尽。他由一个不善言辞、说一口难懂方言的农民，变成了一个能说会道、对相关法律法规信手拈来的职业维权者。他的家乡所在镇邀请他利用所懂得的法律知识回去担任镇专职司法协调员，而他自己则决定回去开办一个专门为农民提供法律咨询的事务所。

作为记录者、观察者、报道者和旁观者，我们对他在那一段时期所面临的困境和压力感同身受，却时常无能为力。

此文刊发初期，曾引起路透社、法国电视台、《南方都市报》、《中国日报》等海内外媒体及海外劳工组织的关注与报道，给了富士康极大压力，以致富士康两年以后与张广德谈判时，还拿出一份合同，要求张广德签字，承诺只要他签字认定报道“不属实”，即给他巨额赔偿，但被张广德坚决拒绝。他说：“报道写的都是事实。我即使一分钱赔偿也不要，也不能昧良心出卖记者。”

张广德的执着和坚持，为他赢得了最后的胜利。

案例29：

为伤所困：被富士康“制造”的工伤工人

本报记者　黎勇

“20多岁就出来打工，本想多挣点钱回家，现在钱没挣多少，身体已垮了。”36岁的谢湘斌指着自己的身体说，“现在一身都是伤痛。”

谢湘斌是湖南冷水江市潘桥乡人，他收拾好行囊，准备近几天回家。

谢湘斌在进入富士康工作3年多后患上职业性轻度噪声耳聋。“耳朵里整天就像敲着锣，轰鸣着，听不清声音，每天睡眠不到4小时……”。这种身体损害不可逆转，噪声耳聋将永久性地陪伴他的后半生。今年7月，他被鉴定为八级伤残，深圳市社保局已认定其为工伤。

与谢湘斌年龄不大相符的脸上，皱纹横生，写满岁月的沧桑与对前途的茫然。“我是两个孩子的爸爸，是家里的顶梁柱，妻子、父母，一家人都靠我养活。”谢湘斌说，“我这个身体，在深圳已经没有公司会再要我了。”他准备回到老家找点事做，“可能再也不会来深圳了”。

隐形工厂

车间里的噪声达到了90—100分贝，“说话要靠吼”，长期工作足以致人耳聋。而在电镀车间，“我戴着三层口罩在里面待了两个小时就开始头晕。那是一种极其恶劣的工作环境，你如果没有进去过，是无法想象的”。

谢湘斌曾到富士康门口举过牌子，到信访部门上过访，在网上发过帖，上过职业“拍客”的视频述说自己的遭遇，奔走了将近一年。直到今年9月28日，《晶报》刊登深度调查报道《26岁富士康工程师左脑被切除之后》，一直在默默帮他的朋友们看到报道，才与记者取得联系。

《26岁富士康工程师左脑被切除之后》讲述的是一例典型的工伤案件。设备维修工程师张廷振到富士康工作不到3个月，在维修灯管时被电击，从梯子上摔下来栽倒在地上，因送医不及时，左脑被切除，导致右侧肢体瘫痪，成为一个智商为零、永久需要人照顾的“废人”。按照正常的鉴定程序，张廷振很可能被认定为伤残等级中最严重的一级伤残。但他至今未能获得相应赔偿。原因是，他虽然一直在位于深圳龙华的富士康工作，但与他签订劳动合同的富士康公司却是在惠州注册，因此只能按比深圳低的惠州社保标准赔偿，而这点钱尚不够他一年的康复费用，张廷振父亲拒绝去惠州鉴定。张廷振一家因此陷入困境。张廷振的遭遇经《晶报》报道后，引起国内外媒体的关注。英国路透社、《中国日报》、《南方都市报》等媒体纷纷跟进做了报道，社会各界给了张廷振很多关心和帮助。

谢湘斌正是张廷振的同事。他们都在富士康旗下的鸿富锦精密工业（深圳）有限公司（CNSBG事业群）工作，此前，他们并不认识。《晶报》的报道使他又找到了一个"同类"——他们都是富士康工厂工伤的受害者。不同的是，张廷振是事故导致的器官损害，而谢湘斌是职业病造成的器官功能障碍。张廷振所受的工伤损害明显、直观，谢湘斌所受工伤则看不到明显的器官损害，表面上与常人无异。但是，"后一种工伤的发现、认定、索赔比前一种要困难一百倍"。

谢湘斌2008年6月25日进入富士康，在CNSBG事业群弹性焊接部门做氩焊，主要产品是华为和IBM的大小交换柜。谢湘斌描述说，他所在的焊接车间旁边是一个冲压车间，里面全是一两百吨位的大冲床，共有30多台。由于冲压车间与焊接车间之间没有隔离墙，冲床工作时，巨大的"嘭嘭"声，直接影响着焊接车间的160多名工人。"工人之间面对面讲话都听不清楚，说话需要靠喊。"谢湘斌说，"除了噪声，还有氩弧焊和二氧化碳焊产生的含锰粉尘与耀眼弧光，上班时戴着口罩，下班后口罩里和鼻子里还是黑乎乎一片。"

谢湘斌称，公司虽然为工人配备了塑胶耳塞和医用口罩，但根本没太大作用。

根据国际标准化组织（ISO）的调查，在85分贝和90分贝的噪声环境中工作30年，耳聋的可能性分别为8%和18%。在70分贝的噪声环境中，谈话会感到困难。

谢湘斌被诊断为职业病后，职业病防治部门到他工作的焊接车间进行了检测，发现车间里的噪声达到了90—100分贝，远远超出可致人耳聋的分贝值。

"像我们这样的生产车间，在富士康是'秘密''隐形'的，富士康绝对不会让客户和外界的人进去看，去检查。"谢湘斌得知外界对富士康工人的工作环境极为关注，这样告诉晶报记者。

电镀、冲压、抛光、焊接等车间都是富士康工作环境极为恶劣的场所。噪声、粉尘、高温，电镀车间的酸、碱、溴水、氢化物、氨气、铅水、镍等，是这些车间的工人们每天要接触、每天相伴十几个小时的“毒品”。“我戴着三层口罩在电镀车间待了两个小时就开始头晕。”一位2010年初曾以心理辅导志愿者身份进入过富士康工厂的人士告诉晶报记者，“那是一种极其恶劣的工作环境，你如果没有进去过，是无法想象的。”

工作环境因素对人身体的病理改变是缓慢的、看不见的。恶劣工作环境里的这些“毒品”慢慢侵蚀着工人们的身体，有的人抵抗力强一些，可能暂时没事；有的人身体更敏感一些，各种疾病便逐渐上身。2009年，深圳职业病防治院一位专家曾告诉晶报记者，很多工人患上职业病后，至死都不知道自己是因为工作因素导致的职业病，更不知道提出申请和鉴定，向社保部门或用人单位索赔。

耳聋工厂

160多工人有20多人查出耳朵有问题，已有多人被确诊为职业病，其他很多人自动离职。认定为工伤也只能按底薪标准获得社保赔偿，申请鉴定和获得赔偿异常艰难。

谢湘斌之所以被查出耳朵有问题，是因为公司要开除他。

自从进入富士康，在焊接车间工作了一段时间后，谢湘斌就感觉自己耳朵不太舒服，但他没太在意。“这就是我们的工作环境，我们能怎么样呢？”谢湘斌说。

2011年9月15日，谢湘斌上夜班。其间，他上了两次厕所，被线长责骂上厕所太频繁。“我与线长吵了一架”，谢湘斌认为自己没错，因为他的工位上没工件，上厕所没有影响工作。第二天，线长将此事上报给课长，课长让他写检讨，被他拒绝。第三天，他就接到了被开除的通知单，理由是他“扰乱生产秩序”。

“我是健健康康地来工作的，也一定要健健康康地走。”谢湘斌仿佛记得，以前有同事离开时，曾要求按劳动法的要求做离职体检，因此，他向公司提出，要先做离职体检再离开。

根据《劳动合同法》第四十二条的规定，从事接触职业病危害作业的劳动者未进行离岗前职业健康检查的，用人单位不得解除劳动合同。谢湘斌提出的要求合理合法，公司不得不出资让他去做离职体检。

2011年10月20日，谢湘斌拿到了宝安区龙华预防保健所的体检报告，他被检查出听力严重下降，高脂血，“疑似职业性中度噪声聋”。11月，他被安排到深圳职业病防治院进行职业病诊治和检测，住院22天。在此期间，他仔细阅读了一些公益组织免费发放给他的职业病防治材料，对职业病的危害、鉴定和申请工伤认定及赔偿等问题有了深入了解。2012年4月，他又在广东省职业病防治院住院20多天后，被正式确诊为“职业性轻度噪声聋”。

按照《职业病防治法》的有关规定，有员工被诊断为职业病的用人单位，卫生监督部门应立即组织对其工作场所进行职业病危害因素检测、评价和治理，并对在同样工作环境中工作的劳动者进行职业病筛查。

当年4月，谢湘斌所在的焊接部160多人全部到龙华预防保健所进行了体检，结果发现，听力被检查出有问题的还有20多人。“我们那里成了一个‘耳聋工厂’，‘制造’了大量耳聋病人。”谢湘斌说。

24岁的河南开封小伙子苏芳就是这20多人中的一个。他进富士康的时间并不长，但没想到却不幸“中招”。“那冲床的噪声实在太大了。”苏芳对晶报记者说，“不管谁在里面工作，耳朵迟早都会受损的，只是程度会不同。现在我每天晚上两个耳朵嗡嗡地响，很痛苦，失眠。医生说也没有什么太好的办法治。”

今年6月，经职业病诊断，苏芳耳朵确诊受伤，劳动能力鉴定委员会鉴定其为听功能障碍九级伤残。深圳市社保局已认定其为工伤。

虽然比谢湘斌受伤程度轻一级，属最轻的伤残等级，但对24岁的苏芳来说，年纪轻轻，为了一点并不算高的工资就付出身体永久受损的沉重代价，他觉得自己太不值得。他没有和谢湘斌一样孜孜以求于向富士康索取最大限度的赔偿，而是很快辞职，尽快逃离了富士康这个“伤身”之地。

谢湘斌所在焊接部检查出听力有问题的20多人，在富士康工作时间大都为两三年。体检查出听力问题后，有10多人相继先后自动离职或辞职。还没有离开的吕志豪和沈浩，则在深圳市职业病防治院申请做职业病鉴定。“鉴定结果本月底就会出来。”吕志豪12月17日告诉晶报记者，“诊断职业病过程非常复杂，我还得去广州做一次检查。”

职业病的诊断、劳动能力鉴定、申请工伤认定和赔偿等，对处于弱势的劳动者来说，每一步都异常艰难，而且要遭受种种刁难和折磨。

按照《劳动合同法》的规定，疑似职业病病人在诊断或者医学观察期间的，用人单位不得解除劳动合同。谢湘斌被诊断为疑似职业病后，他被从焊接部调到仓库做物流拉料，不能加班，每月只能拿2600元的底薪，扣掉社保和公积金之后，只剩2000元。而此前他在焊接部每个月平均工资有5000元。

谢湘斌本应按每月5000元的工资标准获得相应的工伤赔偿，但由于富士康是按照2600元的底薪给他买的社保，因此只能按此标准获得社保赔偿。为了让公司赔付其中的差额，谢湘斌找公司、找劳动和信访部门，被骂过、踢过、关过，“跑断了腿”，“那一段时间真是欲哭无泪，求助无门”。谢湘斌说，他家里两个老人、两个小孩，只靠自己2000块和妻子每个月2000块钱的收入生活，患上职业病后工作难找，如果这次不争取最大的权益，今后没人会再理他。上月，在各界的关注下，他终于拿到了相应的赔偿。

瞒报工厂

3年间，富泰华、鸿富锦等4家子公司有1772人向深圳社保局申请工伤认定。而这还远远不是总数，大量工伤被富士康中低层管理人员瞒报。

谢湘斌、苏芳、吕志豪、沈浩、张廷振，只是富士康每天都在增加的众多职业病工伤和事故工伤工人中的几个。

就在谢湘斌四处维权、控诉和反映自己的情况时，造成他听力障碍的焊接部隔壁的冲压车间又出事了。一个名叫戴小金的江西工人，手被绞入机器内，左手被截除，右手两个手指被截断。“太惨了。”苏芳说，“虽然自己被定为九级伤残，但‘中彩’的是职业病；像戴小金这种血淋淋的事故发生在自己身边，还是让人难以接受。谁也不知道这种事哪天也会发生在自己身上。”

10月15日，在深圳市二医院康复治疗室，晶报记者见到戴小金，他躺在床上，一句话也不愿说，但看得到他眼眶里有亮晶晶的东西闪动。“他是公司的线长。”戴小金的妻子有些自豪地说，“在富士康鸿富锦已经工作十几年了。”但看着丈夫被截掉的左手，她又有些黯然神伤。“公司现在对我们很好，治疗该花的钱都在花，等有需要的时候再找你吧。”她婉拒了记者的采访。

从2011年3月1日到2012年12月10日，深圳市社保局受理了鸿富锦精密工业（深圳）有限公司工人的499宗工伤认定申请，这些工伤认定目前已全部办结。

根据晶报深度调查记者在深圳市社保局官方网站的查询，被工人们称为“经常发生工伤”的鸿富锦，并不是富士康深圳工厂中申请工伤认定人数最多的子公司，人数最多的是富士康旗下另一家富泰华工业（深圳）有限公司。在2010年1月1日至2012年12月10日间，富泰华共有838名工人向深圳市社保局提出工伤认定申请，并已办结。

据晶报记者不完全统计，富士康旗下仅富泰华、鸿富锦、群康科技（深圳）有限公司、深圳富泰宏精密工业有限公司这4家子公司，在上述时间段内申请工伤人数即有1772人。这还不包括数量更大的因职业因素患病而未申请或未获职业病认定，或因轻微工伤事故等各种原因放弃提出工伤认定申请的工伤工人。

按照富士康内部的管理规定，如果所在部门有人申请工伤认定，则与之相关的线长、组长、课长等各个层级的管理人员都将会被处罚，包括扣罚年终绩效奖、扣减分红、不得晋升工资等。而受了工伤的工人则会被“记过”，被“记过”的工人也会被扣罚绩效奖，不准加工资。因此，一般出现了小的工伤，工人自己不愿上报，管理人员也会尽量瞒住。“像手指头断一截，或者手指头上的肉被削掉一块，是不会报工伤的。报工伤会影响他们的绩效奖，如果这个部门一年上报六七起工伤，你这个部门主管就不要再干了，肯定走人。”谢湘斌说，他的一个手指头在焊接时就曾不慎受伤，因伤不重，自己花几百元治了。

研究中国劳工问题的国际知名学者、香港理工大学应用社会科学系教授潘毅向晶报提供了一个她的调查组所获得的案例：李鹏飞，19岁，进观澜富士康才两个月。2012年8月17日，他因手指受伤住院。受工伤后，他所在的事业群担心受处罚，因此想私了。事业群有一个基金，给了他5000元钱。并且告诉他选择私了的话这部分钱就不用还，如果不私了，走工伤认定程序的话就要还钱。后来，此事被富士康“中央安全处”发现。富士康“中央安全处”、事业群和所在部门三方组成调查组对他受工伤的经过进行调查，线长、组长、课长和专理都受到处分，专理被记大过。

潘毅教授等人编著、今年7月在内地出版的《我在富士康》一书列举了多个类似的案例，如富士康观澜厂区一名工人被机器切掉两个手指，但公司认定系工人疏忽所致，不能申报工伤。该书指出：“由于雇主没有申报工伤，‘幸运’的工人由管理人员私下为其解决医疗费，倒霉的工人则要自己垫付医疗费，甚至有一些工人由于无力支付医疗费导致伤势恶化。这种情况揭示出富士康的工伤管理制度中存在着大量的黑洞。”

除此之外，《晶报》报道过的张廷振的情况属于另一种情形。张廷振在进入富士康工作之时，就是与注册在惠州的公司签订劳动合同。当他发生事故后，就不能在深圳做劳动能力鉴定，也不能在深圳申请工伤认定，因此深圳社保局统计的富士康工伤人数中，也就不包含类似张廷振这样的工伤受害者。而类似张廷振这样虽然人在深圳工作，但劳动合同却在外地的人员，据知情人士称，可能高达数万人。

富士康媒体办公室就此于12月19日回复晶报记者采访称，类似张廷振这种情况，是“总部单位为周边附近园区培养专业技术人才”，“鉴于公司各个事业单位的具体情况，现在具体数字无法统计，但异地用工的情形集团严格予以控制”。

对富士康深圳厂区每年的工伤情况，富士康媒体办公室的回复则称，深圳厂区年度千人工伤率是逐年下降的。“2010年度，千人工伤率1.131‰；2011年度，千人工伤率0.873‰；2012年度，千人工伤率0.610‰（截至2012年12月）。”如果按富士康深圳厂区总人数40万计，2010年至2012年富士康深圳厂区的工伤人数仅为452人、350人和244人。这一数字与晶报记者在深圳社保局网站查询到的申请工伤认定人数数字，显然存在巨大差距。

访香港理工大学教授、中国劳工问题研究专家潘毅：

“根源在于为节约成本忽视工人安全”

潘毅，女，1970年出生，伦敦大学人类学博士，香港理工大学应用社会科学系教授、博士生导师，中国社会工作研究中心副主任。主要从事中国劳工、性别及文化政治、全球化及跨境研究。2005年凭著作《中国制造：全球化工厂下的女工》获美国米尔斯（C. Wright Mills）奖，为首位获此奖的亚洲学者。她的研究具有广泛的国际影响。

2010年至2011年，香港理工大学潘毅教授会同北京大学社会学系卢晖临副教授、清华大学郭于华教授和沈原教授等3位教授，组织北大、清华、台湾大学、香港中文大学等高校社会学系和新闻系的近百名师生，对富士康在广东、山西、江苏等内地的19个厂区，进行了历时2年、多达6次，迄今所知耗时最长、规模最大、程度最深的实地调查，其中有近20人潜伏进入富士康工厂内，共收集有效问卷2409份，采访工人500多人，整理第一手采访资料10余万字，发布了三次调研报告，产生了巨大反响。

作为富士康在大陆最大的厂区，深圳的龙华和观澜是这次具有浓厚学院背景的田野调查的调研重点，由潘毅教授亲自指挥。

潘毅教授及其团队的调查涵盖了富士康问题的方方面面，而其中也涉及富士康工人的工伤问题。近日，晶报记者就此采访了潘毅教授。

记者：**根据您的调查和研究，您认为富士康工人工伤频发的根源何在？谁是真正的罪魁祸首？在发生工伤事故或患上职业病后，除了管理体制上存在的因“三级连坐”导致管理人员层层瞒报外，富士康还存在哪些问题？**

潘毅：在全球电子生产链中，品牌商（如苹果）拿走了大部分的利润，而制造企业位于供应链的底端，只能赚取微薄的加工费。富士康作为电子代工企业，依靠国际电子品牌如苹果的订单生存。为了抢夺品牌商的订单，它只有不断压低单价，压缩人力成本。因此，富士康在为工人购买劳保用品、社会保险、医疗赔偿等方面都存在偷工减料的现象，这与富士康在国际生产链中的地位是分不开的。也正是由于这一点，我们强调苹果等跨国品牌需要为富士康频发的工伤事件负责。

在我们走访医院的过程中，发现很多富士康员工都是因为操作新机器受伤。访谈发现，随着电子产品生产周期变短，品牌商要求制造企业在很短的时间内出新产品，因此富士康的机器更新速度非常快，有的生产线几个月内机器就要改造换新，工人也不得不在很短的时间内学会使用新的机器。但是富士康对机器的安全评估不到位，对工人的安全培训也很缺乏，导致工人由于不熟悉新机器的特点，在初期调试、操作机器时很容易受工伤。

调查中，工人普遍反映没有受到正规的职业安全培训，不清楚如何有效地预防工伤和职业病，这也是富士康工伤职业病频发的重要原因。此外，一些工人在工作一段时间后已经出现不适，也很难调整原岗位，导致健康进一步被损害。

记者：**内地关于劳动保障的法律法规也有不少了，根据您的团队的调查，富士康执行这些法律法规的情况怎么样？富士康工人工伤后权益往往得不到保障，这是否也是其中一个原因？**

潘毅：富士康不严格执行中国劳动保障法律法规的情况很多。比如，调查中我们发现，富士康的电镀、喷漆、打磨、电镀、冲压、抛光等车间工作环境存在众多职业安全隐患（如噪声、辐射、有毒有害化学品），但是在签订劳动合同时，职业安全隐患一栏全部没有标注，导致工人在签订劳动合同时，对工作岗位的健康安全隐患一无所知。

记者：在防范工伤事故和职业病方面，作为富士康的工人应如何自我保护？政府和社会有关方面可以为他们做哪些工作？

潘毅：要改善富士康工人的处境，从根本上保障工人的职业健康安全，就必须让工会回归工人，真正站在工人的立场上，代表工人的利益与资方进行协商谈判，为工人争取安全健康的工作环境。消费者也可以通过各种方式向品牌商施压，要求品牌商提供无血汗的良心产品，并为制造企业中的工人负责，为工人提供相应的劳动保护用品、劳动安全培训、工伤及职业病救助。

富士康现在是一个“独立王国”，政府部门很难进入富士康。在访谈过程中，几乎没有工人表示曾见到安全部门、卫生部门等政府工作人员来富士康车间监察。因此，富士康存在的安全隐患等问题也不容易被有关部门发现、纠正。政府部门必须加强监管。

（载《晶报》2012年12月21日A18-19版）

附记：

这篇报道采访历时两个多月，先后到深圳市二医院、北大深圳医院、龙华街道劳动办和富士康龙华厂区等地，采访了富士康的谢湘斌、张廷振、苏芳、戴小金、吕志豪、沈浩等10余位工伤工人和他们的亲人、朋友、关注富士康工人权益的志愿者，以及曾派20多名学生潜入过富士康的香港理工大学国际知名劳工问题专家潘毅教授和她的团队成员，对富士康的工伤问题进行了较深入的调查，还花费大量时间对深圳市社保局近几年所受理的富士康深圳10余家工厂（特别是工伤问题较突出的4家工厂）的工伤认定申请进行了逐项统计，发现富士康近年来发生工伤的情况触目惊心，“如不引起社会各界重视，将来很有可能爆发引起全球关注的类似‘13连跳’那样严重的问题”。

在采访最后阶段，我给富士康媒体办公室发去采访提纲，希望听取富士康方面的解释。富士康媒体办公室声称其新闻发言人在外地，不能接受采访，也不愿意给发言人联系电话。在与富士康约定的答复时限超过后，我仍没有收到其回应，便放弃等待，将稿件提交到了稿库。但一小时后，富士康发来书面答复。我将答复的相关内容加入报道，将稿件重新提交，发给了编辑部。唯失误的是，我忘了告知编辑选用最新版本。不巧，编辑恰恰选用了未经修改的前一版本稿件。

这个小小的技术性纰漏，让富士康抓住了把柄。

在这篇报道刊发三个多月后，连同上一篇报道《26岁富士康工程师左脑被切除之后》，富士康一起向深圳市委宣传部打了黑报告，声称我的这两篇报道“矛头直指中国政府及深圳市政府的劳工权益问题”，是刻意抹黑富士康、抹黑深圳。深圳市委宣传部和深圳报业集团社长先后做出批示，要求我写出“情况说明”。

此前的三个多月里，富士康没有任何人与我或报社联系过。他们对报道有不同意见，却不找记者，不找报社，而是直接向上级主管部门告状，反映了其一贯的傲慢、霸道和不可一世的作风。我的回复很直接：“多年来，富士康内部问题不少，中国媒体乃至全球媒体都做了不少报道，但对于媒体的批评，富士康首要的事情不是改进自己的工作，不努力让工人的工作和生存状况得到改善，而是不断否认媒体所报道的事实，令人匪夷所思。”

我的回复还写道：“与富士康方面打过交道的媒体都知道，想要采访富士康，比登天还难，其媒体办公室的任何人员，竟然从不给媒体可以直接联系到的手机号码，每次唯有一个电话分机号，能打通全靠各人的运气。将媒体视为敌人，如此态度，如何让媒体方便地报道富士康？如何与媒体沟通？如何获得媒体的尊重？富士康多年来一直负面报道不少，与此也不无关系。”

案例30：

深圳科学家广西蒙冤入狱三载终昭雪

本报记者　黎勇

2月21日，星期六。南山区后海某小区的一个咖啡厅里，今年1月刚满49岁的江苏籍汉子杜光东，戴着眼镜，坐在角落的一个卡座里。他身材高大，西服笔挺，本是盛壮之年，举手投足间却显出几分苍老。

杜光东是原国家863计划数字化总体组副组长，原国家863计划发展战略研究组专家，曾是国内家庭智能化网络应用研究领域的领军人物之一。6年前，因为一场“错案”，他蒙冤入狱，在广西的监牢里度过了漫漫刑期。2月初，他收到了广西自治区高级人民法院寄来的再审判决书：撤销原判决，杜光东无罪。

手捧判决书，杜光东面对记者语带哽咽：“广西北海少数司法人员的错误，不仅毁了我的人生，也使我所主持的原本处于世界先进水平的科学研究，被远远地甩在了其他国家后面，国家的科技发展遭受巨大损失，该去向谁讨回？”

国家863专家研发出世界先进信控机

杜光东1993年在西安电子科技大学获得博士学位。在他的同学们纷纷前往国外发展之时，他却于1996年只身来到深圳，开始了新的科研和创业。

在网络上用谷歌搜索“杜光东”这个名字，搜到最多的，不是他作为总经理或法人代表的企业信息，而是绝大多数以他为第一作者的发表在各类电子和通信期刊上的专业论文。

杜光东是一位在通信、计算机和数字化领域取得了突出成就的科学家。早在1989年，杜光东就发表论文指出宽带网是未来通信发展的必然趋势，他是中国较早认识到宽带网的价值和发展方向，并从事宽带网关键技术研究的专家之一。20世纪90年代初至今，他发明专利20多项，发表学术论文80多篇，主持和参加了国家重大科研10余项。他也因此成为国家863计划数字化总体组专家、国家863计划发展战略研究组专家、国家信息与交换特设工作组专家、国家短距离无线通信标准化组专家。同行业内的专家说，如果不是后来的变故，他完全有希望通过自己的努力，成为一名在深圳成长起来的中国工程院院士。

杜光东和他的几名学生于1997年11月创立了深圳锐博计算机网络公司，致力于家庭智能化网络及其相关产品的开发、生产和销售工作。1998年上半年，仅仅用了半年时间，深圳锐博即成功研制出当时具有世界先进水平的网络终端产品：信息控制机（信控机）。这种信控机，通俗地说，就是通过网络或电话远程控制家中的电器，并对住宅进行全方位的监控。

杜光东举例说，如果你正在上班，天下雨了，家中没有人，打个电话回去，可以让窗户自动关上；孩子回家忘了带钥匙，打个电话可以自动给孩子开门；回家前，你可以通过远程控制，先打开家中的空调，调节好温度，让你一回家就享受到清凉；甚至可以通过远程控制打开燃气灶，在你回家之前就煲好一锅汤……

在1998年，杜光东是中国第一个搞数字化家庭研发并做出产品的人，而且成本比国际上的同类产品低很多，仅需几千元。

1998年7月，由杜光东主持研发的深圳锐博信控机通过了有关部门的技术鉴定。当时国家建设部有专家预言，深圳锐博的信控机3年之内不会有人超越。

1999年4月，深圳锐博的信控机被列入国家火炬计划。1999年6月，信控机及其相关关键技术列入国家863计划重大项目。1999年9月，信控机列入国家“九五”重大科技成果推广计划。1999年12月，信控机获得深圳市科技进步二等奖。2000年4月，时任国务院副总理的温家宝在北京兴致勃勃地参观了信控机的演示。温家宝鼓励杜光东：“努力创新，为国增光。”江泽民等党和国家领导人也曾参观其产品，听取其介绍。央视《新闻联播》做过报道。

完成了信控机的开发、试生产、试销售后，根据国家科技部和863计划专家组的意见，深圳锐博开始面向国内外招商引资，以尽快实现产业化，把产品推向市场，形成规模效益。

杜光东万万没有想到，从这时起，他已开始一步步跌入一个被事先设计好的陷阱，走入自己人生的深渊。

招商引资引来北海空手“豺狼”

1999年10月，深圳举行了一场盛况空前的交易会——首届高交会。后来成就了腾讯等不少著名企业的许多科技成果，就是在这里找到了投资者。深圳锐博的信控机也是如此。

高交会期间，深圳锐博的信控机产品经本地电视台报道后，来自广西的北海×湾科技产业股份有限公司立即找上门来。双方一拍即合，在展会上签订了合同。双方约定北海×湾投入2000万元现金，深圳锐博投入价值1000万元的技术及开发、生产设备，共同完成信控机的产业转化工作。

杜光东说，此时他并不知道，北海×湾其实是个空壳公司，自己本身没有钱，它的主要投资者原来都是做房地产生意的。当时北海房地产泡沫破灭，为了从股市“圈钱”拯救房地产，几个房地产老板才凑到一起，在一家证券公司的策划和“指导”下，成立了北海×湾科技公司，以便找到一个“高科技”的项目来包装上市。

2000年1月，深圳锐博与北海×湾重新签订合同，约定：深圳锐博公司以其“多面手”信控机以及与之相关的技术、生产、市场等生产经营性资产进行评估后，以该评估资产作为股本入股北海×湾公司。2000年4月，北海×湾在广西委托评估公司完成了对深圳锐博拟投入资产的评估，评估信控机五项专利、列入国家三大计划、获国家有关部委的入网证和许可证及注册商标等无形资产的整体评估价为609万元，生产经营性机器设备评估总值237万元。双方约定深圳锐博以无形资产和生产经营性设备合计846万元入股北海×湾，占北海×湾23.6%的股权，成为北海×湾第一大股东。之后，北海×湾在广西完成了资产审计、资产过户以及验资、工商变更等各种法律手续。2000年6月，北海×湾在深圳成立子公司深圳×湾，深圳锐博的入股资产移交深圳×湾，深圳锐博相关的开发、生产、销售人员进入深圳×湾工作。杜光东任北海×湾公司副董事长、总经理和深圳×湾公司总经理。

到这时为止，杜光东仍怀着满腔热情，对新公司充满期待。他以为对方很快会投入启动资金，使信控机迅速实现批量化生产。

但一天天过去，对方根本没有钱打进来。

杜光东十分着急，却又没有办法。他开始后悔与北海×湾合作，想解除合约。而北海×湾坚决不同意解除合约。

杜光东考虑到合同既已签订，如果与北海×湾关系搞僵，很可能导致信控机项目流产，无奈之下，他只好继续与对方合作。他带领科研团队继续对信控机及其相关产品进行研究，不再参与北海×湾的经营和管理工作。而北海×湾则打着高科技的旗号，利用杜光东技术专家的影响力，不断进行着融资和对企业的包装等工作。

从2000年底到2004年，借助信控机项目，北海×湾先后获得了高新技术企业认定、国家中小企业技术创新基金90万元无偿支持、列入2001年国家重点新产品计划、被信息产业部批准吸收为中国家庭网络通信标准参与起草制订单位、被广西科技厅列为重点出口创汇研发型企业等一系列荣誉和好处，并获得北海市政府批得的土地一块。

2000年10月，深圳第二届高交会上，北海×湾从一家上市公司拉来了500万元现金投资。现金到位4个月后，“多面手”信控机产品终于实现了批量生产。

杜光东说，看到信控机产品已投入批量生产，北海×湾认为杜光东及原深圳锐博人员已无利用价值，便开始想方设法赶走他们。2001年7月，北海×湾以公司经费困难为由，辞退了所有深圳×湾的技术开发和市场销售人员（多为原深圳锐博人员）。杜光东不得不提请召开临时董事会，要求不要辞退这些员工。但杜光东的提议被否决。无奈，杜光东只得宣布辞职，退出北海×湾管理层。

杜光东的噩梦就从这里开始了。

无辜被罗织三条罪名一审判刑十年

杜光东辞职后，工资已停发，北海×湾却仍要求杜光东给北海×湾派往深圳的技术人员培训信控机及其相关产品的设计、开发技术，而且这些人员完全没有通信、电子、计算机技术开发工作的基础。这种无理的要求杜光东当然无法满足。

北海×湾为了拉到资金，常需要利用杜光东的专家身份到各地“忽悠”投资方，杜光东刚开始还算配合，后来发现对方的目的之后，他就一概拒绝。还有一次，杜光东到公司，发现公司里仍挂着杜光东与党和国家领导人的合影，杜光东要求将这些私人物品拿走，却遭到北海×湾有关人员的阻拦。

杜光东与北海×湾的矛盾越来越尖锐。

终于有一天，北海×湾不能再容忍杜光东了。他们威胁他：“你再不配合就废了你！我们会用司法手段让你名誉扫地，经济基础全部清零！”

杜光东以为，对方“用司法手段”“废”他，指的是打经济纠纷官司，他并不知道，对方会有如此强大的能量，可以动用当地的司法力量来对他采取暴力行动。

2002年8月9日，杜光东外出办事，被千里迢迢赶来的北海公安人员刑事拘留。拘留事由是“涉嫌挪用资金”。诡异的是，杜光东一直在深圳，并没有在北海工作过。即便“挪用资金”事实成立，也理当由深圳公安部门来办理。在被关押了33天后，因北海市公安局没有管辖权，杜光东办理取保候审手续后被释放。

2003年7月，北海×湾为杜光东罗织了一个新的罪名：涉嫌虚假出资。因公司注册地在北海，这一次，他们终于如愿以偿：杜光东被关了进去。

这一关，就是3年多。

在看守所里，杜光东待了1年零10个月。在这段时间里，他前后被9次调动监仓，常常在一个监仓内刚被同仓嫌犯折磨够，马上又被调到其他监仓继续接受新的折磨。

杜光东的律师说，根据刑事诉讼法的规定，没有新的事实和证据，检察院撤诉后不能重新起诉，但在北海，检察院在没有任何新的证据和事实变化的情况下，对杜光东前后2次撤诉，3次起诉。

2004年4月，杜光东案首次开庭。北海市检察院指控杜光东犯有三项罪行：虚假出资罪、挪用资金罪和职务侵占罪。检察院起诉称，深圳锐博与北海×湾签订《入股协议书》后，深圳锐博无形资产中的五项专利仅三项过户到北海×湾名下，导致“北海×湾公司的财务账面上没有深圳锐博公司的任何固定资产反映”，因而深圳锐博的出资为零（后再审法院查明，深圳锐博的有形资产已移交北海×湾，无形资产中的五项专利均交由北海×湾方面办理过户手续，但因北海×湾的原因只办理了三项；深圳锐博的无形资产除专利外，还包括“锐博”“多面手”商标及深圳锐博方面获得的国家有关部委的进网证、入网证、许可证等证照，北海×湾信控机产品在生产和销售中一直都在使用这些无形资产，已实际占有，且杜光东无虚假出资的故意）；“杜光东利用职务之便，挪用深圳×湾公司350,570元资金为其支付其占股份85%的深圳锐博公司以前年度销售有关产品的退货款”（后再审法院查明，深圳×湾确实为深圳锐博支付了上述退货款，却并不是杜光东挪用资金，因为杜光东作为总经理并无财务审批权，支付的资金也未归杜光东个人使用或借贷给他人；上述货款均在深圳×湾办理了详细财务审批手续，由北海×湾方面分管负责人签批；且深圳锐博整体并入深圳×湾后，深圳锐博以前销售产品的退货涉及深圳×湾产品以后的发展问题，深圳×湾支付了退货款，而退回的货也都进了深圳×湾的仓库）；杜光东利用职务便利，将深圳×湾公司委托加工的信控机产品以深圳锐博公司的名义销售后，侵占公司货款476,112元（后二审法院查明，北海×湾用深圳锐博公司的名义生产、销售信控机，是法人行为而非个人行为，且杜光东当时已不是深圳×湾的总经理，无职务便利，而发货单上的发货人兼收款人是深圳×湾公司的员工，销售所得进深圳锐博公司账户后被该公司使用，但深圳锐博的800多套产品仍在北海×湾公司库房，两公司已通过协议确定还款义务）。

2004年4月26日，北海市海城区法院一审判定杜光东犯三罪成立，判处有期徒刑10年，并处罚金和追缴“违法所得”110多万元。

在海城区法院第一次做出判决后不久的2004年6月12日，北海×湾根本没有等到判决生效，就急不可耐地召开股东大会，注销了深圳锐博的846万股股权。这时，案件还没有进行二审。

杜光东对一审判决不服，提起上诉。2004年6月15日，北海市中级人民法院裁定撤销原判，发回重审。2004年9月25日，北海市海城区法院重新审理此案，仍判决杜光东犯三罪成立，判处有期徒刑10年。

杜光东回忆说，当初判决后，主审法官竟找他谈话，让他不要上诉，称“北海就这几个人说了算，上诉也没有用，不如早点去监狱，争取早减刑早回家”。

杜光东被关使中国智能家居普及推迟

2004年12月17日，北海市中级法院终审判决，撤销杜光东的职务侵占罪部分，但仍判决其虚假出资、挪用资金两项罪名成立，判处有期徒刑7年，决定执行5年。

杜光东的律师说，判决生效后，按照法律规定，杜光东本应在一个月内押送监狱服刑，然而北海法院却违反法律规定，5个月后才将杜光东押送监狱。

2005年1月13日，北海市海城区法院查封了杜光东的深圳房产，使杜光东的妻儿差点流落街头。

北海中院对杜光东做出的判决，直接导致了北海×湾在掌握了深圳锐博的五项专利实际技术内容以及信控机其他关键技术并批量生产、销售信控机产品之后，实现了“合法”侵吞深圳锐博公司股权的目的。杜光东说，北海×湾在二审判决之前半年就“未卜先知”判决结果，提前注销深圳锐博的股权，此后再也没有恢复过。

2005年4月7日，杜光东被押送广西黎塘监狱。

尽管满腹冤屈，但杜光东在监狱里，仍只能老老实实服刑。在处于完全封闭、与外界没有任何联系的状态下，根据所在监狱领导的要求，杜光东设计开发了全国第一个罪犯计分考核管理系统，极大地提高了监狱管理工作的效率，实现了监狱管理工作的科学化、规范化、信息化和网络化，得到广西监狱局领导的高度评价。

根据杜光东的突出贡献，监狱给予杜光东重大立功。2006年9月7日，南宁市中级法院裁定，减去杜光东的余刑1年9个月。杜光东当天即获提前刑满释放。

由于害怕打击报复，服刑期间，杜光东不敢申诉。出狱后，杜光东开始向有关部门反映他的冤屈。一个偶然的机会，杜光东遇到了他的“恩人”——广西南宁律师邓崇山。

邓崇山律师2月28日在电话中告诉记者，当时他听罢杜光东的遭遇，仔细看了有关材料，不禁拍案而起，因为这很明显是一个冤案。邓崇山说，从杜光东被抓、被放到一审二审程序中的一些反复，即可说明，在处理此案时，当地还是有一些有良知的司法人员希望依法办事的，但最终却没能斗过某种看不见的势力。

杜光东说，他出狱后已身无分文，他往返南宁和深圳的交通费用，都是他的学生们资助的，更不要说花钱请律师了。而邓崇山律师当时即向他表示，不收他分文律师费，无偿为他提供法律援助，代他打申诉官司。在办理申诉案的两年时间里，邓崇山甚至没有吃过杜光东一顿饭。

2007年初，广西高院受理杜光东申诉案，并于2007年6月裁定由广西高院重新审理杜光东案。

2008年12月31日，广西高院判决撤销北海市中级人民法院（2004）北刑终字第118号刑事判决和北海市海城区人民法院（2004）海刑初字第169号刑事判决，再审判决杜光东无罪。

2009年2月，杜光东终于收到了广西高院的再审判决书。捧着这份长达28页的厚厚的法律文书，杜光东悲喜交加，热泪长流。

他说：“法律是公平的，尽管这个判决来得太迟，但它终于证明了我的清白。”

杜光东说，法律上，他虽然取得了最后的胜利，但在此之前的一系列错误判决，已使他无论在身心上、经济上和事业上都遭受了重创。他的人生已经被少数为了个人私利的人和某些司法人员的错误而彻底改变。

杜光东说，他感到痛心的是，作为一个高级知识分子，国家培养他到博士毕业花了20年，而他仅仅为国家工作了9年时间，就被广西北海司法机关枉法抓了起来。“如果说是自己真的犯了罪，我也无话可讲，可这是一个天大的冤案啊！”

杜光东说，他没有证据证明这其中谁在“作法”，但他实在想不明白，北海公安司法部门某些人员一定要想方设法地把他整进监狱，其主观动机，到底是什么？

除了杜光东的人生和个人生活被毁，杜光东被关押后，因他所主持的科研项目几乎陷于停滞，国家科技发展也因此蒙受了巨大损失。杜光东说，信控机项目是集成了当时863计划许多关键技术的一个国家级项目，他被关押后，这个项目的科研开发工作就再没有进行，而北海×湾生产销售的信控机因失去了升级换代的能力，很快就在市场上落伍。他所主持研发的信控机项目当时本来处于世界先进水平，但几年过去，世界其他国家的相关研发工作现在早已突飞猛进，把中国远远地甩在了后头。

由于遭受错误判决，杜光东出狱两年多来，他和他的科研团队重新开始研发，继续拥有了先进的核心技术，但他原来的深圳锐博公司已被吊销，又由于在原判决推翻之前，他们做市场开发即可能再次被抓，因而，他们的技术无法推向市场，国内市场上也因此至今没有一个成熟的数字化智能家居产品。

业内专家认为，杜光东的被关押，使智能化家居产品在中国的研发、推广和普及，至少被推迟了10年。

就广西高院的再审判决结果，记者日前与北海有关方面联系。北海×湾公司拒绝就此发表评论。北海市检察院和北海中级法院则表示，尊重广西高院的再审判决。

一个错误的判决，不仅让一个科技专家的人生发生了根本转折，也让国家的科技发展付出了巨大代价。深圳科技和信息局一位官员认为，这件事应该引起人们深刻反思。

（载《晶报》2009年3月2日A8-9版，获当年度《晶报》最佳独家报道奖）

附记：

杜光东案，当事人曾先后向《南方周末》《南方都市报》《羊城晚报》全国众多媒体报料，但只有我从众多报料中发现了这条线索的价值，做出了独家、详尽、深入的报道。

杜光东报料的目的，是要为自己恢复名誉，并痛斥北海某些司法腐败分子被利益集团操纵，不惜枉法裁判。报道刊出后，杜光东在美国、加拿大的学生和朋友纷纷打来电话，对他表示慰问，有的还给他寄来20万美金以示资助，被他谢绝。

出于对北海司法腐败的恐惧，杜光东再审获判无罪后，迟迟不敢申请国家赔偿，直至2010年12月底诉讼时效即将截止，才提出索赔。我于2011年初再次做出独家报道，被媒体广为转载。当年年底，杜光东被评为“2011年中国科学年度十大新闻人物”之一。该项评选由中国科学院、中国工程院、国家自然基金委主管，中国科学报社主办的科学网举办。当年度评选出的“科学新闻人物”，除了杜光东，还包括因发现青蒿素获当年度美国拉斯克奖的屠呦呦、曾炮轰中国院士评选的北京大学生命科学学院院长饶毅，以及朱清时、周其凤、方舟子、王晓东等人，杜光东排名第四。

在舆论压力下，北海中级法院法官主动飞赴深圳，向杜光东赔礼道歉，并与其协商做出了国家赔偿。

杜光东带领的团队在无线通信领域继续进行研发，目前已在物联网应用方面做出了重要成果。

案例31：

空姐丹丹之死

本报记者　黎勇

昨日上午，深圳机场A楼候机大厅里，一名四五十岁的妇女举着一个内嵌年轻女孩照片的黑色相框，向过往人员展示，引来不少旅客围观。照片上的女孩眉清目秀，素雅端庄，十分漂亮。照片下，印着一行黑体字："深航干部'潜规则'逼死空姐。"

照片上的女孩就是这名"被逼死"的空姐。这个空姐就是一个月前，网络上盛传的"因工作和感情等多重压力"而在深圳机场旁的锦江之星连锁酒店上吊自杀身亡的深航空姐于丹丹。

举着于丹丹照片在候机大厅控诉的，是于丹丹的妈妈魏学晶。

19日，于丹丹的妈妈魏学晶、继父李彦章、70多岁的爷爷和叔叔、表哥等人，接到有关部门通知，再次来到深圳处理此事。在他们下榻的酒店，记者向于丹丹的家人详细了解了她的生前身后事，这才发现，于丹丹之死绝非"因工作和感情压力"那么简单……

准空姐被酒店高管"潜规则"？

1988年5月17日出生的于丹丹是沈阳人。妈妈魏学晶说，女儿从小乖巧伶俐，能歌善舞，各方面都很优秀，小学、初中、高中、大学都是班长，特别是美声唱法唱得很好，声乐通过了八级，曾考上沈阳音乐学院，但没去，而是于2007年上了位于天津的中国民航大学。去年，深航到中国民航大学招空姐，民航大学还没有毕业的于丹丹过五关斩六将被录取了，并于2009年8月27日与深航签订了预备乘务员培训协议。

8月底，于丹丹来到北京深航酒店进行培训前的实习。按深航方面的说法，在酒店主要是进行"服务理念"实习，是"当服务员"。由于于丹丹在实习期间各项表现优异，人又开朗单纯，引起了北京深航酒店高级管理人员、实习阶段主要负责人陈伟忠的注意。魏学晶告诉晶报记者，在北京实习约一个月后，丹丹就曾告诉她，他们的实习负责人私下找她要QQ号。魏学晶曾让她不要随便与人交往，丹丹说，因为"他是我们的直接领导"，不好不给，所以告诉他了。

于丹丹当时有个男朋友张成龙。张成龙提供的一份书面材料证实，“丹丹当时告诉我说，他们酒店一个经理对她很好，会没事带她去公园散步，教她学开车，还教了她很多东西。当时我提醒过丹丹。她说她明白，那个男人都可以当她父亲了，不会有什么事的。我很相信她，就没太在意。这样过了一段时间，丹丹给我打电话要和我分手，说那个男人可以和他老婆离婚而选择丹丹，他们之间也发生了关系。”

于丹丹的继父李彦章说，进入培训的准空姐（预备乘务员），只有50%的人可能成为正式空姐，陈伟忠是否曾以此为诱饵引诱或威胁过于丹丹，现在已不得而知。但于丹丹的妈妈魏学晶说，陈伟忠曾无数次对丹丹表示，可以给她安排好的工作岗位、好的班次飞行，甚至可以通过他在深航的关系把丹丹调到她的家乡沈阳。“他的另一层意思是，如果你不和我交往，我也有能力把你安排到不好的工作岗位、不好的飞机班次上。虽然不知道陈伟忠在深航是否真有这么大的权力，但这对一个还没有什么社会阅历和处世经验、刚进入社会的小女孩，肯定是一种很大的心理压力。”魏学晶说。

陈伟忠是否真有这么大权力？他到底与深航是何关系？深航党委副书记刘航昨日接受晶报记者电话采访时称，陈伟忠不是深航的人，他只是深航下属酒店招聘的员工，当然也不可能安排于丹丹的工作岗位。据北京深航酒店官网介绍，该酒店“是深圳航空有限责任公司投资并自主管理的一家现代化四星级商务酒店公寓”。刘航称，于丹丹在北京深航酒店只是“实习”，不是“培训”，实习期间的表现与成为正式空乘人员没有关系。

高管对空姐有承诺？

于丹丹的男朋友张成龙后来介绍，他曾努力劝说丹丹与陈伟忠分开，丹丹也答应了。但过了几天，丹丹给他打电话说，她要和陈伟忠分开，但陈伟忠却拿死威胁她，说要是分开他就去死。丹丹把陈伟忠的电话给了张成龙，让他和陈谈谈。当天晚上，张成龙打电话给陈伟忠，要陈别再纠缠丹丹，陈说，那是他个人的事，与张无关。张认为事情严重，遂给丹丹的妈妈打了电话，让家长施加压力。

魏学晶告诉记者，直到这时，她才知道女儿与陈伟忠的关系已发展到非同一般的程度。当时已是晚上12点多，第二天她给女儿打了电话，告诉她，陈伟忠说要死是吓唬她的，不要相信他，让她把电话号码换了，以后不要再与他来往。魏学晶还说要给陈伟忠打电话，但被丹丹劝阻了。

经过两个多月的实习，于丹丹于11月初从北京来到深圳，进行预备乘务员培训。张成龙说，当时他认为，丹丹与陈伟忠不在一起了，陈应该不会再去纠缠丹丹了。但过了几天，丹丹给他打电话，说陈伟忠给她寄了一束花，而且还要辞掉工作从北京来深圳。张成龙让丹丹不要理会他，把手机号码换了。可丹丹说，那样没用，陈伟忠是深航内部的人，可以从内部网络上查到她的手机号码。

过了不久，丹丹又告诉张成龙，陈伟忠到深圳来了。张成龙让丹丹疏远他，不要回他信息、接他电话，不和他见面，丹丹都答应了。但1月12日晚上，于丹丹打电话告诉张成龙，陈伟忠和他老婆签了离婚协议，要和丹丹在一起。张成龙得知这一段时间陈伟忠去找过她，且他们经常出去约会，十分生气，提出和丹丹分手。

2010年春节前夕，于丹丹正式成为深圳航空公司空姐中的一员，并开始登机服务。据事后两人间的短信等证据分析，在此期间，丹丹与陈伟忠之间围绕陈一直未离婚等问题展开了较长的拉锯战。在于丹丹的手机短信中，保留有一则以陈伟忠妻子的名义，但通过陈伟忠的手机号发给于丹丹的短信。短信说："他说他爱你，同样的话他对我以外的很多女人说过，我想你也明白，这是男人惯用的伎俩……谁都有年轻漂亮的时候，谁都想利用这些来达到某些目的，你的一些期望想寄托在陈身上，姐姐告诉你，实现的可能性渺茫，去沈阳的事你还是找其他的男人吧。"

魏学晶说，丹丹上班后，因不能适应深圳的水土，脸上总是长痘痘，一直很想调回家乡沈阳，这可能是陈伟忠承诺帮丹丹办的一件事。

短信：空姐与高管相约自杀？

悲剧发生在3月7日。

于丹丹的手机中至今还保留着数十条陈伟忠发来的短信。在3月6日的短信中，陈伟忠说："亲爱的丹，我爱你！我是真心深爱你，我从没有这样爱过一个人！……我因为没能给到你结果导致你一次次失望，这是我一辈子心里的愧疚……我昨天晚上回去了，她爸妈要求我回去谈谈我和她的事，但还是没能谈妥……"从这些内容来看，可能陈向于丹丹谈的是他离婚的事。

3月7日上午开始，大量的短信谈到了双方的“约定”——一起去“天国”。3月7日上午10点41分陈伟忠发来的一则短信说：“亲爱的，我好痛心，好失望……事情没有我想象的那样，没有谁的婚可以离得那么顺利。……我会在我们约定的地方等你。……我在天国等着你。我爱你！永远的（地）爱你！！”而在于丹丹发给陈伟忠的短信中，也出现了这样的语句：“给我打过来，我真的想好好听听你的声音，这样我也会安心地走，好吗？”

陈伟忠涉及自杀内容的短信还有——10时52分发的：“……永别了我最爱的人！我爱你！”12时17分发的：“……我会静静的（地）消失，只带着太多的遗憾走了，亲爱的，我爱你！你要好好的（地）保重！你给我的东西我一定带着一起走。”13时06分：“亲爱的宝贝，我们永别了！不会给你添麻烦了。”13时13分：“谢谢你给我的一切，我永生不忘，谢谢！”最后一条短信发自15时11分：“我走了，你让我痛苦一辈子吧。”

于丹丹发给陈伟忠的最后一条短信是13时31分。于丹丹最后几条短信的内容均是祈求陈伟忠给她打电话，想听听他的声音。但从于丹丹的通话记录上看，陈伟忠没有打来。

3月8日下午，在深圳机场对面的锦江之星连锁酒店里，服务员发现于丹丹用浴室的布帘吊死在浴缸上方。根据公安部门的法医鉴定结论，于丹丹的死亡时间为3月7日下午3时至6时之间，也就是陈伟忠发完给于丹丹的最后一条短信之后。

3月10日，丹丹的妈妈给陈伟忠打了一个电话，告诉他丹丹人没了。陈伟忠称，他正在路上赶过来。但等了一整天，也没见他来。过了三四天，陈伟忠给魏学晶打来电话说，他离婚了。

于丹丹的家人认为，陈伟忠有教唆和诱导于丹丹自杀、明知于丹丹将自杀却故意不阻止的嫌疑。于丹丹家人在向有关部门提交的材料中称：“陈伟忠的短信有自杀的意向并企图教唆于丹丹与其一起自杀。于丹丹同意与其一起自杀后，陈伟忠在1小时20分钟的时间内，没有对于丹丹自杀的意图做出任何承诺或任何阻止行为，陈伟忠当时也在深圳，手机处于开机状态，却没有任何救助行为，而是静静等待于丹丹死亡，构成不作为故意杀人罪。”

陈伟忠当时到底在做什么？在想什么？他们到底是否有相约自杀的计划？为何相约一起自杀，陈伟忠却没有自杀？他们之间到底是否有真感情？唯一的知情人是陈伟忠。记者昨日拨打陈伟忠的两个手机，电话均能接通，但一直无人接听。

于丹丹生父23天后自杀

根据于丹丹家人提供的资料，陈伟忠现年40岁，广东湛江赤坎区人。于丹丹家人要求公安机关立案侦查，追究陈伟忠的刑事责任，但公安机关认为于系自杀，未予立案。丹丹家人向深圳市检察机关递送材料，引起检察机关高度重视。宝安区检察院19日通知其家人来深处理相关事宜。公安机关表示，将在搜集相关证据后，于本周五前做出是否立案的决定。

3月30日，于丹丹的生父于凤军在沈阳自杀身亡。魏学晶提交的有关资料称，3月7日于丹丹出事后，她和于凤军来深圳处理女儿后事，当时深航答应先火化于丹丹遗体，一定会查清事实真相，给他们一个满意答复，但于丹丹遗体火化后，深航却收回他们的所有承诺，对他们的要求不理不问，这是导致于凤军自杀的原因。

深航党委副书记刘航昨日却对记者表示，于丹丹生父自杀与深航无关。于丹丹出事后，深航已尽到了最大责任，于丹丹自杀与公司没有任何关系，公司从人道主义立场出发，当时与其生父和生母达成协议，决定给予其生父5万元钱，但后来其生母一方不同意，所以钱才一直未付。至于其丧葬补助费、抚恤金等则按有关规定向社保局帮助家属申请。

于丹丹家人表示，他们不停地向有关方面反映，绝不是为了钱，他们自始至终都没有提出要求赔偿，而只是为了讨回一个公道。

（载《晶报》2010年4月21日）

附记：

这是一篇“短平快”稿。线索来源于作为摄影记者的同事成江。

说来令人难以置信。2010年4月20日上午，深圳机场在候机大厅举办向玉树地震灾区捐款活动，邀请深圳及广州部分媒体的跑口记者前来采访。采访结束后，记者们刚好碰到了举着于丹丹和生父遗像在候机大厅控诉“深航干部潜规则逼死空姐”的于丹丹家人，他们立即拍照、摄像、了解情况。但很快，深圳航空公司（与邀请记者前来采访捐款活动的深圳机场属不同单位）负责媒体工作的人员就迅速赶来，把这些跑口记者请到深航，每人塞了一个红包。

第二天，这些媒体果然都没有报道这件事。唯有我的同事成江，没有收这个红包，而是转身出门就把电话转给了我，我迅速赶去采访。

当晚采访完毕准备发稿时，深航的说情电话已经打到了深圳报业集团总经理、晶报总编辑和副总编辑等多位高层处。深航过去与报业集团和晶报都有长期合作，是晶报的订报大户，深航的航班上每天都为乘客免费提供《晶报》。他们满以为把这篇报道压下来没什么问题。

哪知道，《晶报》第二天以整版篇幅刊登了这篇报道。从此，深航与晶报交恶。深航订阅的数千份《晶报》从深航航班上消失，此后多年，深航再也不订一份《晶报》。深航还在报道见报第二天，在其他媒体上发表了一份法律声明，声称于丹丹自杀系个人行为，陈伟忠的个人行为也与该公司无关。

我们以这种方式和代价，做了一篇独家新闻，不知该喜还是该悲。那些因记者私下收了红包而未报道此事的媒体，在我这篇报道被网络到处转发之后，也开始派记者采访或转载报道此事。辽宁卫视、重庆卫视、山东卫视、江西卫视等十余家卫视，以及《知音》等杂志和数百家网站全面转载、跟进报道。

我的报道见报一周后，深航与于丹丹家人签署协议，赔偿于丹丹家人80余万元。

但于丹丹家人还希望追究陈伟忠的刑事和民事责任。由于深圳公安部门不予立案，于丹丹的妈妈魏学晶先后申请复议和向深圳市宝安区检察院申诉。2010年8月16日，宝安区人民检察院召开听证会，检察官、公安部门、人民监督员等出席，陈伟忠首次露面。

对于那条被认定为相约自杀的短信——“既然你要离开我，你就当我这个令你伤心和没用的人已经死去了吧，我会在我们约定的地方等你。你要好好保重自己一定要好好的，幸福快乐地活下去。我在天国等着你。我爱你！永远的（地）爱你！”——陈伟忠的解释是，“我们约定的地方”是两人都很喜欢的大梅沙，“我在天国等着你”是说人总是要死的，两个人百年之后天国见。“你要好好保重自己一定要好好的，幸福快乐地活下去。”说明他不想让丹丹死。

检察机关据此认定陈伟忠不构成刑事犯罪，公安不予立案合法。

魏学晶又将陈伟忠告上法庭。2011年1月21日，宝安区人民法院做出一审判决，认为陈伟忠“在婚姻关系存续期间，与于丹丹成为特殊的男女朋友关系，其行为有违社会的善良风俗和基本的道德准则”，“于丹丹发送有自杀倾向的短信给陈伟忠，陈没有基于其丰富的生活经验和阅历加以判断，而是发送了一些令人易产生悲伤、厌世情绪的短信给于丹丹，对于丹丹意欲自杀的心理起到了推波助澜的作用”，因此，认定陈伟忠“未基于双方特殊的情感关系，充分履行保障于丹丹人身安全的义务，对于丹丹的死亡具有一定的过错”，酌定判决陈伟忠承担20%的赔偿责任，需支付于丹丹亲属人身损害赔偿和精神损害抚慰金合计15.5万多元。

后记

结束，抑或开始

这本书缘起于10多年前。

2001年，我由武汉来到深圳时，对从事多年的媒体工作已意兴阑珊。虽仍在媒体厮混，但时刻想着离开。唯最大愿望，是在离开媒体前，对曾采写过的一些印象深刻的报道做一点反思和总结。于是，便陆陆续续开始写一些采写体会文章，其中部分在《新闻战线》《中国记者》《新闻记者》《青年记者》《新闻与写作》等业务杂志发表。有些被网友转发到“记者的家”等网络社区后，受到一些高校新闻院系师生和媒体同行的肯定，他们认为这些文章有一定的实用价值和操作性，对新闻采写有启发和借鉴意义。

不过我觉得这些文章大概仍属于“自慰”，写作动力一直不足。2005、2006年写了一部分后，便失去兴趣扔在了一边。

2013年初，我重拾这些旧文，重新整理修订，发给南方日报出版社社长助理刘志一博士，他肯定这些文章“故事性很强，很好读”。这增强了我的信心。当年9月，我与出版社签订了出版合同。

然而合同签署之日，竟成了我“放下”此书之时。一方面是因为，那之后我非常忙碌，工作上有诸多变化：从台湾驻点采访回来之后，主持创办《星期日晶报》，同时在汕大兼职讲授新闻采写课，还在媒体开设着专栏，接着又开始攻读学位，几乎没有修改书稿时间；另一方面，我想可能也是最主要的原因，我对这本书的价值和意义产生了怀疑——正如本书“引言”一开始所提出的，在传统媒体江河日下、新媒体日新月异的今天，一个传统媒体人不合时宜地总结自己的采写经验，来奢谈怎么写新闻和怎么写独家新闻，还有任何意义吗？

这个问题于我而言是重要的。我看过太多人写书、出书后送人，受赠者可能仅仅翻开扉页看了一眼作者手书的签名和赠言，便扔进了书堆，从此再没打开过。我可不想当这样的作者，也不想靡费公帑出这样的书。

我在“引言”部分用较大篇幅阐述了传统媒体人及其经验在新媒体时代的价值。我试图说服自己，也说服读者——作为一个传统媒体人，今天来分析和研究如何发现并采写独家新闻，仍然是有意义的。即便不是传统媒体人，即便只是一个自媒体人，即便只是为了在网络上给个人维权，懂得一些新闻传播的规律，懂得如何去“营造”和“发现”独家新闻，引起其他人注意，也是必要的，而且是重要的。我希望读者（无论专业读者还是普通读者）读完本书，至少认为这本书在这一点上还有一些价值，能让他们有一些收获，这也就够了。

本书上编部分，我着力描述采访与写作过程中如何去“发现”新闻，而下编部分，主要呈现部分调查报道文本并记录幕后的故事。上编所举案例以我来深圳前的作品居多，盖因那还是一个报纸精细化生产的时代，“发现”尚是一种思维的乐趣。到深圳后，我的工作主要是服务于厚报时期的新闻工业化生产，虽然短时间内我批量生产了远超以前若干倍的文字，但大量都属于用来挣稿费的文字垃圾，几乎可忽略不计。仅少部分以深度报道之名出现的文字，因采编幕后的冲撞与挑衅而具备了留存价值。我将这部分挑拣出一些收入了下编。在每篇报道后的附记中，我对采写经过做了简要提示。这是这个时代的印记，放在一个更长远的历史大背景下看，我想这些琐碎的个案某一天一定也会显现它的意义。我还认为，深入探掘真相时的那些勇气，也是新闻发现的一部分。

在一次又一次的拖延症发作中，时间又过去了将近三年。

2016年3月，我已下定决心在几个月后告别从事了21年的媒体行业，离开工作了15年的深圳报业集团。出版本书遂成为最后一桩必须完成的工作。

夏日的深圳，到处绿色葱茏。福田区新闻路上，两边的行道树遮天蔽日。尽管经过了一次修剪，人行道上仍浓荫匝地。记得2001年的8月，我刚从武汉来到这里时，这些行道树不过才小手臂粗，既无绿荫给人遮烈日，树干也不足以替人挡风雨。每到台风季，园林工人们都要来给它们绑上水泥支撑架，防止它们被风刮倒。如今，那些看护和浇灌它们的园丁早已不知所踪，而树下享受荫庇的人们，何曾记得他们的辛勤。

被戏称为“三日报”的《晶报》，巅峰时一度是深圳市发行量（订阅量和零售量之和）最大的报纸。但转眼间它便风光不再。和我一起参与《晶报》创办的同人，目前仅剩下屈指可数的十余人。15年间，编辑记者来了一拨又走一拨，如走马灯般变换，我一直是那批赖着不走的人之一。现在，是该我离开的时候了。在这个媒体剧变的时刻，离开是我们的宿命。而这本书，就算是我媒体从业历程的最后交代。

只是没想到，从一开始就想要离开，却犹疑迟顾，最终耗时10多年。

从大学毕业进入媒体，我把最好的青春奉献给了它。如今，我所能带走的，是阅历与经验，汗水与泪水，梦想与幻想，以及在时间的行进中收获的所有。

感谢曾读过我文章的人，感谢我的采访对象、我的领导和同事，以及所有与我打过交道或没有打过交道的人，不论对我曾给予肯定、支持、赞赏，还是批评、否定、阻挠，在媒体经历的一切，都将成为我永远的记忆与财富，我想，它足够我享用终生。

感谢汕头大学长江新闻与传播学院院长范东升、北京外国语大学国际新闻与传播学院教授展江两位学界大咖，他们不吝赐序，令本书蓬荜生辉。范东升院长是我认识十年的长者，在我成长的道路上，无论学术还是工作，对我提携甚多；展江教授也与我相识多年，得知我即将离开媒体转往新的征程，与我交心谈心，让我无比感恩。两位前辈对我无私的帮助，我会时刻铭记在心。

感谢香港大学新闻与传媒研究中心原总监陈婉莹教授对本书的肯定。她是我“跨界”业界与学界之间的引路人，8年前曾为我的第一本书写序，又曾多次和钱钢老师一起邀我赴港访问，她的人脉、亲切与活力人所共知。

感谢中山大学传播与设计学院院长张志安教授为本书撰写推荐语。他是目前中国最年轻的新闻学院院长，他的课总是大受欢迎，业界、学界乃至政界都很熟悉他。

感谢香港浸会大学传理学院肖小穗、郭中实、张少威、杜英、王悦、吴予敏、程介南、焦阳等诸位老师在我求学期间对我的悉心教导、耳提面命，他们学识渊博，治学严谨，我从他们身上受益良多。

我的前同事、长江日报报业集团总编辑陈光百忙中抽空审阅了书稿并提出意见。他是一位卓有才华而低调的年轻总编辑，感谢他一直以来对我的支持。

资深报人、宁波出版社总编辑兼副社长袁志坚是我的师兄、校友、前同事，更是我20多年如兄长般的朋友，他对本书提出了很多宝贵建议。

感谢刘志一兄为出版本书所做的努力。

需要说明的是，本书无论收录的新闻作品，还是相关的一些思考，都具有非常个人化的痕迹。限于个人能力、水平与视野，难免有各种不足和缺陷，有的可能还会引起一定争议，还要请读者和方家批评指正。

一本书将在此结束，而时间将重新开始。让我们一起翻开新的一页。

黎　勇

2016年6月20日于深圳